教員採用試験対策

参考書

一般教養Ⅱ
[社会科学]

幅広い分野から頻出事項をピックアップ！
一般教養科目の対策はこれでOK!
教員採用試験必携の参考書

東京アカデミー 編

東京アカデミー七賢出版

は　じ　め　に

教員採用試験は，自治体ごとに実施され，その出題傾向は多種多様です。そのため，受験生にとっては対策を立てる上で大変困難を極めます。また，近年の試験では，人物試験を重視する傾向にあり，その対策にも多くの時間が必要となります。これらの状況を考えると，筆記試験においては，限られた時間の中でより的確かつ効率よく学習を進めていくことが求められます。

このオープンセサミシリーズは，全国に拠点をもつ東京アカデミーのネットワークを最大限に活かして過去の教員採用試験を徹底的に分析し，より効率よく，かつ合理的に，合格に必要な知識を身に付けることができるよう編集されたものです。

多くの受験生が見事合格を勝ちとり，晴れて教師としてご活躍されますよう，ご健闘を心からお祈り申し上げます。

本書が，受験生の皆さまの合格の一助となりましたら幸いです。

東京アカデミー編集部スタッフ一同

この本の構成や内容は，オープンセサミシリーズの問題集，セサミノート（サブノート）に準拠しています。参考書，セサミノートで知識の定着をはかり，問題集で実践力をつけることでより効果的な学習ができます。併用して利用されることをおすすめします。

一般教養Ⅱ　[社会科学]

1　世界史

2　日本史

3　地理

4　政治

5　経済

6　国際関係

7　環境

確認問題　解答解説

1
世界史

Open Sesame

1 古代

●ポイント

古代では4大文明は頻出。それぞれの文明の特徴を押さえておく必要がある。特に河川をはじめそれぞれの文明の位置関係は重要。地図帳で確認しておこう。

1 4大文明

Point Check

1. **メソポタミア文明** ▶太陰暦，六十進法，楔形文字，ハンムラビ法典
2. **エジプト文明** ▶太陽暦，十進法，測地術，神聖文字（ヒエログリフ），ピラミッド，スフィンクス
3. **インダス文明** ▶モヘンジョ＝ダロ（モエンジョ＝ダーロ），ハラッパーの遺跡，青銅器，インダス文字
4. **中国文明** ▶彩陶・黒陶，甲骨文字

◆ 4大文明

人類最初の文明は，紀元前5000年頃から前1500年頃にかけて4つの大河の流域に成立した。これらの地域では，温暖な気候と肥沃な土地に恵まれ，治水・灌漑の必要から土木技術は進歩し，農業経済が発展した。

先史時代には，アウストラロピテクス（**猿人**，約700万年前），ホモ＝ハビリス，ホモ＝エレクトゥス，ジャワ原人，北京原人など（**原人**，約240万～20万年前），ネアンデルタール人（旧人，約60万～3万年前），クロマニョン人，周口店上洞人（**新人**，約20万年前以降）が人類として存在した。新人は，われわれと同じ現生人類（ホモ＝サピエンス）に属する。骨角器を用いて生活を豊かにするとともに，彩色壁画（ラスコーの洞穴絵画など）を残すなど芸術性の高い人類であった。

〈4 大文明発祥地〉

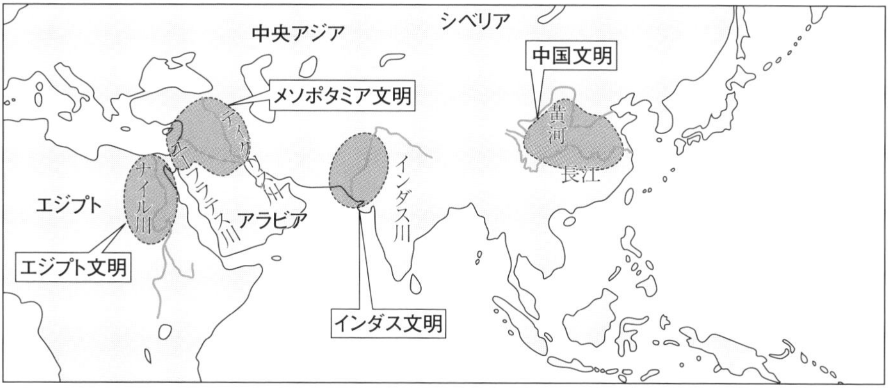

〈4大文明まとめ〉

文　明 （成立年代）	河川名	特　　徴
メソポタミア （前3000年）	**ティグリス川** **ユーフラテス川**	**シュメール人**の都市国家が発展し，**太陰暦・六十進法**など実用的な学問が発達。異民族との接触が多いこともあり，**ハンムラビ法典**など法律が整備。**楔形文字**が使用された。
エジプト （前3000年）	**ナイル川**	「**エジプトはナイルの賜**」と古代ギリシアの歴史家**ヘロドトス**が言ったように，定期的なナイル川の氾濫が農耕を支えた。**太陽暦・十進法・測地術**が発達。**ピラミッド・スフィンクス**が特徴的遺跡。神聖文字（ヒエログリフ）が使用された。
インダス （前2600年）	**インダス川**	青銅器文化をもつ都市文明。**モヘンジョ＝ダロ**（モエンジョ＝ダーロ），**ハラッパー**が代表的遺跡。インダス文字（未解読の**象形文字**）や印章，彩文土器が使用された。
中国 （前5000年）	**黄河** **長江**	肥沃な黄土地帯で展開された原始農耕文化。**彩文土器**（**彩陶**）を特色とする仰韶文化と，**黒陶**を特色とする竜山文化に分けられる。前16世紀頃に成立した**殷**王朝では**甲骨文字**が使用され，神権政治（祭政一致）が行われた。

2 ギリシア・ヘレニズムとローマ文明

Point Check

1 ヘレニズム ▶アレクサンドロス大王の東方遠征により形成された東西融合文化。

(1) ギリシアの文明

① ギリシア民主政

紀元前8世紀頃，地中海沿岸に**ポリス**とよばれる都市国家が成立した。前5世紀に**ペルシア戦争**でアケメネス朝ペルシアの侵入を市民の力で防ぐと，成年男子のみが参加する民主政治が進展し黄金時代を迎えた。

② ギリシアの文化

人　名	特　　徴
タレス	万物の根源を**水**と考え，「哲学の父」と称された。
ピタゴラス	万物の根源を数と考え，「ピタゴラスの定理」を発見した。
デモクリトス	万物の根源を**アトム**（原子）と考え，唯物論の起源となった。
ヘラクレイトス	「**万物は流転する**」と説いた。
プロタゴラス	「人間は万物の尺度である」と説いた。
ソクラテス	西洋哲学の祖。「無知の知」，知徳合一を説いた。
プラトン	**イデア論**を説く。主著『国家』。「アカデメイア」を設立。
アリストテレス	“万学の祖”とよばれる。主著『政治学』。アレクサンドロス大王（少年期）の家庭教師。「リュケイオン」を設立。
ホメロス	叙事詩人。『イリアス』『オデュッセイア』を著す。
ヘシオドス	叙事詩人。『労働と日々』を著す。
アリストファネス	喜劇作家。『女の平和』を著す。
ヘロドトス	「歴史の父」とよばれる。ペルシア戦争史，『**歴史**』を著す。

(2) ヘレニズム時代

アレクサンドロス大王（在位前336～前323年）の東方遠征がきっかけとなって形成されたギリシア風の文化とオリエントの文化が融合した時代。紀元前4世紀からローマによる地中海統一（女王クレオパトラの死によるプトレマイオス朝エジプトの滅亡）までの約300年間。

(3) ローマ文明

① ローマ帝国

紀元前3世紀頃，イタリア半島を統一した都市国家ローマは，カルタゴとの**ポエニ戦争**で勝利を収め，前1世紀には地中海全体を領土とした。

(i) オクタウィアヌス

前27年，元老院からアウグストゥスの称号を贈られ，帝政を開始した。

(ii) 五賢帝時代(後96～180年)

ローマ帝国の最盛期。ネルウァ帝，**トラヤヌス帝(領土最大)**，ハドリアヌス帝，アントニヌス＝ピウス帝，**マルクス＝アウレリウス＝アントニヌス帝**の5人の皇帝。

(iii) ディオクレティアヌス帝(在位284～305年)

帝国を東西に2分して，それぞれを正帝と副帝の2人が統治する四帝分治制を行い，**専制君主政**(ドミナトゥス)を採用。

(iv) コンスタンティヌス帝(在位306～337年)

313年，**ミラノ勅令**で**キリスト教を公認**。325年，**ニケーア公会議**でキリストを神と同一視するアタナシウス派を正統教義とし，アリウス派を追放した。

(v) テオドシウス帝(在位379～395年)

392年，アタナシウス派**キリスト教を国教化**した。395年には，コンスタンティノープルを都とする**東ローマ(ビザンツ)帝国**と，ローマを都とする**西ローマ帝国**に分裂。

② ローマの文化

人　名	特　　徴
カエサル	『**ガリア戦記**』を著す。**ユリウス暦**を制定。
タキトゥス	『年代記』『**ゲルマニア**』を著す。
プルタルコス	『**対比列伝**』(『英雄伝』)を著す。
プトレマイオス	『天文学大全』で天動説を説く。
セネカ	『幸福論』を著す。ストア派の哲学者。皇帝ネロの師。

確認問題

1 次の記述のうち，誤っているものはどれか。

① 中国では，黄河・長江流域で文明がおこり，彩文土器（彩陶）を使用して農耕を行っていた。

② インドでは，インダス川流域に都市国家が成立し，インダス文字とよばれる象形文字を使用していた。ハラッパーは，この文明の代表的な遺跡である。

③ 西アジアでは，ティグリス・ユーフラテス川流域で都市国家が建設された。楔形文字を用い，十進法や太陰暦を採用していた。

④ エジプトでは，ナイル川流域に王国が成立し，神聖文字とよばれる象形文字を使用していた。この文明の初期には，多数のピラミッドが造営された。

⑤ エジプトでは，河川氾濫後の土地復元のために測地術が発達した。

2 次の①～④を年代順に並べ替えよ。

① アレクサンドロス大王がアジアに遠征した。

② インドにガンダーラ美術が栄えた。

③ 古代ギリシア文明が栄えた。

④ ローマ帝国が東西に分裂した。

2 中世

●ポイント

十字軍の遠征が頻出。イスラーム教も文化面を中心としてしばしば出題がみられる。人物と業績をしっかり押さえておこう。

1 中世ヨーロッパの成立

Point Check

1 **カール大帝** ▶フランク王国国王。西ヨーロッパ統一に成功。

(1) **ゲルマン人の大移動**

4世紀後半，ゲルマン人がドナウ川を越えローマ帝国内に移住を開始し，先住のケルト人を追いやった。ゲルマン人は各地に部族王国を建国し，西ローマ帝国は476年に滅亡した。

(2) **フランク王国**

ゲルマン諸国家の多くは短命に終わったが，481年にクローヴィスが建国したフランク王国は長く存続し，8世紀に入るとローマ＝カトリック教会と結びつき，政治・文化を整備させた。教皇レオ3世は800年，フランク王**カール大帝**にローマ皇帝の帝冠を授け，西ヨーロッパ世界は政治的・宗教的・文化的に独立した。

(3) **フランク王国分裂**

カール大帝の死後，王国では内紛がおこり，843年の**ヴェルダン条約**，870年の**メルセン条約**でフランク王国は東・西フランクとイタリアに分裂した。これらは後にそれぞれドイツ・フランス・イタリアに発展した。

●**神聖ローマ帝国**……962年オットー1世の戴冠により成立した中世ドイツのよび名。

●**東ローマ帝国（ビザンツ帝国）**……395年のローマ帝国の東西分割から1453年にオスマン帝国に滅ぼされるまで続いた東ヨーロッパの大帝国のことで，首都コンスタンティノープルを中心に繁栄した。

2 十字軍の遠征と西ヨーロッパ諸国の形成

Point Check

1 十字軍	▶聖地イェルサレムをイスラームの支配から奪回する目的で結成された軍。
2 大憲章(マグナ=カルタ)	▶1215年，ジョン王に認めさせた憲章。

(1) 十字軍の遠征(1096～1291年)

11世紀，聖地イェルサレムはイスラーム教徒の支配におかれていたことから，**教皇ウルバヌス2世**は**クレルモン宗教会議**(教会会議)で十字軍の遠征を決議した。これに基づき**1096年，第1回十字軍**が出発し，以後1270年まで計7回派遣された。この結果，地中海貿易が盛んになり，貨幣経済が発展した。

第1回	聖地奪回に成功し，1099年**イェルサレム王国**を建設。
第3回	エジプトのサラディンがイェルサレム王国を占領。
第4回	**教皇インノケンティウス3世**の提唱。**コンスタンティノープル**を占領し，1204年にラテン帝国を建設。
第7回	1291年，十字軍最後の拠点アッコンが陥落し，聖地奪回失敗。

(2) イギリス議会制度の発達

イギリスでは，11世紀から12世紀にかけて王権が伸張していった。しかし，**ジョン王**は失政を重ね不当に重税を課したことから，貴族はジョン王に反抗し，1215年**大憲章**(**マグナ=カルタ**)を認めさせた。これは，課税には貴族の議会の承認を必要とするもので，イギリス立憲政治の基礎となった。1295年には模範議会が招集され，14世紀には二院制議会が形成された。

(3) 百年戦争とバラ戦争

① **百年戦争**(1339～1453年)

フランス国内のイギリス領土をめぐる英仏の対立。フィリップ6世がフランス王に即位した際，イギリス王エドワード3世が王位継承権を主張したことがきっかけとなる。**ジャンヌ=ダルク**の活躍もあってフランスが勝利した。

② **バラ戦争**(1455～85年)

イギリス国内でおこった，ランカスター家とヨーク家の相続争い。ランカスター家のヘンリ7世が即位し，テューダー朝を開いた。

3 イスラーム世界の形成と発展

Point Check

1 イスラーム教 ▶7世紀にムハンマドがアッラーの啓示を受けて創始。
2 イスラーム帝国 ▶8世紀にインダス川流域から北アフリカ，東ヨーロッパ，イベリア半島まで勢力拡大。

(1) イスラーム教の成立

東西交通の要衝として栄えていたアラビア半島のメッカで商人**ムハンマド**が7世紀に唯一神**アッラー**の啓示を受けてイスラーム教を唱えた。偶像崇拝を否定し，『**コーラン**(クルアーン)』を経典とする。

●**ヒジュラ(聖遷)**……622年，ムハンマドが迫害を逃れるため，メッカから**メディナ**に移住したこと。その後，彼に率いられた信徒によりウンマ(イスラーム共同体)が成立した。この年をイスラーム暦の紀元元年とする。

●**六信五行**……六信とは，①神，②天使，③各種の啓典，④預言者たち，⑤来世，⑥神の予定を信じることであり，五行とは，①信仰告白，②礼拝，③喜捨，④断食，⑤メッカ巡礼を実践することである。

(2) イスラーム帝国の成立

7世紀に**ムアーウィヤ**によって**ウマイヤ朝**が成立。後継者であるカリフを世襲制とした。8世紀にはバグダードを都とする**アッバース朝**がインド西北から北アフリカ，イベリア半島にまで勢力を広げる。

●**トゥール・ポワティエ間の戦い**……732年，ウマイヤ朝はピレネー山脈を越えてフランク王国に侵入したが，宮宰カール=マルテルにより撃退された。

(3) イスラーム文明

アラブ人がもたらしたイスラーム教とアラビア語が融合して誕生した文明。天文学・医学・数学などが発達した。特に数学ではゼロの概念やアラビア数字を採用することで独創的な成果をあげた。

人　名	特　　徴
イブン＝ハルドゥーン	『世界史序説』を著す。
イブン＝バットゥータ	『**旅行記**』(『**三大陸周遊記**』)を著す。
フワーリズミー	代数学と三角法を開発。

(4) イスラーム世界の発展

8～13世紀末にかけてイスラーム世界は拡大し，イスラーム教も，中央アジア・インド・東南アジア・中国にまで普及した。

4 大航海時代到来までの東西文化交流

Point Check

1 **タラス河畔の戦い** ▶751年，アッバース朝軍が唐軍を破った戦い。製紙法が西伝するきっかけとなった。

2 **玄奘** ▶仏典を求めて長安からインドに赴いた唐僧。

3 **マルコ＝ポーロ** ▶ヴェネツィア商人で元の大都を訪れ『世界の記述』(『東方見聞録』)を口述。

(1) 交通路の発達

絹の道(シルク＝ロード)・草原の道・海の道が開拓・発展し，それぞれの交通路上の要地が繁栄した。

(2) 製紙法西伝

751年の**タラス河畔の戦い**でアッバース朝軍が唐軍を破った際，捕虜となった唐の兵士の中に紙すき職工がおり，中国製紙法がイスラーム世界に伝わったとされる。

(3) 中国における仏教の展開

4世紀に西域僧の仏図澄が，5世紀には西域僧の鳩摩羅什が中国を訪れ，布教に努める一方で，中国からは東晋の僧法顕がグプタ朝のインドに赴き，『仏国記』を著した。また，7世紀に唐僧の**玄奘**はインドを旅行し，仏典を中国に持ち帰った。『大唐西域記』はその旅行記である。

(4) 中国と交流したヨーロッパ人

人　名	特　　徴
マルクス＝アウレリウス＝アントニヌス	ローマ帝国皇帝で2世紀に使者を後漢へ派遣。大秦王安敦とされる。
マルコ＝ポーロ	ヴェネツィア生まれの商人で，13世紀元の大都を訪れ，元のフビライ（クビライ）＝ハン（世祖）に仕えた。**『世界の記述』**（『東方見聞録』）を口述し，日本を黄金の国ジパングとして紹介。
マテオ＝リッチ	イタリアのイエズス会宣教師。16世紀末より明で伝道を始め，『坤輿万国全図』を著した。

確認問題

3 次のイスラーム史に関する各文を古い順に並べた組み合わせとして正しいものはどれか。

A．チンギス＝ハンの孫であるフラグがバグダードを占領してアッバース朝を滅ぼした。

B．ウマイヤ朝は，カリフ（後継者の意）を世襲制とした。

C．アッバース朝の第2代カリフのとき，ティグリス川西岸に新首都バグダードが建設された。

D．メッカの商人ムハンマドが，アッラーを唯一の神として信仰するイスラーム教をひらいた。

① A→C→B→D
② A→D→C→B
③ D→A→B→C
④ D→B→C→A
⑤ D→C→A→B

4 製紙法が中国からイスラーム世界に西伝されるきっかけとなった出来事はどれか。

① トゥール・ポワティエ間の戦い
② タラス河畔の戦い
③ ポエニ戦争
④ ペルシア戦争
⑤ バラ戦争

3 近世

●ポイント

ルネサンス・大航海時代・宗教改革が頻出。これらはいずれも新しい精神に立って古いものを打破していこうとする方向性を強くもっている。

1 ルネサンス

Point Check

1 **ダンテ** ▶『神曲』を著す。
2 **ボッカチオ** ▶『デカメロン』を著す。
3 **メディチ家** ▶フィレンツェの金融財閥で，ルネサンスの保護者。

(1) ルネサンス

14世紀にイタリアで始まり，16世紀までに西欧各地に広まったありのままの人間性を肯定していく考え方。古代ギリシア・ローマを模範に神や教会を中心とする中世的しきたりから人間を中心とする世界観への転換を指す。

(2) ルネサンス期の文芸と美術

	人　名	作　品
文芸	ダンテ(伊)	**『神曲』**
	ボッカチオ(伊)	『デカメロン』
	チョーサー(英)	『カンタベリ物語』
	エラスムス(ネーデルラント)	**『愚神礼賛』**
	トマス＝モア(英)	**『ユートピア』**
	セルバンテス(西)	『ドン＝キホーテ』
	シェークスピア(英)	『ハムレット』『ヴェニスの商人』
美術	**ボッティチェリ**(伊)	**『ヴィーナスの誕生』**『春』
	レオナルド＝ダ＝ヴィンチ(伊)	**『最後の晩餐』**『モナ＝リザ』
	ミケランジェロ(伊)	『最後の審判』，〈彫刻〉『ダヴィデ像』

（伊＝イタリア　英＝イギリス　仏＝フランス　西＝スペイン）

2 大航海時代

Point Check

1	バルトロメウ=ディアス	▶1488年，アフリカ南端の喜望峰到達。
2	コロンブス	▶1492年，バハマ諸島のサンサルバドル島に到着。
3	ヴァスコ=ダ=ガマ	▶1498年，インド西岸のカリカット到達。
4	カブラル	▶1500年，ブラジル漂着。
5	アメリゴ=ヴェスプッチ	▶ 南アメリカ探検。
6	マゼラン（マガリャンイス）	▶1522年，史上初の世界周航。

(1) 大航海時代の到来

香辛料の需要増大，東方貿易の不安定（オスマン帝国の東地中海進出）や中央集権国家の形成と国王の援助を背景とする。また，マルコ＝ポーロの『世界の記述』（『東方見聞録』）などから東方への関心が高まったことや，羅針盤・航海術が発達したことなども大航海時代到来の理由である。

(2) ヨーロッパ人による航海と探険

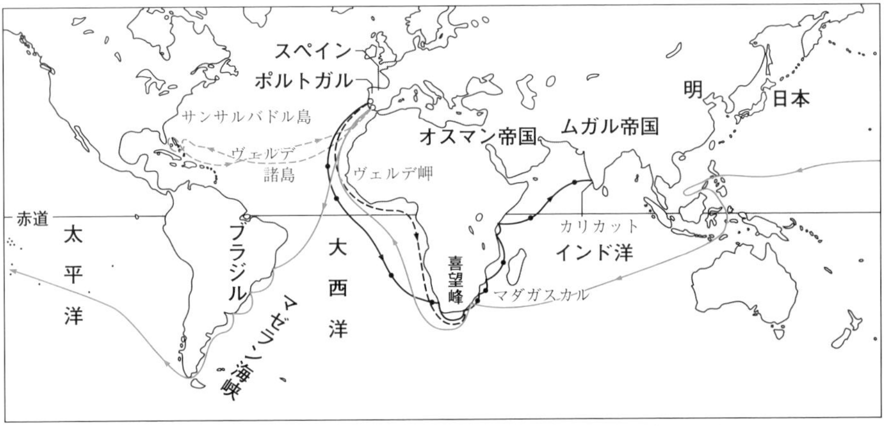

- バルトロメウ＝ディアス（1487～88年），喜望峰到達
- コロンブス第1回（1492～93年），サンサルバドル島到達
- ヴァスコ＝ダ＝ガマ（1497～99年），カリカット到達，インド航路開拓
- マゼラン（1519～22年），世界周航

3 宗教改革

Point Check

1 九十五カ条の論題 ▶1517年マルティン＝ルターが掲げ，宗教改革の発端となる。

2 フランシスコ＝ザビエル ▶イエズス会を設立。海外布教を行い対抗宗教改革（反宗教改革）運動の先頭に立つ。

(1) 宗教改革

16世紀にヨーロッパで展開された，世俗化し堕落した教会を捨てて聖書に復帰しようとするカトリック批判運動。以後の改革派をプロテスタントという。

(2) 九十五カ条の論題（1517年）

ドイツの**マルティン＝ルター**が贖宥状（免罪符）の販売を批判し，魂の救いはキリスト教の福音を信じることのみによるとして，ヴィッテンベルク教会の扉に掲示された文書。

(3) 宗教改革の広がり

マルティン＝ルターの主張は教会・皇帝の支配に不満をもっていたドイツ各層の蜂起の契機となった。1555年，神聖ローマ皇帝カール5世は**アウクスブルクの（宗教）和議**で諸侯のルター派の信仰を容認した。また，スイスではフランス人**カルヴァン**が**予定説**を説き，勤労の結果としての蓄財を認めたことから新興商工業者に広く受け入れられた。

イギリスでは，**ヘンリ8世**が国王至上法（**首長法**）を制定して成立させた**イギリス国教会**を，エリザベス1世が統一法により確立させた。

(4) 対抗宗教改革（反宗教改革）

宗教改革に対抗して行われたカトリック側（旧教側）の立て直し運動。イグナティウス＝ロヨラを中心に設立されたイエズス会が中心となった。**フランシスコ＝ザビエル**は海外伝道につくし，1549年来日。西日本各地で布教活動を行った。

4 絶対王政

Point Check

1 **レパント（沖）の海戦** ▶1571年，フェリペ2世のもとスペインがオスマン帝国を破った戦い。

2 **東インド会社（イギリス）** ▶1600年，イギリス絶対王政最盛期を現出したエリザベス1世が設立。

3 **ルイ14世** ▶フランス絶対王政最盛期の王。ヴェルサイユ宮殿を建築。「朕は国家なり」。

(1) 絶対主義国家

16～18世紀にかけて展開された王権への集権化が進んだ政治体制。中世封建社会から近代市民社会の過渡期に出現した。没落しつつある封建勢力と上昇しつつある市民階級の2つのバランスの下に成立した。

(2) 各国絶対王政

① スペイン

最初の絶対主義国家。16世紀後半，**フェリペ2世**のもとで全盛期を迎えた。**レパント（沖）の海戦**（1571年）でオスマン帝国を破り地中海の支配権を確立し，「**太陽の沈まぬ国**」といわれた。

〈スペイン絶対主義の流れ〉

西暦	できごと
1479年	スペイン王国成立
1492	国土回復運動（レコンキスタ）完了 コロンブスがサンサルバドル島に到達
1519～22	マゼラン（マガリャンイス）の世界周航
1521	コルテスのアステカ王国征服
1533	ピサロのインカ帝国征服
フェリペ2世による絶対王政の全盛期	
1568～69	オランダ独立戦争
1571	レパント（沖）の海戦
1580	ポルトガルを併合
1581	オランダ独立宣言
1588	無敵艦隊（アルマダ），イギリスに敗北

② イギリス

イギリス宗教改革の中心人物でもあるヘンリ8世によって確立され，**エリザベス1世**の下で最盛期に達した。1588年アルマダ海戦でスペインを破ると1600年には**東インド会社**を設立してアジア貿易の拡大・海外進出を図った。

③ フランス

1643～1715年の**ルイ14世**の時代に財務総監**コルベール**の重商主義政策のもと全盛期を迎えた。

●ルイ14世

「太陽王」といわれ，「朕は国家なり」と自ら言っていたとされるが，スペイン継承戦争（1701～13年）など侵略戦争を相次いで行い，豪壮な**ヴェルサイユ宮殿**を築いたことで，財政悪化をまねいた。

④　ロシア

1613年にミハイル＝ロマノフを祖とするロマノフ朝が成立した。**ピョートル1世**の時代には中国の清朝と**ネルチンスク条約**を締結して両国の国境を定めるとともに，北方戦争ではスウェーデンを破ってバルト海の覇者となった。後を継いだ**エカチェリーナ2世**は啓蒙専制君主として様々な改革を行ったが，プガチョフの農民反乱を鎮圧した後，農奴制を強化した。

▲　発　展　▼

〈古アメリカ文明〉

◎**マヤ文明**（前1000年頃～16世紀）

ユカタン半島に成立。

マヤ文字，ピラミッド状神殿，二十進法，太陽暦・天文学。

◎**アステカ文明**（14世紀～1521年）

メキシコ～パナマにかけて成立。

都はテノチティトラン。アステカ文字，太陽信仰・人身供儀。

1521年スペイン人コルテスにより滅亡。

◎**インカ文明**（15世紀～1533年）

コロンビア～チリにかけて成立。

都はクスコ。文字なし。

1533年スペイン人ピサロにより滅亡。

【3文明の共通点】

①　太陽信仰を中心にした神政政治。

②　トウモロコシ・ジャガイモ栽培。

③　鉄器はない（青銅器など使用）。

④　高度な石造技術。

〈マチュ＝ピチュの遺跡（インカ文明）〉

確認問題

5 次の文の空欄に入る人物名を選べ。

1498年，ポルトガルの（　　　）はインドのカリカットに到達し，インド航路を開拓した。

① バルトロメウ＝ディアス
② ヴァスコ＝ダ＝ガマ
③ コロンブス
④ マゼラン（マガリャンイス）
⑤ ピサロ

6 九十五カ条の論題を発表して，宗教改革の発端となったのは誰か。

7 絶対主義国家と関係ある語句の組み合わせとして正しいものはどれか。

① スペイン――ヴェルサイユ宮殿
② イギリス――レパント（沖）の海戦
③ フランス――コルベール
④ ドイツ―――フェリペ2世

4 近代

●ポイント

市民革命が最重要項目。イギリスの市民革命，アメリカ独立革命，フランス革命は時代整序，日本史との同時代史としても非常によく出題される。

1 イギリス市民革命

Point Check

1 **イギリス（ピューリタン）革命** ▶1640～60年。国王チャールズ1世が処刑。

2 **名誉革命** ▶1688～89年。革命後，権利の章典が制定される。

(1) イギリス（ピューリタン）革命（1640～60年）

イギリスで国王が議会を無視して重税を課し専制を続けたことから，**クロムウェル**の指導する議会派が国王**チャールズ1世**を処刑し，絶対王政を崩壊させた市民革命。

●**権利の請願**（1628年）……議会がチャールズ1世に提出した請願書で，議会の同意のない課税，不当逮捕はできないとされた。

(2) 名誉革命（1688～89年）

国王**ジェームズ2世**と対立した議会が王の娘**メアリ2世**とその夫であるオランダ総督**ウィリアム3世**を招いて，国王を追放した市民革命。その後，課税には議会の承認が必要なことなどを定めた**権利の章典**が制定された。

〈イギリス絶対王政と議会政治〉

西暦	できごと
1534年	国王至上法（首長法）発布（ヘンリ8世）
	エリザベス1世による絶対王政の全盛期
1559	統一法発布 └→イギリス国教会の成立
1588	アルマダ海戦 └→スペイン無敵艦隊を破る
1600	東インド会社設立
	王権と議会の対立
1628	権利の請願
1640	イギリス（ピューリタン）革命（～60）
1649	チャールズ1世処刑　共和政成立
1653	クロムウェル独裁
1660	王政復古（チャールズ2世）
1688～89	名誉革命（ジェームズ2世） └→ウィリアム3世・メアリ2世即位
	議会政治の確立
1689	権利の宣言 └→権利の章典
1721	責任内閣制確立（ウォルポール内閣）

2 アメリカ独立革命

Point Check

1	**アメリカ独立宣言**	▶1776年，フィラデルフィアで発表。トマス＝ジェファソンが起草。
2	**ワシントン**	▶アメリカ合衆国初代大統領。

(1) **アメリカ独立戦争**(1775～83年)

イギリスは新大陸で13の植民地を建設していたが，イギリス本国が植民地人に高額な課税を課そうとしたことで植民地側が「代表なくして課税なし」のスローガンのもとに強く反抗し，独立を求めてイギリス本国との間でおこした戦争。植民地軍(独立軍)は苦戦を強いられたものの，フランス・スペインが植民地側で参戦し，北欧諸国は武装中立同盟を結成してアメリカの独立を援助した。

(2) **アメリカ独立宣言**(1776年)

トマス＝ジェファソンらが起草した。ロックの自然法思想を基盤に基本的人権・革命権を主張したもので，13州の独立を宣言するとともに独立の正当性を明記している。

(3) **パリ条約**(1783年)

アメリカ・イギリス間で結ばれたアメリカ独立戦争の講和条約。国際的に孤立したイギリスがアメリカの独立を承認した。

(4) **合衆国憲法**(1787年)

フィラデルフィアの憲法制定会議で制定。人民主権(民主主義)を土台に連邦主義を採用。三権分立の原則を定めた。

(5) **アメリカ連邦政府発足**(1789年)

合衆国憲法に基づきアメリカ連邦政府が発足した。初代大統領には植民地軍総司令官でもあった**ワシントン**が就任した。

3 フランス革命とナポレオン

Point Check

1 **フランス革命** ▶バスティーユ牢獄の襲撃をきっかけにおこった市民革命。

2 **フランス人権宣言** ▶自由・平等，主権在民，私有財産の不可侵などを採択した宣言。

3 **ナポレオン** ▶国民投票により皇帝に就任。全ヨーロッパの支配を目指すが失敗し退位。

(1) **フランス革命**（1789～99年）

絶対王政末期の社会的矛盾を背景として，中産市民階級を中心におこった革命。圧政の象徴とされたパリの**バスティーユ牢獄の襲撃**をきっかけに全国に反乱が広がった。

(2) **フランス人権宣言**（1789年）

アメリカ独立戦争にも従軍した**ラ＝ファイエット**らが起草。自由・平等，主権在民，言論の自由，私有財産の不可侵などを主張している。ルソーの影響を受ける。

●フランス人権宣言（部分要約）

第1条　人間は自由かつ権利において平等なものとしてうまれ，また，存在する。社会的な差別は，共同の利益に基づいてのみ，設けることができる。

(3) **共和政成立**（1792年）

国民議会による人権宣言の採択の後，国王ルイ16世はオーストリアへ逃亡したが失敗。その後，立憲君主政や一院制議会などを定めた憲法が発布された。革命の波及に否定的なオーストリアとの間で戦争がおこり，内外の危機に対処するため第一共和政が成立した。王政は廃止され，**ルイ16世**は処刑された。

(4) **ナポレオンの皇帝就任**（1804年）**と退位**

第一共和政は**ロベスピエール**が恐怖政治を行ったこともあって長続きせず，政情不安の中，軍人ナポレオンが政治的に台頭してきた。ナポレオンは度重なる戦争に勝利し政権を掌握，国民投票で皇帝に就任した。しかし，ロシア遠征に失敗すると諸国の反撃にあい，**ワーテルローの戦い**大敗後，全ヨーロッパ制圧を前に退位した。

〈ナポレオン〉

4 産業革命

Point Check

1 イギリス産業革命の要因

① 世界の海上支配権を握り，資本の蓄積が他国より進んでいたこと。

② 毛織物業でマニュファクチュアが形成されていたこと。

③ 農業革命（第2次囲い込み）運動が行われたこと。⇨安価な労働力

④ 国内に石炭や鉄鉱などの資源が豊富にあったこと。

⑤ 自然科学の発達によって，発明や技術の改良が盛んに行われたこと。

2 ジョン＝ケイ ▶飛び杼（梭）の発明。

(1) イギリス産業革命の進展

産業革命とは，18世紀の中頃，イギリスで始まった機械の発明・使用がもたらした社会の変化のこと。その背景として，植民地戦争の勝利により，海外市場が拡大，資本が蓄積されたこと，毛織物業が全国的に広がり，**マニュファクチュア**（工場制手工業）が発達したこと，農業革命や**第2次囲い込み**により安価な労働力が供給されたことなどが挙げられる。

●第2次囲い込み……18～19世紀に効率的な穀物生産のために合法的に行われ，離農者は低賃金工場労働者となった。

(2) 産業革命の発達

18世紀東インド会社がインド産の綿織物を輸入するようになると毛織物より軽い綿織物の需要が高まり，木綿工業に関する技術革新が行われるようになった。各種紡績機や力織機が発明され，後に**蒸気機関**などの動力が発明されると生産性は飛躍的に向上した。

紡績機・力織機	**ジョン＝ケイ**	**飛び杼（梭）**（1733年）
	ハーグリーヴズ	**多軸（ジェニー）紡績機**（1764年頃）
	アークライト	水力紡績機（1768年）
	クロンプトン	**ミュール紡績機**（1779年）
	カートライト	力織機（1785年）
動力	ニューコメン	蒸気力ポンプの実用化（1712年）
	ワット	**蒸気機関の改良**（1769年）
交通機関	フルトン（米）	蒸気船（1807年）
	スティーヴンソン	蒸気機関車（1814年）

5 ウィーン体制

Point Check

1 **ウィーン会議** ▶1814～15年，ナポレオン失脚後のヨーロッパ秩序再建のために行われた国際会議。

2 **二月革命** ▶1848年，フランスで発生，ウィーン体制の崩壊をまねく。

(1) ウィーン会議（1814～15年）

ナポレオン失脚後のヨーロッパ秩序を決定するために，オスマン帝国を除く全ヨーロッパ諸国が参加して開催された会議。オーストリア外相**メッテルニヒ**を議長としてフランス外相**タレーラン**の正統主義が指導原理となり，ウィーン議定書が成立した。この大国間の勢力均衡をウィーン体制という。

●正統主義……フランス革命前の主権と領土を正統とし，その復活をめざす理念のこと。

(2) 七月革命と二月革命

フランスでは1830年，パリの民衆が蜂起し国王シャルル10世が亡命する七月革命が発生した。さらに，1848年には二月革命が発生。国王ルイ＝フィリップが亡命し，第二共和政が樹立された。その後独裁権をにぎった**ナポレオン3世**が皇帝となった。

〈『民衆を導く自由の女神』〉

革命はプロイセンやオーストリア（三月革命，1848年）に波及し，自由主義・国民主義運動が各地に広まっていき，ウィーン体制は崩壊した。

●ドラクロワ『民衆を導く自由の女神』……七月革命での民衆蜂起を理想化して描いたもの。

6 ヨーロッパの再編

Point Check

1 **ヴィクトリア女王** ▶イギリス黄金時代を現出。ムガル帝国滅亡後インド帝国皇帝も兼任。

2 **ビスマルク** ▶ドイツ統一を完成。鉄血政策によって軍備増強を図る。

(1) イギリスの繁栄

19世紀後半のイギリスは，**ヴィクトリア女王**のもと，「**世界の工場**」と称されるほど経済的に発展し，政治的にも保守党(旧トーリ党)・自由党(旧ホイッグ党)の二大政党が交互に政権を担当し活発な議会運営を展開した。国内では政治・経済上の自由主義が拡大され，対外的には新植民地の拡大を盛んに行った。

※ヴィクトリア女王は世界に君臨する大英帝国を実現し，1877年に成立したインド帝国皇帝にも就任した。

(2) イタリアの統一(1861年)

サルデーニャ王国の国王ヴィットーリオ＝エマヌエーレ2世と首相カヴールによって達成。南イタリアでは「青年イタリア」にも加盟していたガリバルディが活躍した。

(3) プロイセン＝フランス(普仏)戦争(1870～71年)

ドイツ統一を目指すプロイセンと統一阻止を図るフランスの戦争。プロイセンが宰相ビスマルクの巧みな外交戦術によってフランスを破った。ナポレオン3世は捕虜となり退位した。

(4) ドイツの統一(1871年)

プロイセン王ヴィルヘルム1世を皇帝，**ビスマルク**を首相としてドイツ帝国が成立。

●**ビスマルク**……19世紀最大の策略家といわれる。鉄血政策で軍備増強を図る一方，経済力の強化を実現した。

7 アメリカ南北戦争と合衆国の発展

Point Check

- **1 モンロー教書** ▶アメリカ大陸諸国へのヨーロッパ諸国の干渉を排除した声明。
- **2 リンカン** ▶南北戦争に際し，奴隷解放宣言を発表。
- **3 アメリカ＝スペイン（米西）戦争** ▶1898年におきたアメリカとスペインの戦争。アメリカが勝利しフィリピン・グアムなどを領有。

⑴ **モンロー教書**（1823年）

アメリカ第5代大統領モンローが年次教書で発した，アメリカ大陸へのヨーロッパ諸国の干渉を排除し，アメリカ合衆国もヨーロッパに干渉しないという相互不干渉を表明した声明。ラテンアメリカ諸国の独立を支援したもので，アメリカ孤立主義の基本原則となった。

⑵ **南北戦争**（1861～65年）

① 南北の対立

北部	保護貿易	連邦主義	奴隷制拡大反対
南部	自由貿易	反連邦主義（州権主義）	奴隷制の維持・拡大

② 戦争の概況

奴隷制不拡大論者で共和党の**リンカン**が第16代大統領に就任すると南部は連邦を離脱，アメリカ連合国をつくり，南北戦争へと突入した。戦況は南軍優勢だったが，リンカンが**奴隷解放宣言**を出し，**ゲティスバーグの戦い**で勝利すると北軍優勢となり，後に南部は降伏。連邦は再統一された。戦後，北部を中心に工業が急速に発展し，1890年頃にはイギリスを抜き世界一の工業国となった。

⑶ **アメリカ＝スペイン（米西）戦争**（1898年）

アメリカとスペインの戦争でアメリカが勝利した。キューバの独立が承認され，**フィリピン**・グアム・プエルトリコをスペインから獲得。以後，アメリカは本格的に対外進出を図る帝国主義時代に入った。

8 帝国主義と世界分割

Point Check

1 **3C政策** ▶イギリスの帝国主義政策。ケープタウン・カイロ・カルカッタの3都市を結ぶ。

2 **3B政策** ▶ドイツの帝国主義政策。ベルリン・ビザンティウム・バグダードの3都市を結ぶ。

(1) 帝国主義

帝国主義とは，19世紀末頃から第一次世界大戦までの時代に列強が植民地獲得を目指して世界を分割していった動きをいう。

(2) アフリカの植民地化

① イギリス**縦断政策**と**3C政策**

イギリスがエジプトとケープ植民地を結ぶ地域の確保を目指した政策のことを縦断政策，**ケープタウン**とエジプトの**カイロ**，インドの**カルカッタ**を結ぶ政策のことを3C政策という。

② フランス**横断政策**

フランスの西アフリカからサハラ砂漠を横断してジブチ港やマダガスカルまでを結ぶ政策。

●**3B政策**……ドイツの帝国主義政策で，**ベルリン**，**ビザンティウム**（イスタンブルの旧名），**バグダード**を結ぶ鉄道を建設し，西アジア進出を計画したもの。

●**ファショダ事件**（1898年）……縦断政策をとるイギリスと横断政策をとるフランスが衝突し対立した事件。フランス側が譲歩した。

(3) アジア地域の植民地化

〈アジアにおける列強の進出〉

16世紀にはスペイン・ポルトガル，17世紀からはオランダ，18世紀になるとイギリス，19世紀にはフランス・アメリカが進出し列強支配が進んだ。

確認問題

8 次の資料は，欧米で基本的人権の保障を明らかにするために出された文書である。この文書と関係の深い出来事はどれか。

第1条　人間は自由かつ権利において平等なものとしてうまれ，また，存在する。社会的な差別は，共同の利益に基づいてのみ，設けることができる。

① 名誉革命
② アメリカ独立戦争
③ フランス革命
④ アヘン戦争
⑤ 南北戦争

9 次の歴史的事項を古い年代順に並べよ。

ア．バスティーユ牢獄の襲撃
イ．ナポレオン皇帝就任
ウ．アメリカ独立戦争
エ．フランス人権宣言

10 18世紀後半にイギリスで始まった産業革命の背景として適切でないものはどれか。

① マニュファクチュア（工場制手工業）による毛織物業の発達や三角貿易による資本の蓄積が進んでいた。
② フランスやオランダとの植民地戦争に勝利し，広大な海外市場を有していた。
③ 農業革命や第2次囲い込みにより，土地を失った農民が都市に流入し，安価な労働力となった。
④ ナントの王令により種々の特権や規制が撤廃され，経済活動の自由が実現していた。
⑤ 石炭・鉄など豊富な資源に恵まれ，17世紀以来，自然科学や技術が進歩していた。

5 現代

●ポイント

第一次世界大戦から世界恐慌を経て第二次世界大戦までが頻出。また，第二次世界大戦後は出題が増加しており，出題された場合，かなり細かいところまで問われることから注意が必要である。

1 第一次世界大戦

Point Check

1 **三国同盟** ▶1882年に成立したドイツ・オーストリア・イタリアの軍事同盟。

2 **三国協商** ▶三国同盟に対抗して成立したイギリス・フランス・ロシアの外交・軍事同盟。

3 **「ヨーロッパの火薬庫」** ▶バルカン半島をさす。

4 **第一次世界大戦** ▶1914年オーストリアの皇位継承者夫妻がサライェヴォでセルビア人によって暗殺されたことをきっかけに発生。

(1) 三国同盟と三国協商

〈第一次世界大戦前のおもな同盟・協商関係〉

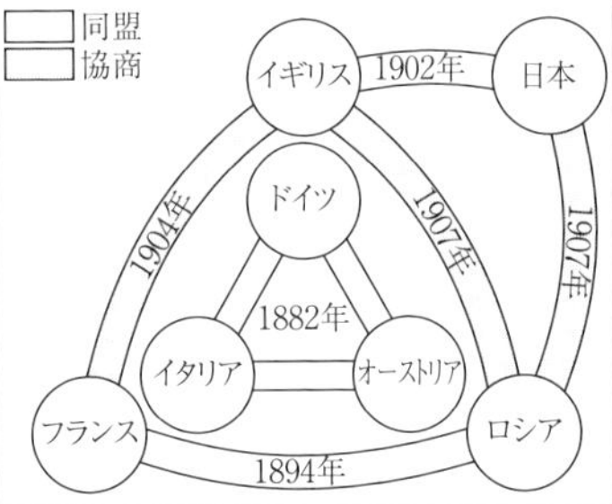

ドイツで宰相ビスマルクが辞職し，**ヴィルヘルム2世**が積極的世界政策へ転換すると，ドイツ・オーストリア・イタリアの**三国同盟**に対抗するため，イギリス・フランス・ロシアは**三国協商**とよばれる提携関係を構築した。こうして，既得権益を守ろうとする三国協商側と新たな植民地を獲得しようとする三国同盟側の対立が激化した。

●**「光栄ある孤立」**……イギリスが19世紀に採用した孤立外交政策のこと。ロシアの南下政策を抑えるため，1902年に日本と日英同盟を結んだことで政策転換。

(2) バルカン問題

バルカン半島はゲルマン系・スラヴ系など複雑な民族構成をしていた。ドイツ・オーストリアを中心とするパン＝ゲルマン主義とロシアを中心とするパン＝スラヴ主義とが激しい抗争を展開し，一触即発の危機をはらんでいた。このことからバルカン半島を「**ヨーロッパの火薬庫**」という。

(3) 第一次世界大戦（1914〜18年）

オーストリアの皇位継承者夫妻がボスニアの州都サライェヴォでセルビア人によって暗殺された事件（サライェヴォ事件）をきっかけに，オーストリアがセルビアに宣戦して開始された。列強はドイツ・オーストリアの同盟国側とフランス・ロシア・イギリスなどの連合国側（イタリアは当初中立，のちに連合国側で参戦）に分かれて戦うこととなり，連合国側が勝利して終戦を迎えた。

2 ロシア革命とヴェルサイユ体制

Point Check

1 **ロシア革命** ▶1917年におきた史上初の社会主義革命。

2 **ヴェルサイユ条約** ▶1919年に調印された連合国とドイツとの間の第一次世界大戦後の講和条約。

3 **国際連盟** ▶ウィルソンの十四カ条の平和原則に従って発足した国際機構。

(1) ロシア革命（1917年）

第一次世界大戦中に露呈した近代化の遅れや戦争がもたらす労働条件の低下，食料危機などに対して政府が十分な対策をとらなかったことからおこった革命。二（三）月革命でロマノフ朝は崩壊し，戦争続行を主張する臨時政府も十（十一）月革命でレーニンらの指導による武装蜂起によって倒れた。

(2) ソヴィエト連邦の成立（1922年）

革命の拡大を恐れた連合軍はシベリアなどロシア各地を占領する干渉戦争を行ったものの，かえってロシアの結束が強まり，1922年，**世界最初の社会主義国家**である**ソヴィエト社会主義共和国連邦**が成立した。

(3) ヴェルサイユ体制

① **ヴェルサイユ条約**(1919年)

1919年パリ講和会議が開催され，アメリカ第28代大統領**ウィルソン**の提唱した平和を重視する**十四カ条**の平和原則に従って新しい国際秩序が形成されることとなった。同年に締結された連合国とドイツとの間の講和条約であるヴェルサイユ条約では，ドイツの全植民地の返還と軍備の制限などが決まり，後に賠償金支払いが定められた。

② **国際連盟**発足(1920年)

講和条約ではウィルソン大統領の提案で世界の恒久平和を目指す大規模国際機構として国際連盟の設立も決定した。

〈国際連盟〉

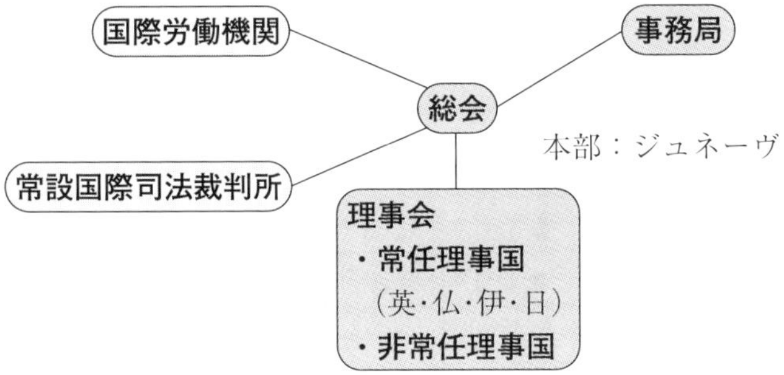

▲国際連盟の問題点

- 影響力が強いアメリカの不参加
- 全会一致のため，連盟内の意思統一が困難
- 侵略行為に対して武力制裁をできず，経済制裁のみ

(4) 軍備縮小と安全保障

ワシントン会議	1921～22年	アメリカ大統領**ハーディング**の提唱。 ・**海軍軍備制限条約**…主力艦の保有比率決定 ・**九カ国条約**…中国の主権尊重と領土保全 ・**四カ国条約**…太平洋の軍備現状維持，日英同盟解消
ロカルノ条約	1925年	ヨーロッパ主要国による相互安全保障。
不戦条約	1928年	フランス外相ブリアン，アメリカ国務長官ケロッグの提唱。戦争の排除を約束。
ロンドン会議	1930年	イギリス首相マクドナルドの提唱。米・英・日の補助艦の保有比率を決定。

3 世界恐慌

Point Check

1 **ニューディール** ▶世界恐慌の際にアメリカのフランクリン＝ローズヴェルト大統領が推進した政策。
2 **ブロック経済** ▶世界恐慌の際にイギリス・フランスが行った政策。
3 **ヒトラー** ▶ナチ党を率いて一党独裁政権を樹立。

(1) **世界恐慌**（1929年～）

ニューヨークのウォール街にあるニューヨーク株式取引所での株価の大暴落を契機に始まり，世界の資本主義諸国に大不況が広まった世界史上最大規模の恐慌。

(2) **世界恐慌の際の各国の対応**

① **アメリカ**

フランクリン＝ローズヴェルト大統領が，農業調整法（AAA）で農業生産を調整し，全国産業復興法（NIRA）を制定して産業の復興をうながすとともに，テネシー川流域開発公社（TVA）を設立して公共事業投資を実施するなどした。この政策を**ニューディール**（新規まき直し）といい，自由放任政策から国家が経済に積極的に介入する修正資本主義政策への転換を意味した。

② **イギリス・フランス**

イギリスは，本国と植民地との間に従属的な経済関係を結び，他国の商品を排除する**ブロック経済**（スターリング（ポンド）＝ブロック）を形成して難局を乗り越えようとした。フランスも同様にフラン＝ブロックを形成した。

③ **ドイツ**

社会不安を背景に**ナチ党**が躍進し，**ヒトラー**は合法的に一党独裁体制を確立した。以後軍事力増強を図った。

④ **イタリア**

ムッソリーニ率いる**ファシスト党**が勢力を拡大。国内の経済危機から国民の関心をそらそうとエチオピア侵略（1935年）が行われた。

⑤ **ソ連**

スターリンのもと五カ年計画が実施されていたため，影響をほとんど受けず，工業生産は飛躍的に増大した。

4 第二次世界大戦

Point Check

1 ヤルタ会談 ▶ローズヴェルト・チャーチル・スターリンによる戦後処理の会議。ソ連の対日参戦が決まる。

(1) **第二次世界大戦**(1939～45年)

世界恐慌の際に，ドイツ・日本・イタリアなど後発資本主義国はファシズム・全体主義へと走り，ヴェルサイユ体制を打破して軍事力による領土拡大をもくろんだ結果，第二次世界大戦が発生した。

(2) **大戦の終結**

戦局は当初ドイツなど枢軸国側が優勢であったが，**ミッドウェー海戦**での日本海軍の敗北，スターリングラードの戦いでのドイツ軍の敗北などで連合国側が優位となった。1945年5月にドイツが，8月には日本が降伏し終戦を迎えた。

〈第二次世界大戦に関する主な会談〉

ミュンヘン会談(1938年9月)	ズデーテン問題を話し合うために，チェンバレン(英)・ダラディエ(仏)・ムッソリーニ(伊)・ヒトラー(独)が会談。ヒトラーの主張を認める英・仏の宥和策。
大西洋上会談(1941年8月)	ローズヴェルト(米)とチャーチル(英)が，ファシズムの侵攻に対処するために会談し，大西洋憲章を発表した。
カイロ会談(1943年11月)	ローズヴェルト・チャーチル・蔣介石(中)が，対日戦の基本方針を討議し，カイロ宣言を発表。
テヘラン会談(1943年11～12月)	ローズヴェルト・チャーチル・スターリン(ソ)が会談し，第二戦線の展開が討議された。
ヤルタ会談(1945年2月)	ローズヴェルト・チャーチル・スターリンによる戦後処理の会談。ソ連の対日戦参加が決定された。
ポツダム会談(1945年7～8月)	チャーチル(途中からアトリー)・トルーマン(米)・スターリンが会談し，戦後ドイツ処理と日本への降伏勧告が決定された。

5 東西冷戦体制

Point Check

1 キューバ危機 ▶1962年ソ連のキューバにおけるミサイル基地建設計画に対してアメリカが海上封鎖実施。ソ連の譲歩により解決。

2 ベトナム戦争 ▶1965年ジョンソンが北爆により介入。73年ニクソンが和平協定締結で撤兵。

⑴ **トルーマン＝ドクトリン**（1947年）

アメリカのトルーマン大統領はギリシア・トルコへの共産主義進出を阻止するため，ソ連に対して封じ込め政策を宣言し，**冷戦**が本格化した。

⑵ **朝鮮戦争**（1950～53年）

南の大韓民国と北の朝鮮民主主義人民共和国が軍事衝突した戦争。韓国側にはアメリカ主体の国連軍が，北朝鮮側には中国義勇軍が参戦した。戦線は38度線付近で膠着した。1953年に休戦協定が結ばれ，国家分断が固定化された。

⑶ **キューバ危機**（1962年）

ソ連がキューバにミサイル基地の建設を計画していたことが発覚したことに対してアメリカの**ケネディ大統領**が海上封鎖を行い，一時核戦争の危機に陥った。ソ連の譲歩で戦争は回避された。

⑷ **ベトナム戦争**（1960～73年）

1960年，南ベトナムの解放を目指す南ベトナム解放戦線が結成され，ゲリラ戦を展開。1965年にはベトナムの共産主義化を懸念したアメリカの**ジョンソン**大統領が北ベトナムへの爆撃（北爆）を開始して本格的に介入した。73年，**ニクソン**大統領が和平協定を調印し終結。1975年ベトナムは統一された。

●**ホー＝チ＝ミン**……1945年のベトナム独立に尽力し，インドシナ戦争・ベトナム戦争を指導し，ベトナムの社会主義化を進めた。

▲ 発 展 ▼

〈冷戦期の東西両陣営の動向〉

米	西暦	資本主義陣営		社会主義陣営	ソ連
トルーマン	1945年		国際連合成立		スターリン
	1947	トルーマン＝ドクトリン マーシャル＝プラン		コミンフォルム結成(～56)	
	1948			ベルリン封鎖(～49)	
	1949	北大西洋条約機構（NATO） ドイツ連邦共和国 (西ドイツ)成立		経済相互援助会議(コメコン) ドイツ民主共和国 (東ドイツ)成立	
	1950		朝鮮戦争(～53)		
アイゼンハワー	1954		ジュネーブ休戦協定		フルシチョフ
	1955			ワルシャワ条約機構	
ケネディ	1961			ベルリンの壁構築	
	1962		キューバ危機		
ジョンソン	1965		米，北ベトナム爆撃		ブレジネフ
ニクソン	1972		米中共同声明		
カーター	1979			ソ連，アフガニスタン侵攻(～89)	
レーガン	1989			東欧革命	
ブッシュ(父)			マルタ会談		ゴルバチョフ
	1990		東西ドイツ統一		
	1991			ワルシャワ条約機構解体 ソヴィエト連邦解体	

6 冷戦の終結と戦後の第三世界の動向

Point Check

1 **ゴルバチョフ** ▶ペレストロイカによる改革推進。

2 **ベルリンの壁撤去** ▶1989年，東欧民主化を決定的にする。

3 **ガンディー** ▶インド独立を達成。

(1) 冷戦の終結

1985年にソ連書記長に就任した**ゴルバチョフ**は，グラスノスチ（情報公開）による言論の自由化やペレストロイカとよばれる大規模な改革を行った。1989年には**ベルリンの壁が開放**され，同年，**マルタ会談**では，アメリカ大統領ブッシュ（父）とソ連のゴルバチョフ書記長との間で冷戦終結宣言が出された。翌90年東西**ドイツが統一**，1991年にはロシア連邦を中心に**独立国家共同体**（CIS）を結成し，**ソ連邦は解体**した。

(2) 戦後の第三世界諸国

〈第三世界の国際政治の動向〉

西暦	できごと
1946年	インドシナ戦争（～54）
1947	インド・パキスタン分離独立
1949	インドネシア連邦共和国成立
1952	エジプト革命
1954	ネルー・周恩来会談（平和五原則声明）
1955	アジア＝アフリカ（バンドン）会議
1958	イラク革命
1959	キューバ革命
1961	第1回非同盟諸国首脳会議
1964	第1回国連貿易開発会議（UNCTAD）
1976	ベトナム社会主義共和国成立
1979	イラン革命
1980	イラン＝イラク戦争（～88）
1991	湾岸戦争

① インド

ガンディーが**非暴力・不服従**を唱え，反英独立運動の先頭に立ち，1947年インド独立を達成。

② インドネシア

スカルノが，1949年完全独立を達成。

③ エジプト

1952年**ナセル**が**エジプト革命**を実行し，翌年エジプト共和国を成立。

④ キューバ

1959年**カストロ**が指導した**キューバ革命**で米州初の社会主義国となる（62年）。

⑤ イラン

1979年イスラーム教最高指導者ホメイニにより，イラン革命がおこり，パフレヴィー朝を倒した。そして，ホメイニを中心とするイスラーム政権が成立した。

(3) アジア＝アフリカ（バンドン）会議（1955年）

インドネシアのバンドンで開かれたアジア＝アフリカの首脳会議。平和十原則が採択された。

●平和五原則……1954年中国の周恩来首相とインドのネルー首相の間で発表された領土主権，不干渉などからなる5つの原則のこと。アジア＝アフリカ会議で発表された平和十原則の基本となる。

7 近年の国際紛争

Point Check

1 **湾岸戦争** ▶1991年，アメリカを中心とする多国籍軍がイラクを攻撃。イラクは大敗。

2 **アラブの春** ▶2010年，チュニジアの反政府デモに端を発し，アラブ諸国に波及した民主化運動。

⑴ **湾岸戦争**（1991年）

イラクのクウェート侵攻に対し，国連の安保理の決議によって派遣された米軍を中心とする多国籍軍が，イラクを空爆して始まった。イラクのサダム＝フセインは，多国籍軍のハイテク兵器の前に敗北し，イラク軍はクウェートから撤退して停戦協定が結ばれた。

⑵ **コソヴォ紛争**（1999年）

旧ユーゴスラヴィア・セルビア共和国内のコソヴォ自治州で起きた紛争。セルビア人による大規模なアルバニア人掃討作戦に対して，NATO諸国は警告や制裁を行ったが，ミロシェヴィッチ大統領は受け入れなかったため，1999年3月，NATO軍がユーゴスラヴィアへの空爆を開始した。同年6月，ユーゴスラヴィア側が和平案を受諾し終結した。

⑶ **イラク戦争**（2003年）

イラクの**サダム＝フセイン**政権が大量破壊兵器を開発しているとの疑惑に対して，イラク側が国連安保理決議が求める武装解除に応じなかったとして，米英軍が2003年3月にイラクに軍事行動をおこしたもの。数にまさる米英軍がイラク軍を圧倒し，1979年以来続いていたフセイン政権は崩壊した。

⑷ **アラブの春**（2010～2012年）

2010年に北アフリカの**チュニジア**で発生した反政府デモに端を発し（ジャスミン革命），中東・北アフリカ諸国に拡大した，大規模な反政府デモによる民主化運動。民衆はツイッターやフェイスブックなどのソーシャルネットワーキングサービス（SNS）や衛星放送等によって連帯と情報共有を図った。長期独裁政権が続いていたチュニジアやエジプトでは大統領が退陣，リビアでは政権交代が行われた。

▲ 発 展 ▼

〈インド近現代史〉

◎**ムガル帝国**（1526～1858年）

バーブルが建国したインド史上最大のイスラーム国家

17世紀　皇帝シャー＝ジャハーンがアグラに**タージ＝マハル**を建築

1757年　プラッシーの戦い
イギリスがフランスに圧勝。イギリスのインド支配が決まる。

〈タージ＝マハル〉

1857年～59年　インド大反乱（シパーヒーの反乱）
インド全域に拡大した民族反乱。ムガル帝国は滅亡。イギリスの直接統治へ（1877年にはインド帝国という呼称が用いられる）。

◎**インド独立運動**

1906年　国民会議カルカッタ大会……日露戦争の日本の勝利に影響される。
※四大綱領…スワデーシ（国産品愛用），スワラージ（自治獲得），英貨排斥，民族教育

1919年　ローラット法，インド統治法
非暴力・不服従運動（ガンディー主導）

1929年　国民会議派内の**ネルー**らが，完全独立（プールナ＝スワラージ）を決議

1935年　新インド統治法（インド連邦〈イギリス連邦内自治領〉）

1947年　イギリス連邦内の自治領として独立，パキスタンは分離。

1950年　インド連邦共和国（新憲法の発布）

〈ネルー（左）とガンディー〉

▲ 発 展 ▼

〈**パレスチナ・中東問題**〉

◎**バルフォア宣言**(1917年)

イギリスがユダヤ人の戦争協力を得るために，第一次世界大戦後のパレスチナにおけるユダヤ人国家の建設支持を表明したもの。

※イギリスは1915年アラブ人国家の建設を認めるフセイン・マクマホン協定をアラブ人に対して約束しており二重外交を行った。

↓

◎**パレスチナ分割案**採択(1947年)

↓ イギリスの委任統治終了により，国連が分割案を提示した。

◎**イスラエル建国**(1948年)

↓ 分割案に基づきユダヤ人がイスラエルを建国したため，アラブ諸国が反発。

◎**パレスチナ(第1次中東)戦争**(1948～49年)

↓ イスラエルが勝利(独立確保)するが，パレスチナ難民発生をまねく。

◎**スエズ(第2次中東)戦争**(1956～57年)

エジプトのナセル大統領のスエズ運河国有化宣言に対し英仏とイスラエルが出兵。米ソ両国や国連の圧力により撤兵。エジプトはアラブの主導的地位になった。

↓

◎**6日間(第3次中東)戦争**(1967年)

イスラエル圧勝。シナイ半島・ヨルダン川西岸・ゴラン高原・ガザ地区などを占領。

↓

◎**第4次中東戦争**(1973年)

アラブ産油国が石油戦略(イスラエルを支援するアメリカなどへの石油輸出の禁止・制限)を発動→第一次石油危機発生

↓

◎エジプト＝イスラエル平和条約(1979年)

前年のアメリカのカーター大統領，エジプトのサダト大統領，イスラエルのベギン首相による中東和平合意に基づく。

↓

◎パレスチナ暫定自治協定(オスロ合意，1993年)

イスラエルのラビン首相とPLO(パレスチナ解放機構)のアラファト議長との間で調印。相互承認，パレスチナ暫定自治樹立で合意。

↓

確認問題

11 国際連盟に関する記述として，正しいものはどれか。

① 国際連盟は，アメリカのウィルソン大統領が発表した十四カ条に基づいて設立された史上初の恒久的な国際的平和機関であり，ニューヨークに本部を置いた。

② 国際連盟には，総会・理事会・連盟事務局のほかに，国際労働機関と常設国際司法裁判所が設置された。

③ 国際連盟では，理事会において，アメリカ，イギリス，フランス及び日本の4か国が常任理事国として拒否権が認められた。

④ 国際連盟では，その決議は法的拘束力を持ち，侵略国に対して常に軍事的制裁をとることができた。

⑤ 1933年に日本とドイツ，1937年にはソ連が脱退したことで，国際連盟の威信は傷つき，その活動を停滞させる大きな原因となった。

12 世界恐慌後の各国の状況について正しいものはどれか。

① アメリカ……フーヴァー大統領がニューディールを実施した。

② イギリス……ブロック経済を推進した。

③ ドイツ………ヒトラーが軍事力で総統に就任した。

④ イタリア……フランコがエチオピア侵略を強行した。

⑤ ソ連…………スターリンの五カ年計画が失敗し，経済は混乱した。

13 次の(1)〜(4)の空欄に入るアメリカ大統領を選べ。

(1) 朝鮮戦争がおこり，(　　　)大統領は国連軍を派遣した。

(2) (　　　)大統領のとき，キューバ危機がおこった。

(3) (　　　)大統領は，ベトナム戦争からの撤退を決めた。

(4) マルタ会談で(　　　)大統領とソ連のゴルバチョフ書記長は冷戦の終結を宣言した。

a．レーガン	b．クリントン	c．トルーマン
d．ニクソン	e．ジョンソン	f．ケネディ
g．ブッシュ(父)	h．カーター	i．アイゼンハワー

6 中国史

●ポイント

中国史では，各王朝の成立順，滅びるきっかけとなった争乱名のほか，税制や官吏登用制度の推移，列強の中国進出と中国の近代化などテーマ別の学習も重要となる。

1 周～南北朝

Point Check

1 **始皇帝** ▶秦の皇帝で前221年中国を統一。
2 **黄巾の乱** ▶184年，後漢の滅亡へとつながる。
3 **三国時代** ▶魏・蜀・呉が中国を三分。

(1) **周**（前11世紀頃～前256年）

殷王朝が滅んだ後，封建制度を基盤とする周王朝が成立した。支配者階級は青銅器を使用していたものの，農民は石器･土器などを使用しており生産力は低かった。前770年を境として，前半を西周，後半を東周と呼び，前256年に秦に滅ぼされた。

(2) **春秋・戦国時代**（前770～前221年）

周の東遷後，その権威が衰えると，諸侯が分立抗争を繰り広げる春秋・戦国時代へと突入した。しかし，諸侯が富国強兵を強めたこともあり，商工業が発展し青銅貨幣も流通した。農業では鉄製農具も普及した。**諸子百家**とよばれる思想家（孔子･孟子など）が現れたのもこの時代である。

(3) **秦**《しん》（前8世紀頃～前206年）

周の東遷時の前8世紀頃に周の諸侯となり，前4世紀に勢力を拡大。前221年に秦王の政が中国統一を果たし，自らを**始皇帝**《しこうてい》と称した。**郡県制**の施行や**焚書**《ふんしょ》・**坑儒**《こうじゅ》で儒学を弾圧するなど統一政策を実施し，対外的にも**万里の長城**を築くなど改革を行った。しかし，兵役や土木工事の負担など民衆の生活が圧迫されたことから，**陳**《ちん》**勝**《しょう》・**呉広**《ごこう》**の乱**（前209～前208年）など各地で反乱がおこり短命のうちに滅んだ。

⑷　**前漢**(前202～後8年)

高祖(劉邦《りゅうほう》)が創始。中央集権を緩和した**郡国制**を敷いた。**呉楚《ごそ》七国の乱**(前154年)の平定後，武帝の時代に最盛期を迎え，儒教の尊重，均輸法・平準法，**郷挙里選**，張騫《ちょうけん》の大月氏派遣など対内的・対外的に官僚支配を強化した。しかし，外戚の王莽《おうもう》によって滅ぼされた。

⑸　**後漢**(25～220年)

王莽は**新**(8～23年)を建国したが，**赤眉《せきび》の乱**(18～27年)などによって崩壊し，劉秀《りゅうしゅう》(**光武帝**)が後漢を復興した。西域経営に力を入れ，倭(日本)との交渉もみられた。しかし，184年におきた**黄巾の乱**などが原因で衰退し滅んだ。

⑹　**三国時代**(220～280年)

後漢滅亡後，**魏《ぎ》・蜀《しょく》・呉《ご》**の三国が分立する時代となった。三国のうち最も優勢だったのは華北を占める魏で，四川を拠点とする蜀を滅ぼしたが(263年)，その魏も家臣司馬炎によって滅ぼされた(265年)。司馬炎は国号を晋《しん》(西晋)とし280年には江南の呉も滅ぼし中国統一を果たした。

●**九品中正**……郷挙里選にかわり魏で始められた官吏任用制度。

⑺　**五胡十六国**(304～439年)

晋は八王の乱(290～306年)がおこり国内が混乱し，匈奴の侵入によって316年に滅んだ。しかし，翌年には都を建康に移して復活し(東晋)，華北では5つの異民族が侵入して五胡十六国の時代となった。

⑻　**南北朝時代**(439～589年)

華北の乱世は鮮卑《せんぴ》拓跋《たくばっ》氏《し》の建てた北魏によって統一され(439年)，以後，華北の北魏(北朝)と江南の宋(南朝)が150年にわたってそれぞれ王朝が交替しながら対立する南北朝時代となった。

2 隋〜宋

Point Check

- 1 **科挙** ▶隋で始まった学科試験による官吏登用制度。
- 2 **長安（西安）** ▶唐の都で世界最大の都市といわれる。
- 3 **安史の乱** ▶唐弱体化のきっかけとなった反乱。

(1) **隋**（581〜618年）

589年楊堅《ようけん》（文帝）が建国した隋によって南北朝統一が実現した。楊堅は儒学の学科試験によって官吏を登用する**科挙**《かきょ》を創始した。その子煬帝は華北と江南を結ぶ**大運河**を開通させた。しかし，**高句麗遠征の失敗**などが原因となり滅亡した。

(2) **唐**（618〜907年）

李淵（高祖）が建国。2代目太宗（李世民《りせいみん》）の治世に**貞観**《じょうがん》**の治**とよばれる繁栄期を迎え，都長安（西安）は世界最大級の都市として栄えた。均田制・租調庸制などで財政安定を図ったが，8世紀初頭の玄宗による**開元の治**の後，**安史の乱**（755〜763年）がおこり衰退。9世紀後半に**黄巣**《こうそう》**の乱**（875〜884年）がおこると混乱し，907年朱《しゅ》全忠《ぜんちゅう》によって滅ぼされた。

〈唐の文化〉

詩文	李白，杜甫，王維，白居易
散文	韓愈，柳宗元
山水画	呉道玄
書法	顔真卿

※仏教は宮廷，貴族の保護で栄える。『大唐西域記』を著した玄奘，『南海寄帰内法伝』を著した義浄，日本に渡り戒律を伝えた鑑真などが活躍した。

●五代十国（907〜979年）……唐の滅亡後，華北の5王朝とその他の地域の10国による戦乱期となった。

(3) **北宋**（960〜1127年）

960年趙匡胤《ちょうきょういん》（太祖）は宋を建国し，次の**太宗**によって中国統一を果たした。文治政治を行い，科挙に皇帝自らが面接する**殿試**を追加した。しかし，靖康《せいこう》の変（1126〜27年）がおこり，女真族の金により滅亡した。

●南宋（1127〜1276年）……靖康の変で江南に逃れた宋の一族が建国した。江南開発で経済的に発展した。

3 元～清

Point Check

1 **フビライ（クビライ）** ▶元を建国。
2 **紅巾の乱** ▶元末の農民反乱。
3 **ネルチンスク条約** ▶1689年清の康熙帝がロシアのピョートル1世と結んだ国境画定条約。

(1) モンゴル帝国（大モンゴル国）（1206～1388年），元（1271～1368年）

チンギス＝ハンが全モンゴル部族を統一すると，モンゴル軍は**ワールシュタット（リーグニッツ）の戦い**でポーランド・ドイツ連合軍を破るなど勢力を拡大した。孫のフビライ（クビライ）は都を大都（北京）に移し，元と改称。1276年には南宋を滅ぼし，中国を統一した。高麗・ミャンマーも服属させたが日本遠征には失敗。対内的には中国の伝統的な官僚制度を採り，ジャムチとよばれる**駅伝制**を整備し東西交通を整備した。しかし，**紅巾《こうきん》の乱**（1351～66年）が発生し滅亡した。

(2) 明（1368～1644年）

紅巾の乱で頭角を現した**朱元璋《しゅげんしょう》**（洪武帝，太祖）が南京を都として建国。里甲制を実施し，**賦役黄冊《ふえきこうさつ》**（戸籍台帳）と**魚鱗図冊《ぎょりんずさつ》**（土地台帳）を作成した。また，メキシコ銀や日本銀の大量流入により，銀が貨幣として流通した。この結果，明代後半には税を銀で納める**一条鞭法《いちじょうべんぽう》**が普及した。対外的には，永楽帝の命で行われた**鄭和《ていわ》の南海遠征**を代表として，日本・琉球など近隣諸国と朝貢貿易が行われたが権力闘争で弱体化し，**李自成《りじせい》**を主導とする農民反乱で滅んだ。

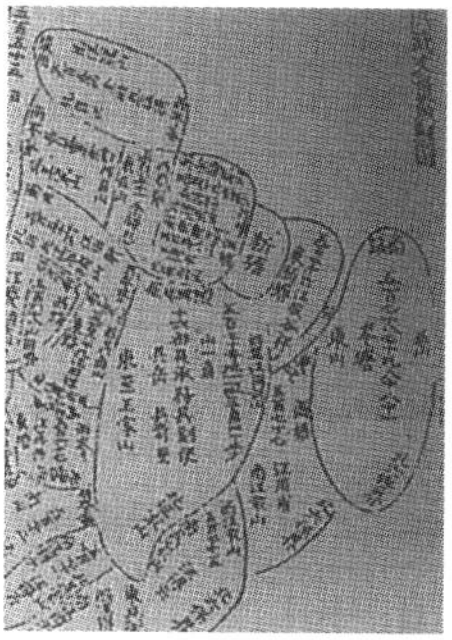

〈魚鱗図冊〉

(3) 清《しん》（1616～1912年）

東北地方の女真族（満洲人）が建国した金の国号を改称し，1644年明にかわって中国を統一した王朝。**三藩の乱**（1673～81年）の後，台湾を領土に加え中国を統一した（1683年）。1689年には黒龍江沿いを南進していたロシアと戦い，ネルチンスク条約を結び両国間の国境を画定した。**満漢併用制**を採用する一方，**辮《べん》髪**や**文字《もんじ》の獄《ごく》**，禁書などで漢人の統制を図った。

4 アヘン戦争

Point Check

1 **アヘン戦争** ▶イギリスが清を侵略した戦争。清は降伏し南京条約を締結。

2 **太平天国の乱** ▶清末に洪秀全がおこした農民反乱。

(1) アヘン戦争

〈三角貿易〉

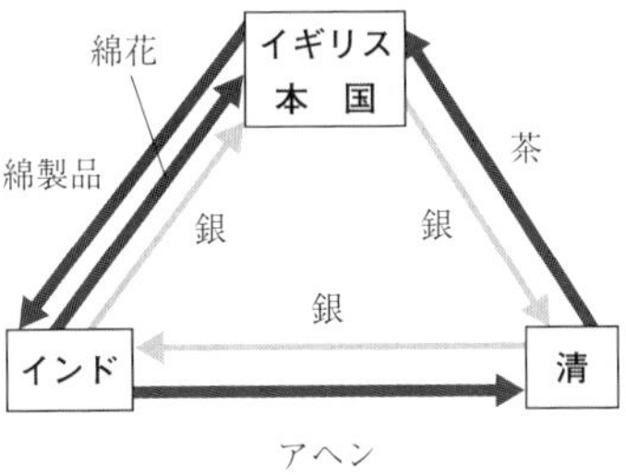

① 三角貿易

18世紀後半に中国貿易を独占したイギリスは，中国の茶を本国に送り，代価を銀で支払う貿易を行っていた。しかし，中国への銀流出を防ぐため19世紀初めに中国の茶を本国，本国の綿製品をインド，インド産アヘンを中国に運ぶ三角貿易を確立し，利益を上げた。

② **アヘン戦争**（1840～42年）

中国ではアヘン吸引が広がり，大量の銀が国外に流出したことから，1839年広州に派遣された**林則除**《りんそくじょ》はイギリス商人所有のアヘンを強制的に没収して処分し，これをきっかけにアヘン戦争が勃発した。

③ **南京条約**（1842年）

清は近代的武力に屈服してイギリスに敗れ，**香港島の割譲**，**上海・寧波・福州・厦門・広州5港の開港**と**公行の廃止**などを認める南京条約を結んだ。翌年には，領事裁判権や関税自主権喪失を認めた不平等条約も結んだ。

〈アヘン戦争〉

●**アロー戦争**……1856～60年。イギリス・フランスと清の戦争。1858年に天津条約，1860年に北京条約を結んだ。

(2) **太平天国の乱**（1851～64年）

アヘン戦争・アロー戦争の結果，民衆の生活は困窮し，1851年**洪秀全**《こうしゅうぜん》が「滅満《めつまん》興漢《こうかん》」をスローガンに太平天国の乱をおこした。一時南京を占領したものの，曾国《そうこく》藩《はん》や李《り》鴻章《こうしょう》など義勇軍の活躍により鎮圧された。

5 辛亥革命

Point Check

1	**義和団戦争（事件）**	▶1900～01年。「扶清滅洋」を唱えた排外運動。
2	**孫文**	▶辛亥革命で中華民国を建国。

(1) 変法運動と戊戌《ぼじゅつ》の政変（1898年）

太平天国の乱後，曾国藩，李鴻章らを中心として洋務運動が行われたものの清仏戦争（1884～85年），日清戦争（1894～95年）の敗北でその限界が示された。日清戦争後は，列強の清領土内での利権獲得競争が進んだ。これに対して康有為《こうゆうい》らが変法運動とよばれる改革を断行したが反対派が西太后と結び弾圧したため，改革は失敗に終わった（戊戌の政変，1898年）。

(2) 義和団戦争（事件）（1900～01年）

この頃，民衆の間では排外運動がおこり，義和団は「扶清滅洋《ふしんめつよう》」を唱えて外国文化の一掃を図った。この運動に乗じて，清が各国に宣戦布告した。しかし，日本・ロシアを主力とする8カ国連合軍に敗れて，北京議定書を調印した。

(3) 辛亥革命（1911～12年）

義和団戦争（事件）後国内では科挙の廃止など改革の動きが進み，立憲運動がみられるようになった。**孫文《そんぶん》**は1905年東京で中国同盟会を結成し，民族の独立，民権の伸張，民生の安定をめざす**三民主義**を唱え組織的な革命運動を展開した。1911年武昌で新軍が蜂起すると辛亥革命がおこり，革命軍は帰国した孫文を臨時大総統に選出し，翌12年南京で中華民国の建国を宣言した。

〈孫文〉

●**袁世凱《えんせいがい》**……清から革命の鎮圧を命じられたが革命政府と取り引きし，自らが臨時大総統となることと引き換えに宣統帝《せんとうてい》を退位させた。

●**五・四運動**（1919年）……二十一カ条の廃棄要求に対して，パリ講和会議がこれを拒否したことからおきた排日運動。

6 中華人民共和国の成立

Point Check

1 **毛沢東** ▶1949年中華人民共和国建国を宣言。
2 **プロレタリア文化大革命** ▶1966～77年にかけておこった権力闘争。
3 **天安門事件** ▶1989年民主化要求デモを弾圧した事件。

(1) 中華人民共和国の成立

① 国共内戦

第二次世界大戦後，中国国民党と中国共産党の国共対立が繰り広げられた。国民党側は1948年蔣介石《しょうかいせき》が総統となったが，経済混乱などで民衆の批判を浴びた。一方，共産党は農村で土地改革を指導して支持を固めた。

② **中華人民共和国**の成立（1949年）

共産党は人民解放軍を率いて反攻し，国民党軍は敗走，1949年蔣介石は台湾に逃れた。中国本土を掌握した共産党は，**毛沢東**《もうたくとう》を国家主席，**周恩来**《しゅうおんらい》を首相として中華人民共和国を成立させた。

(2) 大躍進

1958年に開始された第2次五ヵ年計画で目標とされた工業・農業の急速な発展を目指すスローガンをいう。人民公社が全国に設立されたが，目標が過大だったこともあり，この政策は失敗に終わった。

(3) プロレタリア文化大革命（文化大革命）
（1966年～77年）

大躍進の失敗によって権力を失っていた毛沢東・林彪《りんぴょう》らが，社会主義の復活を目指して，劉少奇・鄧小平《とうしょうへい》ら実務派の推進する資本主義に対して攻撃したもの。毛沢東の死後，鄧小平に実権が移りプロレタリア文化大革命は終了した。

〈戦後中国〉

西暦	できごと
1945年	国共内戦（～49）
1949	中華人民共和国成立
	台湾国民党政府成立
1953	第1次五ヵ年計画（～57）
1958	「大躍進」政策開始
	（人民公社設立）
1960	中ソ論争激化
1966	プロレタリア文化大革命開始
1971	国連代表権獲得
1972	ニクソン大統領訪中
	日中国交正常化
1976	「四人組」失脚
1978	新憲法公布（「4つの現代化」）
	日中平和友好条約
1979	米中国交正常化
1989	天安門事件
1992	中韓国交正常化
1997	香港返還
1999	マカオ返還
2001	WTO（世界貿易機関）加盟

(4) **天安門事件**（1989年）

民主化を求め天安門広場に集まった学生・知識人らを中心とした民衆を政府が弾圧した事件。事件は強い国際的非難を浴びたが，共産党支配体制は継続した。以後鄧小平による改革開放路線導入の結果，経済は順調に発展した。

▲ 発　展 ▼

〈中国の文明・文化〉

◎春秋・戦国時代の諸子百家

〈諸子百家〉

学 派	人 物	特 徴
儒 家	孔 子	仁と礼　主著『論語』（死後，弟子たちが編集）
	孟 子	性善説　王道政治を説く。主著『孟子』
	荀 子	性悪説　君主による民の教育。主著『荀子』
道 家	老 子	無為自然　主著『老子』
	荘 子	自然とともに生きる自由な人生を説く。主著『荘子』
墨 家	墨 子	兼愛，非攻
法 家	商 鞅	法治主義
	韓 非	法家思想を大成。主著『韓非子』
陰陽家	鄒 衍	陰陽五行説
縦横家	蘇 秦	合従策
	張 儀	連衡策

◎秦代の万里の長城

匈奴の侵入を防ぐために築かれた。現在残るものは明代に修築され，総延長約2,400kmに及ぶ。

◎秦の兵馬俑（写真左）

始皇帝の墓を守るため地下に埋められた陶製で等身大の兵士や馬。

確認問題

14 次の各文は，中国の王朝に関する記述である。AからEに当たる王朝を古いものから順に並べた場合，正しいものはどれか。

A．この王朝の初代皇帝は，南北朝に分裂していた中国を統一した。また，九品中正を廃止し，科挙の制度を採りいれて広く人材を集めた。

B．この王朝の初代皇帝は，中国を統一して，「皇帝」と名乗った。地方に役人を派遣して支配する郡県制を施行し，貨幣・度量衡・文字を統一し，焚書坑儒によって言論や思想の統制を図った。

C．この王朝の第4代皇帝は，三藩の乱を鎮圧して清朝統治の基礎を固めた。また，黒竜江（アムール川）沿いに南進してきたロシアと戦い，ネルチンスク条約を結んで国境を定めた。

D．この王朝の初代皇帝は，項羽を破って中国を統一した。その後，都を長安に移し，一族や功臣を各地に封じ，郡県制と封建制を併用した郡国制を採用した。

E．この王朝の初代皇帝は，中書省とその長官の丞相を廃し，六部を皇帝直属とした。また，里甲制を実施して，租税台帳（賦役黄冊）や土地台帳（魚鱗図冊）を整備した。

① A→B→D→E→C
② B→D→A→E→C
③ B→D→E→A→C
④ A→B→D→C→E
⑤ B→A→C→D→E

15 アヘン戦争後に結ばれた講和条約として正しいのはどれか。

① 北京条約
② 天津条約
③ 南京条約
④ 下関条約
⑤ ポーツマス条約

2
日本史

Open Sesame

1 原始・古代

●ポイント

原始では，縄文文化と弥生文化の特徴，古代では，律令制，奈良時代からの出題が多い。文化史も頻出分野である。

1　原始社会の発展

Point Check

1　**三内丸山遺跡**　▶縄文時代の大集落遺跡。
2　**吉野ヶ里遺跡**　▶弥生時代の大環濠集落遺跡。

(1)　**旧石器時代**（数万年前～）

打製石器が用いられており，狩猟・漁労の採集生活を行っていた時代。群馬県**岩宿遺跡**の発見によって日本における旧石器時代の存在が確認された。

(2)　**縄文時代**（約1万3000年前～前4世紀頃）

磨製《ませい》石器や黒褐色の**縄文土器**が使用され，人々は竪穴住居に住んだ。屈葬，**土偶**など**呪術的風習**もみられた。

●**三内丸山遺跡**……青森県にある大規模な縄文文化遺跡で竪穴住居跡に加え，クリ材の入った巨大な柱穴や植物の種子，さらには遠隔地との交流を示す黒曜石・ひすい（硬玉）などが発掘された。

(3)　**弥生時代**（前4世紀頃～後3世紀頃）

水稲耕作が開始され，赤褐色の**弥生土器**や祭祀用としての**青銅器**，工具としての**鉄器**が使用された。食料をめぐって争いが多くなり，貧富の差が発生した。登呂遺跡や**吉野ヶ里遺跡**が代表的な遺跡である。

●**吉野ヶ里遺跡**……佐賀県にある弥生時代の環濠集落遺跡。「**魏志**」**倭人伝**の記述を裏付けるような物見やぐらの跡などが発掘された。

2 中国の史書にみる小国の分立

Point Check

1 **『後漢書』東夷伝** ▶倭の奴の国王が後漢の光武帝から印綬を受けたことが記載されている。

2 **邪馬台国** ▶239年女王卑弥呼が魏に朝貢。

(1) **『漢書』地理志**（紀元前1世紀頃の日本の様子が記載）

> 夫れ楽浪海中に倭人有り、分れて百余国と為る。歳時を以て来り献見すと云ふ。

紀元前後，日本には多くの小国が分立しており，**楽浪郡**を通じて定期的に中国王朝と交渉を行っていた。

(2) **『後漢書』東夷伝**（1～2世紀頃の日本の様子が記載）

> 建武中元二年、倭の奴国、貢を奉じて朝賀す。使人自ら大夫と称す。倭国の極南界なり。光武、賜ふに印綬を以てす。
> 安帝の永初元年、倭の国王帥升等、生口百六十人を献じ、請見を願ふ。

1，2世紀には，小国内に王・大夫・生口（奴隷）などの身分・階級が存在していた。

小国の王は中国王朝に朝貢し，その属邦の首長としての地位を承認されることで国内の支配権を強めようとした。福岡県志賀島では奴の国王が**光武帝**から授かったとされる**金印**が発見されている。

〈金印〉

(3) **「魏志」倭人伝**（3世紀頃の日本の様子が記載）

> 其の国、本亦男子を以て王と為す。住まること七、八十年。倭国乱れ、相攻伐して年を歴たり。及ち共に一女子を立てて王と為す。名を卑弥呼と曰ふ。鬼道を事とし、能く衆を惑はす。

3世紀になると，諸国が共同で邪馬台国の女王**卑弥呼**を立てて国内の争乱は収束した。卑弥呼は宗教的権威をもって政治を行った。239年には，魏に朝貢，「**親魏倭王**」の金印紫綬と銅鏡100枚などを賜った。

3 古墳時代

Point Check

1 **前方後円墳** ▶5世紀頃出現した古墳のこと。大規模なものが多い。
2 **倭の五王** ▶5世紀から約1世紀にわたり中国南朝に朝貢する。

(1) ヤマト政権(大和王権)の成立(3世紀頃)

大和地方を中心とする畿内の豪族の連合政権が誕生，東北地方中部までが政権に組み込まれた。ヤマト政権の王は各地の首長を従え大王とよばれた。

(2) 古墳時代(3世紀中頃～7世紀)

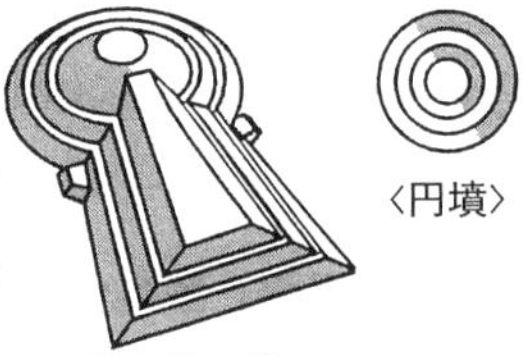
〈前方後円墳〉〈円墳〉

3世紀中頃から後半に各地の首長の共通の墓制として古墳が出現した。5世紀が全盛期で巨大な※**前方後円墳**が畿内や吉備などで築かれた。古墳の周囲には**埴輪**が並べられた。

※大阪府の**大仙陵古墳**(仁徳天皇陵古墳)や誉田御廟山古墳(応神天皇陵古墳)などが有名。

(3) 中国南朝への朝貢(5世紀)

ヤマト政権は4世紀後半，朝鮮半島の南部の鉄資源を確保する目的で百済と結び高句麗・新羅と交戦した。『**宋書**』**倭国伝**には5世紀初めからの約1世紀の間，朝鮮半島南部の支配権承認を目的として，讃・珍・済・興・**武**(**雄略天皇**と考えられている)の**倭の五王**が中国南朝に朝貢したことが記されている。

(4) 大陸文化の伝来(4～7世紀)

① **渡来人**

5世紀には朝鮮半島との交流が盛んになり，鉄器・須恵器(硬質の土器)，機織りの技術が渡来人によって伝えられた。

② **仏教の伝来(538年『上宮聖徳法王帝説』**などによる)

百済の**聖明王**が欽明天皇に仏像・経論を伝えたとされる。

4 飛鳥時代

Point Check

1 **聖徳太子** ▶推古天皇の摂政。十七条の憲法を制定。

2 **小野妹子** ▶遣隋使として隋に渡る。

(1) 中央集権国家への歩み

ヤマト政権は6世紀初めには地方に対する支配を強めていったが，中央でも，**物部氏**と**蘇我氏**の2つの勢力が激しく対立していた。

(2) 飛鳥時代の政治

① 推古朝の政治

物部氏と蘇我氏の対立は仏教受容派の**蘇我馬子**が排仏派の**物部守屋**を滅ぼして決着し，蘇我氏は新たに女帝**推古天皇**を擁立した。

② **聖徳太子**（厩戸王，厩戸皇子）**の政治**

推古天皇は摂政に聖徳太子を起用し，太子は蘇我馬子らとともに飛鳥で国政改革にあたった。

1）内政改革

人材登用を目的に**冠位十二階（の制）**を制定した。また，仏教を敬い天皇に服従することを目的に**十七条の憲法**を制定した。

〈重要史料〉十七条の憲法

一に曰く、和を以て貴しとなし、忤ふること無きを宗とせよ。
二に曰く、篤く三宝を敬へ。

2）外交政策

607年**小野妹子**を**遣隋使**として中国へ派遣し隋の煬帝《ようだい》に対等な外交を求めた。

〈重要史料〉『隋書』倭国伝

大業三年、其の王多利思比孤、使を遣して朝貢す。……（中略）……其の国書に曰く「日出づる処の天子、書を日没する処の天子に致す。恙無きや、云云」と。

3）仏教保護政策

蘇我氏とともに仏教を広めようと四天王寺や**法隆寺**を建築したり，経典の注釈書である『三経義疏《さんぎょうのぎしょ》』を著したりした。

(3) 飛鳥文化

推古天皇を中心とする飛鳥に都があった時代の文化。中国南北朝・新羅・百済・高句麗の文化のほか，ギリシア・ペルシア・インド文化の影響を受けている。**法隆寺玉虫厨子《たまむしのずし》**や**法隆寺金堂釈迦三尊像**，広隆寺半跏思惟像，藤ノ木古墳はこの時代の代表的遺構である。

〈法隆寺〉

▲ 発 展 ▼

〈仏教文化の伝播〉

ギリシア文化
ローマ文化
ササン朝
ペルシア文化

→ **インド**
仏教の成立
（ガンダーラ美術
グプタ様式）

中央アジア
（シルクロードなど経由）

→ **中国**
（東晋など
隋
唐）

仏教文化
の伝播

→ **朝鮮**
（高句麗
新羅
百済）

→ **日本**
（飛鳥文化
白鳳文化
天平文化）

5 律令国家の進展

Point Check

- **1 大化の改新** ▶645年中大兄皇子と中臣鎌足が公地公民制に基づく律令政治を目指し改革を開始。
- **2 壬申の乱** ▶672年天智天皇の死後おこった皇位継承をめぐる争乱。
- **3 班田収授法** ▶6歳以上の男女に一定の口分田を支給する制度。

(1) **大化の改新**（645年～）

聖徳太子，推古天皇の死後，**蘇我蝦夷・入鹿**は権力を集中させようと有力皇位継承者の山背大兄王を襲い，太子一族を滅ぼした。このような専行に対し，従来の世襲制を改め，公地公民制に基づく中央集権国家体制を打ち立てようと，645年に，**中臣鎌足**と**中大兄皇子**らが蝦夷・入鹿父子を滅ぼした（乙巳の変）。このあと行われた一連の改革を**大化の改新**という。646年には**改新の詔**が出された。

(2) **白村江の戦い**（663年）

新羅・唐によって滅ぼされた百済の再興を支援するため，660年朝鮮半島に大軍を送ったが，新羅・唐連合軍に大敗した戦いのこと。戦いの後，防衛のために九州に防人を設置したほか大宰府の北に水城を築いた。中大兄皇子は天智天皇として即位し日本初の全国的戸籍である**庚午年籍**《こうごねんじゃく》を作成するなど内政に力を注いだ。
※新羅は676年朝鮮半島を統一した。

(3) **壬申**《じんしん》**の乱**（672年）

天智天皇の死後，天皇の弟の大海人皇子と子の大友皇子が皇位継承をめぐり争った内乱。大海人皇子が勝利し，飛鳥浄御原宮で即位し**天武天皇**となった。天武天皇は684年，豪族の新しい身分秩序である**八色の姓**を定め，**富本銭**，和同開珎を鋳造した。

(4) **大宝律令**（701年）

文武天皇治下，**唐**の律令にならいながら，刑部親王・**藤原不比等**らにより編纂された。律は今日でいう刑法にあたり，令は行政法・民法にあたる。

(5) 律令制度

中央組織は，神々の祭祀を司る**神祇官**と行政全般を管轄する**太政官**の**二官**を頂点に，太政官のもとで**八省**が政務を分担した。

地方組織は，全国を**畿内**と**七道**に区分され，**国・郡・里**(後に郷と改称)が置かれ，**国司・郡司・里長**が任命された。

(6) 班田収授法

6年ごとに作成する戸籍に基づき，6歳以上の男女に一定の**口分田**(男子には2段，女子はその3分の2)を支給する制度。人々は口分田の面積に応じて**租**を納めたが，成年男子には**調・庸**などの税のほか，**雑徭**や**兵役**なども課せられた。

●兵役……成年男子3～4人に1人の割合で兵士が徴発された。各国に設置された軍団で服務し，一部は上京し衛士として宮門の警備についた。

●防人……九州防衛のため，主に東国の兵士が任ぜられた。武器・食糧は自己負担であった。

〈薬師寺東塔〉

(7) 白鳳文化

大化の改新から平城京遷都に至る時代の文化をいう。**薬師寺東塔**，**興福寺仏頭**，高松塚古墳，キトラ古墳などがこの時代の代表的遺構。

※薬師寺東塔は「凍れる音楽」との異称をもつリズム感ある塔。水煙(頂上部分)の飛天像も独特。

◆ 遣唐使

唐の制度や文化を吸収するため，630年から894年までの間に15回派遣された外交使節。当初は朝鮮半島を経由する北路をとったが，新羅との関係が悪化した8～9世紀には南路をとった。遣唐使船は4隻の帆船に数百人が乗り「よつのふね」とよばれた。

●阿倍仲麻呂……唐朝に仕官し玄宗に重用されたが，遭難して帰国できず唐で一生を終えた。

6 奈良時代

Point Check

1	**平城京**	▶710年遷都。唐の都長安にならう。
2	**墾田永年私財法**	▶743年発布。開墾した土地の永年私有を認める。
3	**貧窮問答歌**	▶山上憶良が農民の苦しみを歌った長歌。
4	**鑑真**	▶唐の僧で戒律を伝えるために来日。唐招提寺を開く。

(1) **平城京**（710年遷都）

元明天皇が唐の都**長安**にならって奈良に建設した。碁盤目状のように区画され（条坊制），都には地方から運ばれた産物を販売する市が設けられた。また，**和同開珎**《わどうかいちん》(かいほう)という貨幣も使用された。

(2) **大仏造立の詔**（743年）

奈良時代には貴族の争いが相次いで発生したため，聖武天皇は社会的な不安を仏教の思想で鎮めようと考え，743年に紫香楽宮で大仏造立の詔を発した。そして，752年東大寺で大仏開眼供養が行われた。

●**国分寺建立の詔**（741年）……**聖武天皇**が国ごとに国分寺・国分尼寺を建立することを定めた宣言。大仏造立の詔同様，国家の安定を祈願。

〈東大寺大仏〉

(3) **墾田永年**《こんでんえいねん》**私**《し》**財法**《ざいほう》**の発布**（743年）

奈良時代には，農民は租・庸・調などの税負担のほか，兵役・運脚といった重い負担があり，生活に困窮していた。このため，浮浪・逃亡がみられるようになり，国家財政にも影響が出るようになった。そこで，聖武天皇は**墾田永年私財法**を発布して新たに開墾した土地の永久私有を認めた。これによって，公地公民制は崩壊することとなった。

(4)　天平文化

奈良時代の文化のことを指し，聖武天皇の天平年間に最も栄えたことに由来する。**正倉院**宝庫に収められている宝物（鳥毛立女屛風，螺鈿紫檀五絃琵琶など）や興福寺阿修羅像などが代表的遺構。歴史書では『**古事記**』『**日本書紀**』が編纂された。

〈正倉院宝庫……校倉造〉

●**行基**《ぎょうき》……政府によって禁じられている民間布教を行い，用水施設を造る社会事業を行った。後に東大寺大仏造営に尽力した。

●**鑑真**《がんじん》……聖武天皇の招きに応じ，唐から日本に渡ろうと，何度も遭難し，盲目になりながらも目的を果たした僧。戒律を伝え，唐招提寺を建立した。

〈鑑真和上像〉

7　平安時代

Point Check

1　**藤原道長**　▶摂関政治全盛期を現出。氏の長者，御堂関白といわれる。

2　**平等院鳳凰堂**　▶藤原頼通が建立。阿弥陀堂建築で国風文化の代表的建築物。

(1)　平安京（794年遷都）

奈良時代には仏教の政治介入がみられたことから，**桓武天皇**は律令政治の再建と天皇権力の強化を目的に京都に遷都した。

●勘解由使……桓武天皇が設置した令外官。国司交替の際の不正を防ぐことを目的としている。

(2) 平安初期の政治

平安時代初期には，桓武・嵯峨天皇によって律令政治のしくみを改める諸改革が行われた。また，東北地方の蝦夷征討もたびたび行われ，**征夷大将軍坂上《さかのうえの》田村麻《たむらま》呂《ろ》**の働きもあって朝廷の支配範囲が拡大した。

(3) 弘仁・貞観文化

平安時代初期の文化のことで，密教芸術が特色。仏教は政治から離れ山中での学問や修行を重視。天台宗と真言宗が発展した。室生寺金堂が代表的建築物。

宗派	開祖	寺院
天台宗	**最澄**（伝教大師）	比叡山延暦寺
真言宗	**空海**（弘法大師）	高野山金剛峰寺

(4) 遣唐使の派遣中止（894年）

唐の勢力が低下していることから**菅原道真**が建議した。なお，菅原道真は後に大宰府に左遷された。

(5) 延喜・天暦の治（10世紀前半）

醍醐天皇・村上天皇による天皇親政のこと。ただし，醍醐天皇の時代には班田の実施が最後になるなど，律令体制の崩壊が明確になった時代でもある。

(6) 摂関政治（10世紀後半～11世紀）

藤原氏が，天皇が幼いときには**摂政**，成人してからは**関白**として，天皇にかわって政治を行うしくみのこと。11世紀初めの**藤原道長・頼通**父子の頃が全盛期。

〈重要史料〉小右記
「此の世をば我が世とぞ思ふ望月の　かけたることも無しと思へば」

※藤原道長が，自家の繁栄を満月にたとえた歌。

(7) 国風文化

遣唐使の派遣中止を背景にして発達した日本風の貴族文化。**かな文字**が普及し紀貫之らが編纂した『**古今和歌集**』，**紫式部**の『**源氏物語**』，**清少納言**の『**枕草子**』が代表的。建築では寝殿造が発達し，襖や屏風には大和絵が描かれた。仏教では，阿弥陀仏を信仰し来世において極楽浄土に往生することを願う浄土教が流行，藤原頼通が建立した**平等院鳳凰堂**は阿弥陀堂の代表的建築物。

〈平等院鳳凰堂〉

確認問題

1 聖徳太子に関する記述として正しいものはどれか。

① 斉明天皇の摂政となり，蘇我馬子とともに，内外の新しい動きに対応し，国政の改革にあたった。

② 八色の姓を定め，広く一般庶民からも国家の役人を募り，世襲制を打破した。

③ 十七条の憲法を制定し，役人の心がまえを説くとともに，天皇への忠誠を強調した。

④ 小野妹子を唐に派遣し，中国の文明をとり入れるとともに，対等外交関係を樹立しようとした。

⑤ 飛鳥寺（法興寺）を建立し，三経義疏を編纂するなど仏教興隆に力をそそいだ。

2 次のA～Eは古代の文化について述べたものであるが，これを年代順に正しく並べたものはどれか。

A．国分寺，東大寺が建立され，『古事記』『日本書紀』『風土記』などが編纂された。

B．遣唐使の派遣が中止され，かな文学が発達し，紫式部の『源氏物語』や清少納言の『枕草子』が書かれた。

C．最澄が天台宗をひらいて延暦寺を建立し，空海は真言宗をひらいて金剛峰寺を建立した。

D．法隆寺金堂の壁画や高松塚古墳の壁画が描かれた。

E．法隆寺金堂釈迦三尊像がつくられた。

① E—D—A—C—B

② E—D—C—A—B

③ E—A—D—C—B

④ D—E—A—B—C

⑤ D—E—A—C—B

2 中世

●ポイント

中世では，鎌倉時代が頻出。鎌倉幕府の機構，元寇，新仏教や農・工業の発展などが問われる。室町時代では，建武の新政，日明貿易，応仁の乱，諸文化が重要である。

1 武士のおこりと平氏政権

Point Check

1 平清盛 ▶平治の乱後，武士として初めて太政大臣に就任した。

(1) 武士の成長

10～11世紀に，一部の名主は豪族に成長すると，勢力拡大と自衛のために武装し武士となった。源氏と平氏は棟梁となり武士団を結成した。

※地方武士が反乱した事件には，承平・天慶の乱（939～941年，平将門が関東で，藤原純友が瀬戸内海地方でおこした反乱）や前九年の役・後三年の役（1051～62年，1083～87年，東北地方でおきた戦乱を源義家らが鎮めたもの。源氏の東国進出のきっかけとなった）がある。

(2) **院政の開始**（1086年）

後三条天皇が1069年に出した**延久の荘園整理令**によって摂関政治が衰えたことから白河上皇によって始められた。

(3) 平氏政権

① **保元の乱**（1156年），**平治の乱**（1159年）

保元の乱は上皇と天皇や摂関家との対立に源氏と平氏が動員されて戦った争乱，平治の乱は，保元の乱で活躍した平清盛と源義朝が戦った争乱。**平清盛**が勝利した。

② 平清盛の**太政大臣**就任（1167年）

乱後，平清盛は武士として初めて太政大臣に就任し権力をふるった。

③　日宋貿易

平清盛が積極的に行った宋との民間貿易。**大輪田泊《おおわだのとまり》**(現在の神戸)を修築し，宋船が多数来航した。宋銭や陶磁器などが輸入され，砂金・硫黄などを輸出した。

④　厳島神社

平氏一門に信仰された神社。平清盛は一門の繁栄を祈願して経典(平家納経)を奉納した。

▲ 発 展 ▼

〈平安末期(院政期)の文化〉

平安末期には，新たに台頭してきた武士と庶民の文化が貴族文化に融合し，新鮮で豊かなものが生み出された。また，聖《ひじり》など民間の布教者によって浄土教の思想が地方に広まり，各地で阿弥陀堂建築物がつくられた。

文学	『**大鏡**』『栄花物語』『**今昔物語集**』
彫刻	**臼杵磨崖仏**
建築	**中尊寺金色堂，富貴寺大堂，白水阿弥陀堂，厳島神社**
絵画	源氏物語絵巻，鳥獣戯画，扇面古写経

〈中尊寺金色堂〉

2　鎌倉幕府の成立

Point Check

1 **源頼朝**　▶1192年征夷大将軍に任ぜられる。

2 **承久の乱**　▶1221年後鳥羽上皇が鎌倉幕府打倒を図り挙兵した反乱。

3 **御成敗式目**　▶1232年北条泰時が定めた鎌倉幕府の基本法。

(1)　鎌倉幕府の成立と封建制度

1185年，壇の浦の戦いで平氏を滅ぼした**源頼朝**は，1192年には**征夷大将軍**に任ぜられた。鎌倉幕府は，将軍と主従関係を結んだ武士(**御家人**)を基盤として成立していた。御家人は将軍から領地を与えられ，一方将軍に忠誠を誓い，戦時には出陣し，平時には京都や鎌倉の警備を務めた。このように，土地を仲立ちとして**御恩《ごおん》**

と**奉公**《ほうこう》の関係で結ばれた主従関係を**封建制度**という。

〈鎌倉幕府のしくみ(開幕当初，概略図)〉

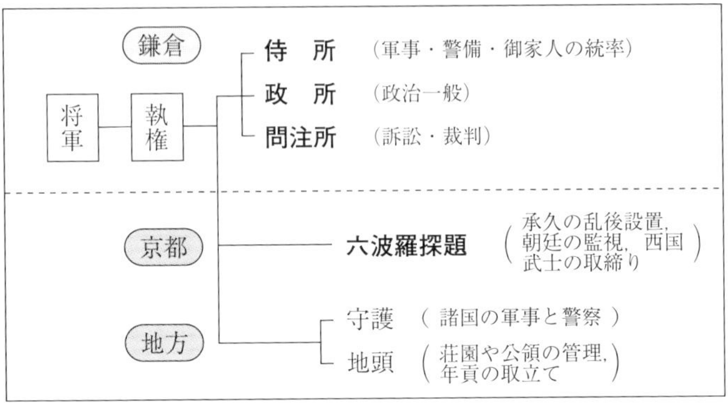

(2) **執権政治**

頼朝の死後，その妻北条政子とその父北条時政が**執権**として政治の実権を握り，その子義時の時代には執権は侍所と政所の長官を兼ねるようになった。以降，北条氏が他の御家人を抑え，代々執権となった。

(3) **承久**《じょうきゅう》**の乱**(1221年)

後鳥羽上皇が討幕を図って挙兵したが，北条氏率いる幕府軍に敗れ，隠岐に流罪となった。その後幕府は**京都**に**六波羅探題**を設置し，朝廷への影響力を強めた。

(4) **御成敗(貞永)式目の制定**(1232年)

北条泰時は武家法の最初の成文法典である**御成敗(貞永)式目**を制定した。頼朝以来の先例や道理とよばれた武士社会の慣習・道徳に基づいて，守護や地頭の任務と権限を定め，所領紛争を裁く際の基準を明らかにしている。

〈重要史料〉御成敗式目(貞永式目)

一　諸国守護人奉行の事

右、右大将家の御時定め置かるる所は、大番催促・謀叛・殺害人(付たり。夜討・強盗・山賊・海賊)等の事なり。而るに近年、代官を郡郷に分ち補し、公事を庄保に充て課せ、国司に非ずして国務を妨げ、地頭に非ずして地利を貪る。所行の企て甚だ以て無道なり。

※右大将家とは源頼朝をさす。京都大番役の催促，謀叛人の逮捕，殺害人の逮捕を大犯三ヵ条という。

▲ 発 展 ▼

〈守護と地頭〉

守 護	地 頭
・国ごとに1人設置。 ・東国出身の有力御家人が任命される。 ・大犯三カ条が任務。	・荘園・公領ごとに設置。 ・御家人（東国武士団）が任命される。 ・年貢の徴収，土地管理，治安維持が任務。

〈御家人制度〉

鎌倉殿（将軍）

〈奉公〉
・合戦に参加
・京都大番役，鎌倉番役など

封建的主従関係

〈御恩〉
・先祖伝来の所領を保障
・新たな所領を与える

御家人

3 元寇と鎌倉文化

Point Check

1 **元寇** ▶1274，81年に元軍が日本を襲来したこと。日本は苦戦したが，暴風雨もあり元は撃退された。

2 **鎌倉新仏教** ▶法然，親鸞，日蓮らによって庶民に浸透した。

3 **運慶・快慶** ▶東大寺南大門金剛力士像を作製。

(1) 元寇（モンゴル帝国の襲来）

〈**『蒙古襲来絵巻』**〉
※文永の役における陸戦の一部。右側の騎馬武者は竹崎季長。

13世紀初めにチンギス＝ハンが建設したモンゴル帝国の国号を1271年に**元**とした**フビライ（クビライ）＝ハン**は，日本に対して朝貢を強要，幕府の執権**北条時宗**はこれをしりぞけたので，1274年（**文永の役**）と1281年（**弘安の役**）の2度にわたり対馬・壱岐を経て北九州に来襲した。幕府は暴風雨にも助けられこれを撃退したものの，戦いに参加した御家人は十分な恩賞が与えられず，幕府に対する不満が増大した。

(2)　永仁《えいにん》の徳政令（1297年）

北条氏嫡流の当主である得宗による専制政治や元寇で御家人の生活が窮乏し，借上とよばれる金融業者に所領を売買･質入れするケースが目立ってきた。このため，幕府は永仁の徳政令を発布して御家人の救済にあたった。

> **〈重要史料〉永仁の徳政令**
>
> 一　質券売買地の事
>
> 右、所領を以て或は質券に入れ流し、或いは売買せしむるの条、御家人等侘傺の基なり。向後に於いては、停止に従ふべし。以前沽却の分に至りては、本主領掌せしむべし。

●霜月騒動……1285年，有力御家人安達泰盛が内管領平頼綱らによって滅ぼされた事件。これによって得宗専制支配が確立した。

(3)　鎌倉文化

①　鎌倉新仏教

平安時代末期から鎌倉時代の政治・社会不安の中でおこった仏教。従来の学問・祈禱中心のものから，誰でも行いやすい易行（修行）を選び，それに専心すればよいとするところに特徴がある。

〈鎌倉新仏教の特色〉

宗派	開祖	中心寺院	内容	主要著書
浄土宗	**法然**	知恩院（京都）	称名念仏（専修念仏）による他力信仰。	『選択本願念仏集』
浄土真宗	**親鸞**	本願寺（京都）	**悪人正機説**。	『教行信証』 『歎異抄』（弟子の唯円）
時宗	**一遍**	清浄光寺（神奈川）	踊念仏，民間信仰と結びついた全国遊行。	（『一遍上人語録』）
日蓮宗（法華宗）	**日蓮**	久遠寺（山梨）	題目唱和による救済。激しい他宗排撃。	『立正安国論』
臨済宗	**栄西**	建仁寺（京都）	公案による修行と悟り幕府の保護を受ける。	『興禅護国論』
曹洞宗	**道元**	永平寺（福井）	坐禅による修行と悟り（只管打坐）。	『正法眼蔵』

② 鎌倉文化

公家の文化に武士の文化が加わり，素朴で力強い文化が発達した。

和　歌	藤原定家ら編纂の『**新古今和歌集**』，西行の『山家集』，源実朝の『金槐和歌集』
随　筆	兼好法師（吉田兼好）の『**徒然草**』，鴨長明の『**方丈記**』
軍記物	『**平家物語**』（琵琶法師が語り伝える）
彫　刻	東大寺南大門の「**金剛力士像**」（**運慶・快慶**らの作）
絵　画	「蒙古襲来絵巻」（絵巻物）

〈東大寺南大門金剛力士像〉

4　室町幕府の成立

Point Check

1 **建武の新政**　▶後醍醐天皇による親政。3年で崩壊。

2 **足利尊氏**　▶室町幕府を成立させる。

(1)　**鎌倉幕府の滅亡**（1333年）

後醍醐天皇のよびかけに応じた楠木《くすのき》正成《まさしげ》の挙兵や足利尊氏・新田《にった》義貞《よしさだ》らの蜂起によって鎌倉幕府は滅亡した。

(2)　**建武の新政**（1334年）

後醍醐天皇は，1334年に年号を建武と改め，摂政・関白を置かない天皇親政を目指した。中央には主要政務機関として**記録所**や所領に関する訴訟機関として**雑訴決断所**などを設置し，諸国には国司と守護を併置した。しかし，天皇中心の新政策は武士の不満と抵抗を引き起こし，足利尊氏の離反により，新政はわずか3年足らずで崩壊した。

〈重要史料〉「二条河原落書」（『建武年間記』［『建武記』］）

此比都ニハヤル物。夜討、強盗、謀綸旨。召人、早馬、虚騒動。生頸、還俗、自由出家。俄大名、迷者、安堵、恩賞、虚軍。本領ハナルヽ訴訟人。文書入タル細葛。追従、讒人、禅律僧。下克上スル成出者。器用ノ堪否沙汰モナク。モルヽ人ナキ決断所。キツケヌ冠上ノキヌ。持モナラハヌ笏持テ。内裏マジハリ珍シヤ……

※「二条河原落書」は新政の失政を批判・風刺した長詩。当時の混乱した世相が記されている。

(3) 室町幕府の成立（1336年）

足利尊氏は1336年に建武式目を制定し，京都において武家政治を復活させた。1338年には北朝の光明天皇より征夷大将軍に任命され，幕府を開いた。

一方，後醍醐天皇は吉野の南朝で皇位の正統性を主張したため，ここに北朝と南朝の2つの朝廷が並立する南北朝時代が到来した。

●観応の擾乱（1350～52年）……足利尊氏の弟直義と執事高師直の対立。

5 室町幕府の確立と日明貿易

Point Check

- **1 足利義満** ▶南北朝の合体を実現し，幕府機構を確立。
- **2 日明貿易** ▶義満が明との間で開始。勘合符を用いた朝貢貿易で，勘合貿易ともいう。

(1) 南北朝の合体（1392年）

3代将軍**足利義満**の時代に南朝側に和平をよびかけ，南北朝の合体が成立した。

(2) 室町幕府のしくみ

幕府機構は義満の時代にほぼ確立した。鎌倉幕府の機構を継承しつつ，管領など新たな組織を置いた。地方組織としては，鎌倉府の権限が強大だった。幕府の財源としては，御料所（直轄領）からの収入や段銭・倉役・関銭などの税収入があった。幕府直轄軍を奉公衆といった。

〈室町幕府のしくみ(概略図)〉

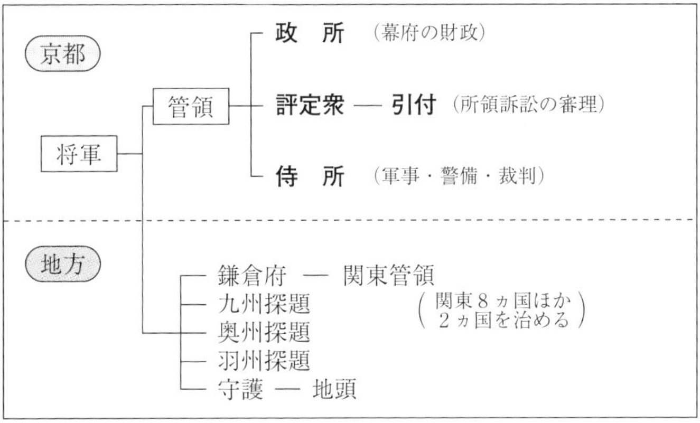

(3)　守護大名

南北朝の内乱期に，守護は地頭らの武士を従え公家や寺社の荘園を侵略し，自分の領国のように支配を強めた。これを守護大名といい，幕府の要職に就いた。この体制のことを守護領国制という。

●義満による有力守護大名の鎮圧……明徳の乱(1391年)で山名氏清を，応永の乱(1399年)で大内義弘を討伐した。

(4)　日明貿易(勘合貿易)

足利義満が明のよびかけに応じて1404年**勘合符**を用いて開始した。**朝貢貿易**であり，滞在費・運搬費を明が負担したので日本側の利益は大きかった。

- 主な輸入品……銅銭，生糸，絹織物，陶磁器など
- 主な輸出品……銅，刀剣，硫黄，工芸品など

●**倭寇**……朝鮮・中国沿岸で略奪を行った武装商人団。日明貿易は明からの倭寇禁圧要請をきっかけに開始された。

●勘合

明からの船は日字勘合を，日本からの船は本字勘合を持参し，底簿と照合した。

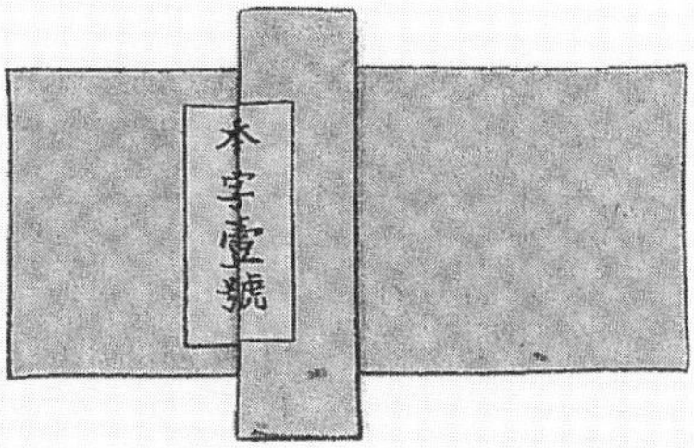

6 土一揆と応仁の乱

Point Check

1 正長の徳政一揆（土一揆） ▶1428年近江の馬借の蜂起をきっかけに畿内一帯に発生した徳政一揆。

2 応仁の乱 ▶1467年将軍の後継争いを発端として発生した全国の守護大名を二分する争い。

(1) 惣（惣村）の発達

14～15世紀に村民たちの自立的，自治的な村である惣村が形成された。惣村では，**惣掟**とよばれる取り決めをつくったり，**寄合**とよばれる会議を設けたりして，入会地の管理などを行った。

(2) 正長の徳政一揆（土一揆）（1428年）

近江坂本の**馬借**《ばしゃく》（室町時代の運送業者），農民が徳政を要求して京都に乱入，土倉・酒屋などの高利貸を襲撃した。

> **〈重要史料〉正長の徳政一揆**（『大乗院日記目録』）
> 正長元年九月　日、一天下の土民蜂起す。徳政と号し、酒屋、土倉、寺院等を破却せしめ、雑物等恣にこれを取り、借銭等悉くこれを破る。管領これを成敗す。凡そ亡国の基、これに過ぐべからず。日本開白以来、土民蜂起是れ初めなり。

※1441年には嘉吉《かきつ》の徳政一揆（土一揆）がおこり，幕府はこのとき初めて徳政令を出した。

(3) 応仁の乱（1467～77年）

8代将軍**足利義政**の後継者を巡る争いに畠山・斯波両管領家の家督相続争いが絡み，おこった大乱。全国の守護大名が東軍・西軍に分かれて戦った。勝敗はつかなかったが，この戦乱で将軍権威は失墜，以後下剋上の戦国時代が到来した。

(4) 加賀の一向一揆（1488～1580年）

下剋上の混乱下で，国人たちは国単位で一揆をおこし，守護支配を打倒しようとした。加賀では国人・農民が一向宗を背景として一揆をおこし守護富樫《とがし》氏を滅ぼし約100年間自治を行った。

●山城の国一揆（1485～93年）……山城の国人が国内で争っていた守護畠山氏の軍を国外に追放した一揆。

7 室町文化

Point Check

1 **鹿苑寺金閣** ▶足利義満が建立。寝殿造と禅宗様の折衷様式。
2 **慈照寺銀閣** ▶足利義政が建立。禅宗様と書院造の折衷様式。
3 **観阿弥・世阿弥** ▶能楽を大成。
4 **雪舟** ▶日本水墨山水画を大成。

◆ 室町文化

室町時代には，公家文化と武家文化の融合が進み，禅宗の影響を受け簡素で深みのある文化が栄えた。また，中央文化と地方文化の融合も進み，洗練，調和される中で，次第に日本固有の文化が形成されていった。

※室町時代の文化は，足利義満が政治を行っていた時代を北山文化，足利義政が政治を行っていた時代を東山文化と区分される。

文　学	絵入り物語の「御伽草子」，宗祇が連歌を大成
芸　能	**観阿弥《かんあみ》・世阿弥《ぜあみ》**父子が**能楽**を大成
建　築	義満の**金閣**（寝殿造と禅宗様），義政の**銀閣**（禅宗様と書院造）
絵　画	**雪舟**が**水墨画**を大成。狩野正信・元信父子が狩野派を確立

●書院造……床・棚・書院があり，畳が敷かれ，襖や障子をもつ。今日の和風住宅の源流となった。

〈雪舟の水墨画（秋冬山水図）〉

〈鹿苑寺金閣〉

〈慈照寺銀閣〉

8 中世の社会経済の発展

Point Check

1 **三斎市** ▶月に3回開かれる定期市で，主に鎌倉時代に発達した。
2 **座** ▶中世の商工業者の同業組合。
3 **明銭** ▶日明貿易によって日本に輸入された明の貨幣。

(1) 鎌倉時代の社会経済

① 農業

二毛作が畿内・西日本で普及したほか，牛馬耕が普及した。また，刈敷・草木灰などの肥料が使用された。

② 商業

日宋貿易で輸入された宋銭を用いて貨幣経済が発達した。交通の要地や寺社の門前では定期市，特に月に3度開かれる**三斎市**が開かれた。年貢を銭納するところもみられ，金融機関としては高利貸業者の借上もあらわれた。地方産業がさかんになると，為替手形の一種である**割符**がさかんに利用された。

(2) 室町時代の社会経済

① 農業

二毛作は東日本にまで広がり，畿内では**三毛作**も行われた。

② 商工業

農業や手工業が発達したことから，市場が開かれる回数が増え，応仁の乱後は月に6度開く**六斎市**が一般化した。また，**見世棚**（小売店）も増えた。行商人も活躍した。手工業者や商人の組合である**座**も種類・数とも増え，関銭が免除されるところもあった。

③ 貨幣経済の進展

明から輸入された**明銭**（永楽通宝・洪武通宝）が流通した。しかし，粗悪な私鋳銭も流通したことからしばしば撰銭令が発布された。

〈明銭〉

9 戦国時代

Point Check

1 分国法 ▶戦国大名が領国統治のために制定した法令。喧嘩両成敗などが規定された。

(1) 戦国大名

戦国時代に各地に割拠した大名のことで，その多くは，**下剋上**の風潮の中で，守護代，国人が守護大名にかわって領国を支配した。

〈戦国大名の勢力範囲(16 世紀半ば頃)〉

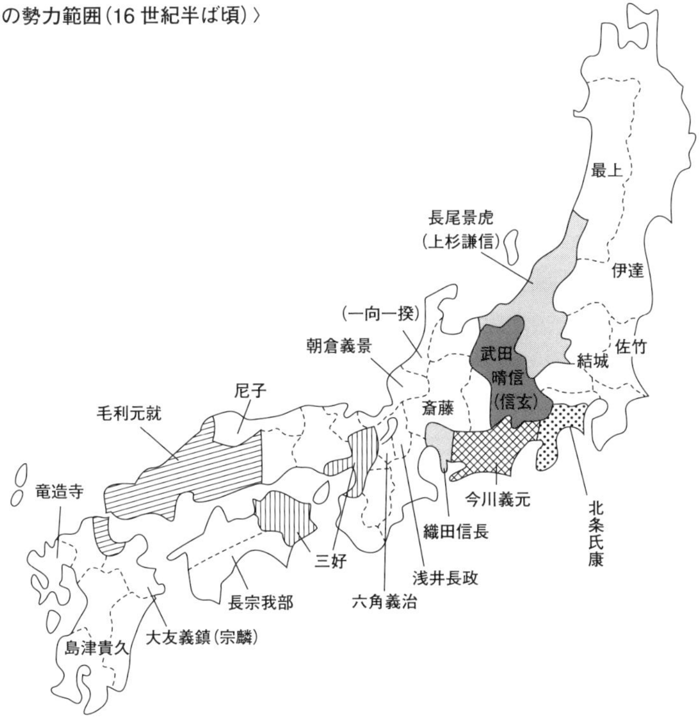

(2) 分国法

戦国大名が領国(分国)支配や家臣統制のために制定した法。**喧《けん》嘩《か》両《りょう》成敗《せいばい》**や連座制などが規定されていた。

〈主な分国法〉

戦国大名	分国法(家訓)
朝倉氏	『朝倉孝景条々』
北条氏	『早雲寺殿廿一箇条』
今川氏	『今川仮名目録』
伊達氏	『塵芥集』
武田氏	『甲州法度之次第』

〈重要史料〉今川仮名目録

一　駿・遠両国の輩、或はわたくしとして他国より嫁をとり、或は婿にとり、娘をつかはす事、自今已後停止し畢ぬ。

〈重要史料〉甲州法度之次第

一　喧嘩の事、是非に及ばず成敗を加ふべし。但し、取り懸ると雖も、堪忍せしむるの輩に於ては、罪科に処すべからず。

▲ 発 展 ▼

〈都市の自治〉

戦国時代には各地に新しい都市が発生し栄えた。代表的なものとして堺や博多などが挙げられ，これらは日明貿易の拠点として栄えた。

●**町衆**……応仁の乱後，京都で裕福な商工業者たちによってつくられた自治の組織。**祇園祭**を再興した。

〈室町時代の仏教〉

鎌倉仏教は室町時代に入ると，武士・農民・商工業者など広く人々に普及し，全国各地に教団がつくられた。

宗派	発展の内容
臨済宗	足利義満の時代に，幕府の手厚い保護を受け，**五山の制**が確立した。
浄土真宗(一向宗)	本願寺に**蓮如《れんにょ》**が出て，北陸や近畿地方で布教活動を行った。**講**を組織し，門徒に**御《お》文《ふみ》**を送り，結束を強めた。
日蓮宗(法華宗)	京都や堺の商工業者に広まった。京都では法華一揆を結んで町政を自治的に運営した。

確認問題

3 次の絵に関する記述に入る語句の組み合わせとして正しいものはどれか。

執権（　ア　）の時，（　イ　）の国が日本を襲来してきた。日本は苦戦を強いられたが，暴風雨が発生し（　イ　）は撤退した。

	ア	イ
①	北条泰時	宋
②	北条泰時	元
③	北条時宗	元
④	北条時宗	明
⑤	北条時頼	宋

4 次の鎌倉仏教の開祖と宗派の組み合わせとして正しいものはどれか。

① 法然——法華宗

② 親鸞——浄土宗

③ 日蓮——天台宗

④ 道元——曹洞宗

⑤ 栄西——時宗

3 近世

●ポイント

近世では，織豊政権と江戸幕府の三大改革，江戸時代の文化（特に儒教，教育）が頻出である。

1 鉄砲の伝来とキリスト教の伝来

Point Check

1 **鉄砲の伝来** ▶ポルトガル人によって種子島に伝来。

2 **キリスト教の伝来** ▶フランシスコ＝ザビエルが鹿児島に上陸して布教開始。

(1) 鉄砲の伝来

1543年に，**ポルトガル人**を乗せた中国船が**種子島**に漂着し，このとき鉄砲が日本に伝えられた。鉄砲は戦国大名らによって各地に広まり，堺や近江の国友などでは鉄砲が製造されるようになった。

(2) キリスト教の伝来

1549年に，イエズス会宣教師**フランシスコ＝ザビエル**が鹿児島に上陸し，西日本各地でキリスト教布教活動を行った。その後，宣教師が相次いで来日し，宗教教育施設のコレジオ，セミナリオをつくるなど布教につとめた。

〈フランシスコ＝ザビエル〉

(3) 南蛮貿易

鉄砲の伝来以降，ポルトガル人，スペイン人との貿易が活発になり，日本には中国産の生糸や火薬・鉄砲などが輸入され，日本からは銀・刀剣などが輸出された。16世紀中頃からみられたこの貿易を南蛮貿易という。

(4) キリシタン大名

大名の中には，貿易を望んで積極的に宣教師の布教活動を保護する者もおり，中には洗礼を受ける大名もいた。彼らのことをキリシタン大名という。

2　織田信長の政治

Point Check

1　**長篠合戦**　▶1575年，織田信長が鉄砲を有効利用して武田氏を大敗させた戦い。

2　**楽市・楽座**　▶市・座を廃止し，商品取引の円滑化を図った政策のこと。

(1)　信長の統一事業

〈織田信長〉

〈長篠合戦図屏風〉

①　**桶狭間《おけはざま》の戦い**(1560年)

愛知県の桶狭間で駿河の今川義元を破る。

②　比叡山延暦寺の焼き打ち(1571年)

古代寺社勢力の拠点に打撃を与える。

③　室町幕府の滅亡(1573年)

15代将軍足利義昭を追放。

④　**長篠《ながしの》合戦**(1575年)

足軽鉄砲隊によって，甲斐の武田勝頼軍を破る。

⑤　**安土城**築城(1576年)

安土城は近江に築いた日本初の近世的城郭で天下統一の拠点となった。

※信長は天下統一を目前に1582年家臣の明智光秀によって討たれた(本能寺の変)。

(2)　信長の政策

①　キリスト教の保護

仏教勢力の対抗策としてキリスト教を保護する。

②　**楽市・楽座**

閉鎖的な市や特権的な座を廃止し，商工業者に自由な営業活動を認めた政策。商品取引の円滑化が目的。**関所の撤廃**もすすめた。

〈重要史料〉楽市令

定　安土山下町中

一　当所中楽市として仰せ付けらるるの上は、諸座・諸役・諸公事等、ことごとく免許の事。

3　豊臣秀吉の政治

Point Check

1	**太閤検地**	▶検地帳に実際の耕作者を登録する一地一作人の原則が確立された。
2	**刀狩**	▶一揆防止と兵農分離を目的に農民から武器を没収した。
3	**朝鮮侵略**	▶明の征服を目指し，1592年と97年の2度にわたり出兵するが失敗。

(1)　秀吉の統一事業

〈豊臣秀吉〉

①　大坂城築城（1583～88年）

信長が明智光秀に討たれた本能寺の変の後，山崎の合戦で明智光秀を討ち，賤ヶ岳の戦いでは信長の重臣であった柴田勝家を倒して後継者の地位を固めた。そして，石山本願寺跡に大坂城を築いた。

②　**全国統一**（1590年）

朝廷から関白・太政大臣に任ぜられた後，1590年の小田原攻めによって天下統一を達成。

(2)　秀吉の国内政策

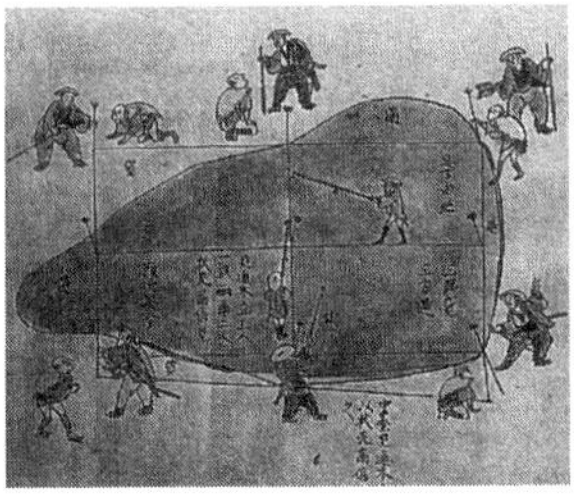

〈検地の様子〉

秀吉は，太閤検地と刀狩を行うことによって武士と農民との身分の区別を明確にした。これを**兵農分離**という。

①　**太閤検地**

全国の土地・農民を完全に掌握する目的で，面積の単位を統一して田畑の標準収穫高を定め，検地帳に実際の耕作者を登録した（**一地一作人の原則**）。これによって，石高制が確立し，古代からの荘園制が一掃された。

②　**刀狩**（1588年）

農民や寺院など武士以外の者から武器を取り上げ一揆を防ぐことを目的として行われた。諸国の百姓が武具をもつことをかたく禁止し，一揆を企てたり，領主に対してよからぬ行為をする者を処罰する内容となっている。

〈重要史料〉刀狩令

一　諸国百姓、刀、脇指、弓、やり、てつはう、其外武具のたぐひ所持候事、堅く御停止候。其子細は、入らざる道具をあひたくはへ、年貢・所当を難渋せしめ、自然、一揆を企て、給人にたいし非儀の動きをなすやから、勿論御成敗あるべし。

③　経済政策

佐渡金山，但馬生野銀山，石見大森銀山の直轄化や天正大判などの鋳造を行った。

④　**五奉行・五大老**

豊臣政権の職制のこと。秀吉政権では中央制度はあまり整備されなかった。

(3)　秀吉の対外政策

①　**バテレン追放令**（1587年）

秀吉は当初はキリスト教を保護していたが，バテレン追放令によって宣教師の国外追放を命じた。ただし，南蛮貿易は奨励しており，一般人の信仰は禁止せず不徹底に終わった。

〈重要史料〉バテレン追放令

一　日本ハ神国たる処、きりしたん国より邪法を授け候儀、太以て然るべからず候事。

②　**朝鮮侵略**（**文禄の役**，1592～96年，**慶長の役**，1597～98年）

明の征服を目指し，その先導と朝貢を拒否した朝鮮に対して2度にわたって大軍を送り込んだが大敗。豊臣政権を弱体化させる一因となった。

●李《り》舜《しゅん》臣《しん》……朝鮮の水軍を率いて日本軍を苦しめた。

※朝鮮侵略に際しては，朝鮮から連行された陶工によって，陶芸の技術が伝えられ，有田焼，萩焼，薩摩焼などの「お国焼」が各地で誕生した。

4 桃山文化

Point Check

1 **狩野永徳** ▶「唐獅子図屏風」を描き，狩野派の基礎を築いた。
2 **出雲阿国** ▶阿国歌舞伎を創始。
3 **千利休** ▶茶道を大成。

◆ 桃山文化

信長・秀吉の時代の文化。新興の大名や大商人の気風を反映した，豪華・雄大で活気にあふれた文化で，南蛮文化の影響を受ける。

建　築	**天守閣**や**書院造**の**御殿**などをもつ城郭（安土城，大坂城，姫路城）
障壁画	**狩野永徳**《かのうえいとく》の「**唐獅子図屏風**」
茶　道	**千利休**（侘茶の完成者）が大成。茶器・茶室建築が発達
芸　能	**出雲阿国**が阿国歌舞伎を始める。三味線，浄瑠璃節

●千利休……堺の豪商出身で，茶の湯の儀礼を定め茶道を完成させた。

〈姫路城〉

〈「唐獅子図屏風」狩野永徳作〉

●南蛮文化

南蛮人が伝えた南欧文化のことで，宣教師が伝えた天文，地理，医学などの実用的な文化。活字印刷術も宣教師ヴァリニャーニによって伝えられ，日本古典の出版も行われた（天草版という）。
※南蛮系の外来語……カステラ，コンペイトウ，パン，カルタ，シャボン，キリシタンなど。

5 江戸幕府の成立

Point Check

1 **関ヶ原の戦い** ▶1600年，徳川家康率いる東軍が石田三成率いる西軍を破った戦い。

2 **大坂の役(陣)** ▶1614～15年，豊臣氏が徳川政権によって滅亡した戦い。

(1) 関ヶ原の戦い(1600年)

豊臣秀吉の死後，**徳川家康**率いる東軍と豊臣方の石田三成率いる西軍が全国の大名を二分して実権を争った戦い。東軍が勝利した。

(2) 江戸幕府の成立(1603年)

〈徳川家康〉

徳川家康は関ヶ原の戦いで勝利した後，征夷大将軍となり，江戸に幕府を開いた。

(3) 幕藩体制の形成

江戸幕府は，大名の配置について，関東・東海などの重要地には，徳川氏の一族である**親藩**や関ヶ原の戦い以前からの家臣である**譜代大名**を要所に配置する一方，九州・東北などの辺地には，関ヶ原の戦い以後に徳川家に従った**外様大名**を配置した。

●御三家……親藩における最高位で，尾張家，紀伊家，水戸家のこと。

(4) 大坂の役(陣)(1614～15年)

江戸幕府開幕後も大坂城で徳川政権に対抗していた**豊臣秀頼**を2度にわたって攻め(大坂冬の陣，大坂夏の陣)，豊臣家を滅亡させた。

6 幕藩体制の確立

Point Check

1 **武家諸法度** ▶江戸幕府が制定した大名統制に関する根本法典。

2 **参勤交代** ▶大名が江戸と国元とを1年交代で往来する制度。

3 **徳川家光** ▶江戸幕府3代将軍で，参勤交代を制度化するなど幕藩体制をほぼ完成させた。

(1) 幕府のしくみ

政治的には，将軍のもとで**老中**(場合によっては大老)が政治運営にあたり，寺社奉行，町奉行，勘定奉行の3奉行が仕事を分担した。これら主要役職には譜代大名(当初から家康に従った者)や旗本(将軍直属の家臣)が任じられた。幕府の直轄地(**天領**)は400万石にのぼり，このほかに重要都市や鉱山を直轄にするなどその経済力は，はかりしれないものであった。

〈江戸幕府のしくみ(概略図)〉

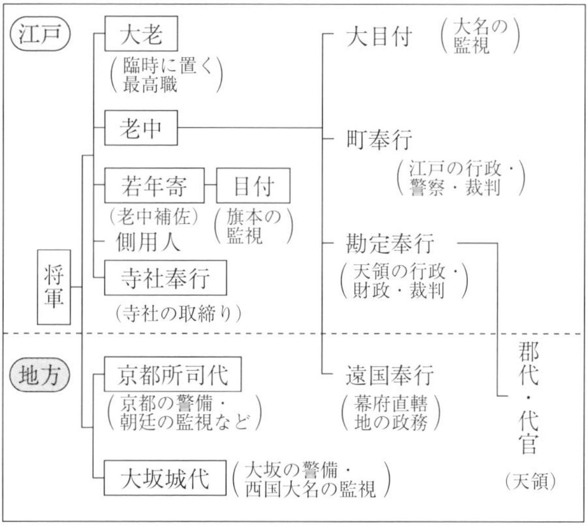

(2) 大名統制

① 武家諸法度（1615年）

幕府が大名を統制するために定めた根本法典。築城や結婚の制限などが規定されている。2代将軍**徳川秀忠**の元和令をはじめとし，将軍の代替わりごとに発せられた。

> **〈重要史料〉武家諸法度**（元和令）
>
> 一　文武弓馬の道、専ら相嗜むべき事。……
>
> 一　諸国の居城、修補をなすと雖も、必ず言上すべし。
>
> 一　私に婚姻を締ぶべからざる事。……

② 参勤交代（1635年）

3代将軍**徳川家光**が制度化。大名は江戸と領地を1年交代で往来し，妻子は江戸住みを強制された。大名の経済力をそぎ，謀反を防止することをその目的とした。

〈参勤交代の様子〉

(3) 朝廷統制

朝廷・公家の統制法令として**禁中並公家諸法度**（1615年）が発せられた。武家の官位を幕府の許可制にして，諸大名が直接朝廷と結びつくことも禁じた。

(4) 農民統制

① 田畑永代売買の禁止令

幕府が農民に対し，田畑の売買を禁じたもの。経営を安定させ，年貢の徴収を確実にしようとした。

> **〈参考史料〉田畑永代売買の禁止令**
>
> 一　身上能き百姓は田地を買い取り、弥宜く成り、身体成らざる者は田畠を沽却せしめ、猶々身上成るべからざるの間、向後田畠売買停止たるべき事。

② 分地制限令

分割相続による田畑の細分化を防ぐために出された。

③ 五人組制度

年貢納入や治安維持などで共同責任を負わせる，5戸を基準とした制度。

7　江戸時代初期の外交

Point Check

- **1　朱印船貿易**　▶幕府から朱印状を受けた公認の貿易船が東南アジアで貿易を行うこと。
- **2　出島**　▶鎖国体制の完成により長崎港内に建設されたオランダとの貿易活動地。
- **3　朝鮮通信使**　▶将軍の代替わりごとに来日した朝鮮の使節。

(1)　朱印船貿易

〈朱印状〉

江戸幕府は，秀吉の政策を受け継ぎ，外国と貿易しようとする者には朱印状を交付して海外渡航を許可した。このため，堺・長崎の商人や西国大名が東南アジア各地に渡航，居住し，アユタヤ朝（現在のタイ）のアユタヤ，カンボジアのプノンペンなどでは**日本町**が形成された。

(2)　禁教令（キリスト教禁止令，1612年）

〈踏絵〉

幕府は当初，貿易の利益のためにキリスト教を黙認していたが，キリスト教信者が増大し，信徒が団結して一揆をおこすことが懸念されたため，1612年直轄領に禁教令を出した。翌13年には全国にこれを広めた。

●**島原・天草一揆**……1637～38年におきたキリシタン農民の一揆。

●**絵踏**……キリスト教徒かどうかを調査するための真鍮製のマリア像（踏絵）を踏ませるもの。主に九州北部で行われた。

(3)　鎖国

幕府が貿易の利益を独占し，西国大名が富強にならないように貿易を幕府の統制下におこうとしたもの。1639年にポルトガル船の来航を禁止し，41年にはオランダ商館を長崎の**出島**に移して**鎖国が完成**した。鎖国の完成によって，日本は，オランダ・中国・朝鮮・琉球王国以外の国との国交が閉ざされることとなった。

●**出島**……長崎港内に建設された扇形の島。役人と指定商人以外の立ち入りは認められなかった。

●**オランダ風説書**……オランダ船が出島に入港するたびに幕府に提出された海外事情報告書。これによって幕府は海外の事情を知った。

〈長崎の出島〉

(4)　通信使

徳川家康の時代に対馬藩主**宗氏**の仲介によって豊臣秀吉の朝鮮出兵以来国交がなかった朝鮮と国交が回復した。朝鮮からは新将軍慶賀を目的に計12回使節が来日した。これを通信使という。

(5)　琉球使節

琉球は**薩摩藩の島津氏**によって征服された。琉球からは国王の代替わりごとに謝恩使が，将軍の代替わりごとに慶賀使が幕府に派遣された。なお，琉球は薩摩藩に属しながら中国にも朝貢した。

(6)　シャクシャインの戦い（1669年）

蝦夷地はアイヌ人が生活していたが，**松前氏**が藩制をしき交易収入を独占すると，これに反対したアイヌ人はシャクシャインを指導者として反乱をおこした。乱は鎮圧され以後松前藩のアイヌ支配が強化された。

●江戸初期の文化

将軍家・大名や公家を主な担い手とする文化で貴族的な美の追求が感じられる。建築では桂離宮や日光東照宮，絵画では俵屋《たわらや》宗達《そうたつ》の「風神雷神図屏風」が有名である。

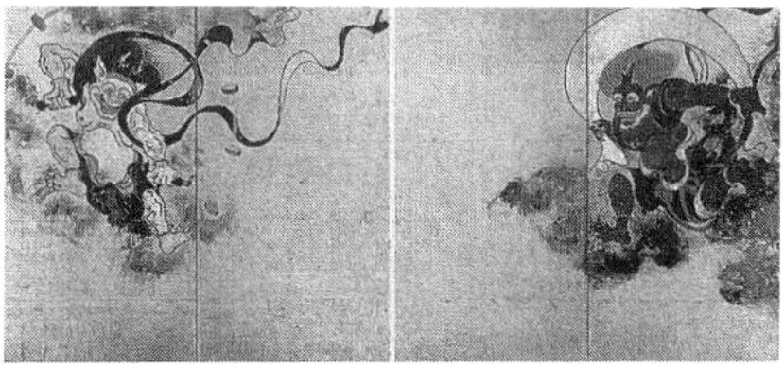

〈「風神雷神図屏風」俵屋宗達作〉

8 元禄時代

Point Check

1 生類憐みの令 ▶徳川綱吉が発した動物愛護令。

2 正徳の政治 ▶新井白石が行った文治政治。

(1) **徳川綱吉の政治**

① 儒学(朱子学)の奨励

湯島聖堂を建設し，幕府の学問所とする。

② 貨幣改鋳

金の含有量を減らした貨幣(元禄小判など)を発行して財政を改善しようとしたが，かえって経済を混乱させて物価の上昇を招いた。

③ **生類憐みの令の発布**

極端な動物愛護令であり，人々の反感をかった。

(2) **新井白石の政治**(正徳の政治)

18世紀前半**新井白石**が，6代家宣・7代家継に用いられ，文治政治により財政の建て直しを図った。物価の安定のため正徳小判など良貨を発行し，**海船互市新例**(**長崎新令**)を出して長崎貿易を制限し，金銀の流出を抑えようとした。

※新井白石は『読史余論』などの歴史研究や『西洋紀聞』など西洋の研究でも知られる。

▲ 発 展 ▼

〈小判の重量・金成分比の推移〉

元禄小判は財政の悪化と金産出量の減少により，慶長小判に比べて金含有量が減少している。万延小判は開港による金貨流出を防ぐため重量・金含有量とも極端に少なくなっている。

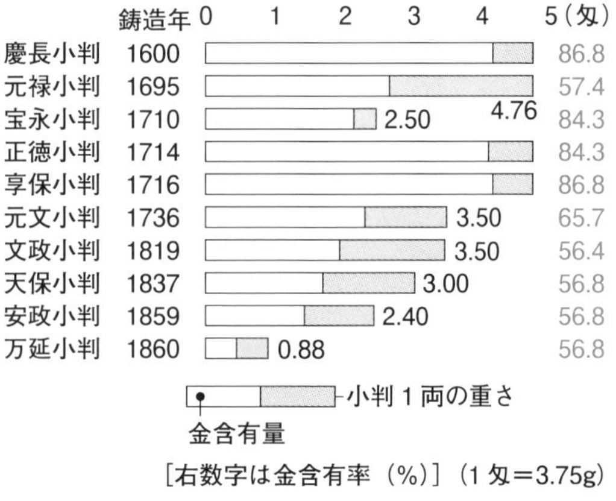

9 元禄文化と都市の繁栄

Point Check

1 近松門左衛門 ▶人形浄瑠璃の脚本家。代表作『曽根崎心中』。

2 浮世草子 ▶現世を写した風俗小説。井原西鶴の『日本永代蔵』が代表作。

(1) 元禄文化

元禄時代をはじめとする江戸時代前半の文化を指し，**上方**（大坂・京都）を中心とする人間的で華麗な町人文化のこと。

文　学	**井原西鶴**の『**日本永代蔵**』『世間胸算用』『好色一代男』（**浮世草子**），**近松門左衛門**の『国性（姓）爺合戦』『**曽根崎心中**』（浄瑠璃の脚本），松尾芭蕉の『奥の細道』（俳諧紀行文）
絵　画	菱川師宣《ひしかわもろのぶ》の「見返り美人図」（浮世絵），尾形光琳の「紅白梅図屏風」（装飾画）
演　劇	歌舞伎（市川団十郎，坂田藤十郎），人形浄瑠璃など

〈「見返り美人図」菱川師宣作〉

(2) 都市の繁栄

江戸時代には商業や交通が発達し都市が繁栄した。江戸は諸藩の江戸屋敷が置かれたこともあり，人口約100万人の大都市として発展した。大坂は諸藩が**蔵屋敷**を置き年貢米や特産物が集まったことから「**天下の台所**」とよばれた。

10 幕政三大改革

Point Check

1 享保の改革 ▶8代将軍徳川吉宗による改革。
公事方御定書，目安箱の設置，相対済し令，上げ米，足高の制，小石川養生所設置。

2 寛政の改革 ▶老中松平定信による改革。
囲米，棄捐令，旧里帰農令，寛政異学の禁。

3 天保の改革 ▶老中水野忠邦による改革。
株仲間の解散，人返しの法，上知令。

(1) 享保の改革（1716～45年）

8代将軍**徳川吉宗**が，家康時代の創業期を理想として行った改革。財政は一時立ち直ったが，農民にとって年貢が重くなり，百姓一揆が増加。

〈徳川吉宗〉

① **公《く》事《じ》方《かた》御《お》定書《さだめがき》**

法令や判例を整理し，裁判や刑罰の基準とする。

② **目安箱**の設置

評定所の前に設置し，庶民の意見を投書させた。

●**小石川養生所**……投書によって設けられた施療施設。

③ **相対済し令**

金銀貸借関係の訴訟は当事者間で解決させた。

④ **上げ米**

財政再建のため，大名から1万石につき100石の割合で米を上納させ，そのかわりに参勤交代の在府期間は半年に緩和された。

⑤ **足高《たしだか》の制**

在職期間に限り不足の石高（役料）を支給し，優秀な人材を確保した。

(2) 田沼意次の政治（1772～86年）

10代将軍徳川家治の老中であった田沼意次が積極的な経済政策を展開した。**株仲間の公認**，長崎貿易を活発化するため，銅などの専売制を実施したが，商人の経済力が強まり，賄賂の公然化で政治が混乱。加えて天明の大飢饉が発生し，社会不安は増大した。

(3) 寛政の改革（1787～93年）

老中**松平定信**が天明の飢饉で高まった社会不安を鎮めるために行った改革。しかし，厳しい統制と緊縮政策が人々に嫌われ，定信は6年で老中を退いた。

① **囲米《かこいまい》**

米価調整や飢饉に備えて，各地に社倉・義倉をつくらせて米穀を備蓄させた。

② **棄捐令《きえんれい》**

旗本・御家人の窮乏を救うため，借金を帳消しにした法令。

③ **旧里帰農令**

農民の出稼ぎを禁止し，帰村を命じた。

④ **寛政異学の禁**

朱子学を正学とし，湯島聖堂の学問所における朱子学以外の講義を禁じた。

⑤ **出版統制令**

『海国兵談』を著した林子平や洒落本作者の山東京伝らを処罰した。

〈重要史料〉寛政の改革への風刺

白河の清きに魚のすみかねて　もとの濁りの田沼こひしき

※白河藩主であった松平定信の清らかな政治に対して，田沼時代の濁った政治をなつかしんだ狂歌（世相を皮肉った和歌）。

(4) 天保の改革（1841～43年）

老中**水野忠邦**が**天保の飢饉**や**大塩の乱**など一揆や打ちこわしの頻発による社会不安を鎮め，幕府権力の回復を図るために行った。しかし，改革は2年で失敗し，幕府権力の衰退を示す結果となった。

① **株仲間の解散**

物価の引き下げを図り，在郷商人の自由な取引を認めた。

② **人返しの法**

江戸への流入者を強制的に帰村させ農村の再建を図った。

③ **上知令**

江戸・大坂周辺の農村を直轄地化しようとするものだったが，大名の反発にあい実現できずに終わった。

●大塩の乱

1837年，大坂町奉行所の元与力で陽明学者の大塩平八郎が貧民救済をかかげて武装蜂起した事件。幕府の役人であったことから社会的に大きな衝撃を与えた。

11 列強の接近

Point Check

1	**異国船打払令**	▶1825年に出された清・オランダ船以外の外国船の撃退を命じた法令。
2	**モリソン号事件**	▶1837年通商交渉のために来航したアメリカのモリソン号が砲撃された事件。

(1) ロシアの来航と蝦夷地の防備

ロシアは，シベリア開発のため日本との通商関係の樹立を目指し，18世紀後半以降，使節を派遣した。

① **ラクスマン**が根室に来航し，通商を要求した(1792年)。

② レザノフが長崎に来航し，通商を要求した(1804年)。

いずれについても幕府は冷淡に対応し追い返したが，これらのことから蝦夷地防備が必要だと考えた幕府は**近藤重蔵・最上徳内**らに択捉島を，**間《ま》宮林蔵《みやりんぞう》**に樺太を探検させたりした。さらに1807年には，蝦夷地をすべて直轄にした。

●間宮海峡……間宮林蔵の探検により，樺太が島であることが判明し，樺太とシベリアの海峡が間宮海峡と名付けられた。

(2) フェートン号事件と異《い》国船《こくせん》打《うち》払《はらい》令《れい》

① **フェートン号事件**(1808年)

イギリス軍艦フェートン号が長崎に侵入し薪水・食糧を強奪した。

② **異国船打払令**(1825年)

清・朝鮮・琉球・オランダ船以外の外国船の撃退を命じた法令。イギリス・アメリカ船が頻繁に日本近海に出没するようになったことから発せられた。

(3) モリソン号事件(1837年)

漂流民返還と日本との貿易を交渉するために来航したアメリカ船モリソン号が撃退された。

(4) 蛮社《ばんしゃ》の獄《ごく》(1839年)

モリソン号事件に関して**渡辺崋山・高野長英**らが幕府の対応を批判し，処罰された。

12 国学と蘭学

Point Check

1 **本居宣長** ▶『古事記伝』を著し国学を大成。
2 **『解体新書』** ▶前野良沢・杉田玄白が翻訳した人体解剖書。
3 **適塾** ▶緒方洪庵が大坂に開いた私塾。
4 **高野長英** ▶『戊戌夢物語』を著して幕府を批判。
5 **寺子屋** ▶町人・百姓の子が実用的知識を学ぶところ。

(1) 国学

日本の古典を研究し，日本古来の精神・思想を追究する学問。国学は，天皇を尊ぶ思想と結びつき幕末の尊王攘夷運動に大きな影響を与えた。

人　名	主　著	特　徴
賀茂真淵《かものまぶち》	『国意考』『万葉考』	儒教・仏教など外来思想の影響を受けない日本古来の思想を追究した。
本居宣長《もとおりのりなが》	『古事記伝』	「**もののあはれ**」を主張し，古典研究の方法を確立した。国学の大成者といわれる。
塙保己一《はなわほきいち》	『群書類従《ぐんしょるいじゅう》』	幕府の援助を受けて和学講談所を創立した。

(2) 蘭学

オランダ語を通じて学ばれた学問で，徳川吉宗の漢訳洋書輸入制限の緩和により発達した。

人　名	主著など	特　徴
前野良沢 **杉田玄白**	**『解体新書』**	オランダ語で書かれた人体解剖書『ターヘル＝アナトミア』を翻訳し『解体新書』を出版。
伊能忠敬《いのうただたか》	**「大日本沿海輿地全図《だいにほんえんかいよちぜんず》」**	全国の沿岸を実測し精度の高い日本全図を完成。
稲村三伯《いなむらさんぱく》	『ハルマ和解』	我が国最初の蘭日辞書を作成。
平賀源内		エレキテル（摩擦起電器）を製作。

(3) 教育

18世紀後半以降，諸藩は藩士教育を目的に**藩校**(**藩学**)を開設したり，民衆の教育を行うため**郷学**を開設したりした。また，民間でも武士・学者・町人によって私塾が開かれた。町人や百姓の子どもは，**寺子屋**で読み・書き・そろばんなど日常生活に必要な知識を学んだ。

〈主な藩校(藩学)〉

設立地	藩校名
米沢	興譲館
会津	日新館
水戸	弘道館
岡山	花畠教場
萩	明倫館
熊本	時習館

※郷学の代表的なものとしては岡山藩の閑谷学校が有名。

〈主な私塾〉

人名	設立場所	私塾名	人名	設立場所	私塾名
大槻玄沢《おおつきげんたく》	江戸	芝蘭堂《しらんどう》	**中井甃庵《なかいしゅうあん》**	大坂	懐徳堂《かいとくどう》
本居宣長	松坂	鈴屋《すずのや》	**吉田松陰**	萩	**松下村塾**
伊藤仁斎《いとうじんさい》	京都	古義堂	広瀬淡窓《ひろせたんそう》	豊後日田	咸宜園《かんぎえん》
緒方洪庵《おがたこうあん》	大坂	**適塾**	**シーボルト**	長崎	鳴滝塾

※伊藤仁斎は元禄期の人物。

(4) 思想

幕藩体制の行き詰まりと社会の変化は思想面に大きな影響を与えた。

人 名	主 著	特 徴
石田梅岩《いしだばいがん》	『都鄙問答《とひもんどう》』	**心学**を広め，商人の地位向上を説いた。
安藤昌益《あんどうしょうえき》	『自然真営道』	万人が耕作する平等な生活を理想とした。
山片蟠桃《やまがたばんとう》	『夢の代』	天文学を学び，合理主義思想から儒教・仏教・国学を批判した。
大蔵永常	『広益国産考』	農政家として数多くの農書を著す。
中江藤樹《なかえとうじゅ》	『翁問答《おきなもんどう》』	**日本陽明学**の祖。近江聖人といわれる。
高野長英	『戊戌夢物語《ぼじゅつゆめものがたり》』	江戸の町医者でモリソン号事件批判を行い，蛮社の獄で永牢とされる。
渡辺崋山《わたなべかざん》	『慎機論《しんきろん》』	三河田原藩士でモリソン号事件を批判し，蛮社の獄で永蟄居とされる。

※大蔵永常，中江藤樹は元禄期の人物。

13 化政文化

Point Check

1 **十返舎一九** ▶『東海道中膝栗毛』を著す。

2 **葛飾北斎** ▶浮世絵（錦絵）の風景版画「富嶽三十六景」を作成。

◆ 化政文化

江戸時代後半の文化・文政期の時代の文化をさす。江戸の町人を中心に発達し，利那的・享楽的傾向が強い。

文学	滑稽本	**十返舎一九《じっぺんしゃいっく》**の『**東海道中膝栗毛**』
	読本	**曲亭**（滝沢《たきざわ》）**馬琴《ばきん》**の『南総里見八犬伝』
	俳諧	**小林一茶《いっさ》**の『おらが春』，**与謝蕪村《よさぶそん》**
美術	錦絵の技術が進み，多色刷りの**浮世絵**が発達	
	美人画	**喜多川歌麿**の「**ポッピンを吹く女**」，鈴木春信
	風景画	**葛飾北斎**の「**富嶽三十六景**」，**歌川**（**安藤**）**広重**の「**東海道五十三次**」
	役者絵	**東洲斎写楽《とうしゅうさいしゃらく》**の「**三代目大谷鬼次の奴江戸兵衛**」

〈「ポッピンを吹く女」喜多川歌麿作〉

〈「富嶽三十六景，神奈川沖浪裏」葛飾北斎作〉

●「海防論」を唱えた学者

ロシアの来航やフェートン号の侵入など，海防の必要性が高まる中，工藤兵助は『赤蝦夷風説考』，林子平は『海国兵談』を著して海防論を唱えたが，林子平は出版統制令（1790年）によって幕府から処分を受けた。

14 開国

Point Check

- 1 **ペリーの来航** ▶1853年4隻の軍艦を率いて浦賀に来航。
- 2 **日米和親条約** ▶1854年に日米間で締結された下田・箱館の開港などを規定した条約。
- 3 **日米修好通商条約** ▶1858年に日米間で結ばれた不平等条約。領事裁判権を認め日本側に関税自主権がなかった。
- 4 **安政の大獄** ▶1858～59年井伊直弼が尊王攘夷派を弾圧した事件。吉田松陰も処罰された。

(1) **ペリーの来航**（1853年）

〈ペリーの来航〉

アメリカは19世紀に入ると，中国との貿易に力を入れ，太平洋を航海する船舶の寄港地として日本を開国しようと考えた。そして，東インド艦隊司令長官のペリーが4隻の軍艦を率いて浦賀に入港，フィルモア大統領の国書を提出して幕府に開国を要求した。これに対して，幕府は回答を翌年にすると約した。

(2) **日米和親条約**（1854年）

ペリーは翌54年に再来日し，再度開国を要求した。このため，幕府はアメリカの威力に屈して日米和親条約を締結した。この条約で，下田・箱館を開港し，アメリカ船に食料や燃料などを供給することを認めた。

(3) **日米修好通商条約**（1858年）

大老**井《い》伊《い》直弼《なおすけ》**が勅許を得ずにアメリカ領事ハリスとの間で調印した条約。箱館，神奈川（のちに横浜），長崎，新潟，兵庫の5港を開港し貿易を開始することになった。**領事裁判権を認め，関税自主権のない日本側に不利な不平等条約**であった。この後，同様の内容の条約をオランダ・ロシア・イギリス・フランスとも結んだ（安政の五カ国条約）。

(4) **安政の大獄**(1858～59年)

井伊直弼が尊王攘夷派を多数弾圧した事件。吉田松陰や橋本左内も処罰された。

(5) **桜田門外の変**(1860年)

安政の大獄に憤慨した尊王攘夷派志士らが江戸城桜田門外で井伊を暗殺した事件。
※幕府の専制的な政治によって，事態に対処しようとする路線が行き詰まることになった。

15 江戸幕府の滅亡

Point Check

1 **薩長連合(同盟)** ▶1866年土佐藩出身坂本龍馬らの仲介により結ばれた薩摩・長州両藩の軍事同盟の密約。

2 **大政奉還** ▶1867年15代将軍徳川慶喜による政権の返上。

◆ 討幕に至るまでの経過

① **生麦事件**(1862年)

薩摩藩島津久光の行列を横切ったイギリス人が殺傷された。

② 長州藩外国船砲撃事件(1863年)

攘夷の勅命を受け，長州藩が下関で外国船を砲撃した。

③ **薩英戦争**(1863年)

生麦事件の報復として，薩摩藩がイギリス軍艦の砲火を浴びた。

④ **四国艦隊下関砲撃事件**(1864年)

長州藩外国船砲撃事件の報復として，**イギリス・フランス・アメリカ・オランダ**の四国連合艦隊が下関を砲撃した。

⑤ **薩長連合(同盟)**(1866年)

土佐藩出身の**坂本龍馬**らの仲介で成立した薩摩・長州両藩の軍事同盟の密約。
※坂本龍馬は二院制議会と朝廷を中心とする統一国家構想「船中八策」を起草した。

⑥ **大政奉還**(1867年)

15代将軍**徳川慶喜**による政権の返上。大政奉還は坂本龍馬と中岡慎太郎が唱えた。

⑦ **王政復古の大号令**(1867年)

薩長討幕派が天皇を中心とする新政府樹立を宣言したもの。これによって江戸幕府は滅亡した。

▲ 発 展 ▼

〈江戸時代の交通〉

① 陸上交通

1) **五街道**

東海道・中山道・甲州道中・日光道中・奥州道中(江戸日本橋を起点)。

2) 宿駅・本陣・旅籠屋《はたごや》

2～3里ごとに宿駅(宿場)を置き大名・幕府役人の宿泊する本陣，一般庶民の宿泊する旅籠屋を整備した。

〈本陣(東海道五十三次関宿)〉

② 海上交通

物資を大量に安価に運ぶことのできる海上交通は，主に大坂と江戸を起点に整備された。また，河川水運も整備された。

1) 東廻り航路・西廻り航路

河村瑞賢《かわむらずいけん》が整備。東北日本海沿岸から津軽海峡を経て太平洋沿岸を通り江戸に至るのが東廻り航路，東北日本海沿岸から下関を経て瀬戸内海を通り大坂に至るのが西廻り航路。西廻り航路では北前船が就航した。

2) 南海路

大坂から江戸に至る航路。**菱垣廻船**《ひがきかいせん》・**樽廻船**《たるかいせん》が就航した。

3) 保津川・高瀬川・富士川水運

角倉了以《すみのくらりょうい》が開拓。

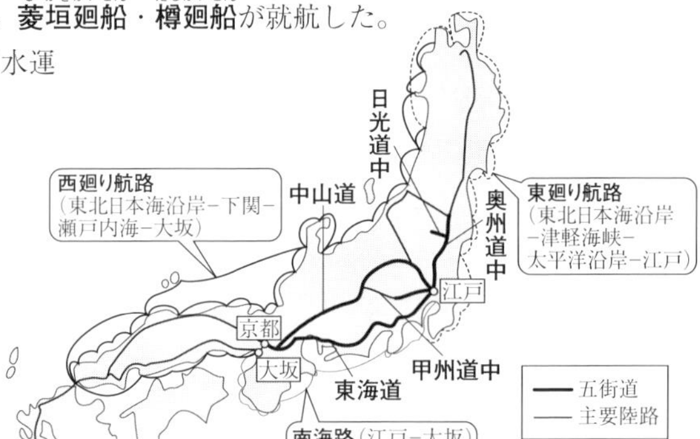

〈江戸時代の農業〉

① **新田開発**

都市の商人が資本を投じて開発した町人請負新田により進んだ。

② 農業技術の進歩

・耕作用の**備中鍬**や脱穀用の**千歯扱**などが考案され，農作業の効率化が図られた。

・**干鰯**や**油粕**などの金肥の使用が進み，商品作物の栽培などに利用された。

・宮崎安貞の『農業全書』や大蔵永常の『農具便利論』など，新しい栽培技術や農業知識を説く農書が数多く登場した。

確認問題

5 次のA～Eは織田信長または豊臣秀吉に関するものであるが，信長に関するもののみを挙げているものはどれか。

A．農民一揆防止のために刀狩を実施した。

B．長篠合戦において鉄砲を有効に活用し，武田勝頼に勝利した。

C．安土などの城下町に楽市楽座令を出し，商業を自由化した。

D．将軍足利義昭を京都から追放し，室町幕府を滅ぼした。

E．文禄・慶長の2度にわたり朝鮮に出兵した。

① A，B，C
② A，B，E
③ B，C，D
④ B，D，E
⑤ C，D，E

6 江戸時代の政治に関する記述として正しいものはどれか。

① 朱子学者の新井白石は，海船互市新例を発して貿易を制限するなど，正徳の政治とよばれる政治を行った。

② 8代将軍徳川吉宗は，上げ米，上知令などの経済政策を打ち出し，享保の改革を行い財政難を克服した。

③ 老中の田沼意次は，銅・鉄・朝鮮人参などの専売を禁止したほか，囲米を実施するなど緊縮政策を打ち出した。

④ 老中の松平定信は，寛政異学の禁によってキリスト教を禁止し，陽明学を正学とした。

⑤ 老中の水野忠邦は，目安箱の設置・株仲間の解散などを命じ，天保の改革を断行した。

4 近代・現代

●ポイント

近代では，明治新政府の政策，自由民権運動，日清・日露戦争，大正デモクラシー，現代では，諸外国と締結した条約などが問われる。時代整序を問う出題形式が多いので，時代の流れをしっかり理解しておこう。

1 明治維新①

Point Check

1 **五箇条の御誓文** ▶1868年明治新政府の基本方針を示したもの。
2 **版籍奉還** ▶大名が所有する土地と人民を天皇に返上したもの。
3 **廃藩置県** ▶藩を廃止して地方を府・県に区分したもの。

(1) 戊辰《ぼしん》戦争(1868～69年)

新政府軍と旧幕府軍との戦い。旧幕府軍は**鳥羽・伏見の戦い**をおこしたが敗北。新政府は軍を進めたが，西郷隆盛と勝海舟の交渉により，江戸城を無血開城させる。1869年，箱館で旧幕府軍が降伏したことにより，戦争は終結した。

(2) 新政府の樹立

① 五箇条の御誓文(1868年)

新政府の基本方針を明治天皇が神に誓う形で発布。公議世論の尊重・開国和親を宣言している。同年，政体書を制定して政府の基本的組織を整えた。

〈重要史料〉五箇条の御誓文

一 広ク会議ヲ興シ万機公論ニ決スベシ
一 上下心ヲ一ニシテ盛ニ経綸ヲ行フベシ
一 官武一途庶民ニ至ル迄各其志ヲ遂ゲ人心ヲシテ倦ザラシメン事ヲ要ス
一 旧来ノ陋習ヲ破リ天地ノ公道ニ基クベシ
一 智識ヲ世界ニ求メ大ニ皇基ヲ振起スベシ

② **五榜《ごぼう》の掲示《けいじ》**（1868年）

五種の高札が掲示された人民の心得を表したもの。徒党・強訴やキリスト教の禁止などが掲げられているが，旧幕府の統治政策と何ら変わりなかった。

(3) 中央集権の確立

〈廃藩置県後の新政府のしくみ〉

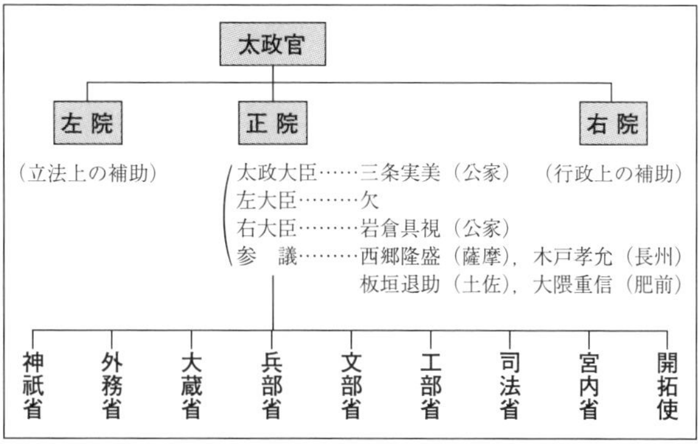

① **版籍奉還《はんせきほうかん》**（1869年）

薩摩・長州・土佐・肥前の4藩主が土地・人民を返上し，これを受けて他藩も土地・人民をすべて返上した。

② **廃藩置県**（1871年）

藩を廃止して，地方を府・県に区分し，中央から府知事・県令（後の県知事）を派遣。全国を政府の直接支配の下に置く**中央集権体制**が実現した。

(4) 身分制度の廃止

江戸時代の身分制度が廃止され，華族（もとの公家・大名），士族（もとの武士），平民（もとの百姓・町人）に再編され，相互の結婚が許可された。また，1871年には身分解放令が出され，えた・非人の称を廃した。これにより，職業・住所も自由に選べるようになり，江戸時代の厳しい身分制度は崩壊した。

(5) 富国強兵と殖産興業

① **地租改正**（1873年）

土地所有者に**地価の3％の税**（地租）を金納させる。これにより政府の財政は安定したが，農民の税負担はほとんど変わらなかったことから，各地で反対の一揆が発生した。このため，1877年に地租は地価の2.5％に引き下げられた。

② **殖産興業**

富岡製糸場など官営模範工場や官営鉱山を設立し，工業化を図る。貨幣制度（渋沢栄一の建議による）・金融制度・郵便制度（前島密《ひそか》の建議による）を整備。

③ **徴兵令《ちょうへいれい》**（1873年）

20歳以上の男子に兵役の義務を課した。ただし免役規定も多数存在した。

④ **学制**（1872年）

フランスの制度に倣い，国民皆学，男女共学を基本とした。

⑤ 鉄道の開通（1872年）

新橋―横浜間に開通した。

2 明治維新②

Point Check

1 **血税一揆** ▶徴兵令に反対する農民一揆。
2 **西南戦争** ▶1877年西郷隆盛を中心とする最大の士族反乱。
3 **維新の三傑** ▶木戸孝允（桂小五郎）・西郷隆盛・大久保利通。

(1) 農民一揆

新政府は短期間のうちに次々と改革を行ったので，急激な改革に反対する農民の反乱（地租改正反対一揆，学制反対一揆，**血税**（**徴兵反対**）**一揆**など）が各地でおこった。

(2) 士族反乱

士族は廃刀令，秩禄処分などによって特権を喪失したことから，江藤新平による**佐賀の乱**，西郷隆盛を中心とする**西南戦争**などの士族反乱が相次いで発生した。

(3) 維新の三傑

木戸孝允（桂小五郎）……明治維新後，版籍奉還・廃藩置県などに尽力する。
西郷隆盛……廃藩置県に尽力するが，征韓論に敗れ，西南戦争をおこす。
大久保利通……岩倉使節団に参加。帰国後は征韓論に反対，殖産興業に努めるなど内政に尽力した。
●**征韓論**……武力で朝鮮を開国させていこうとする主張。西郷隆盛・板垣退助らがとなえた。

3 明治初期の外交

Point Check

1 樺太・千島交換条約 ▶ロシアと結んだ条約。樺太をロシア領に，千島列島を日本領に定めた。

2 日朝修好条規 ▶朝鮮と結んだ朝鮮側に不利な不平等条約。

(1) **岩倉使節団**（1871～73年）

新政府が不平等条約改正の条件づくりとして欧米諸国を視察する目的で派遣。岩《いわ》倉《くら》具《とも》視《み》・木戸孝允・大久保利通のほか女子留学生も同行。

(2) **初期の外交**

① **樺太《からふと》・千島《ちしま》交換条約**（1875年）

ロシアと結んだ領土確定条約。樺太全島をロシア領，千島全島を日本領とする。

② **日朝修好条規**（1876年）

1875年の**江華島事件**をきっかけとして朝鮮と結んだ朝鮮に不利な不平等条約で，朝鮮を開国させた。

③ 琉球処分（1879年）

薩摩藩と清の双方に服属していた琉球に対して，1872年政府は日本領であるとして琉球藩を設置。その後1879年には軍隊を派遣し**沖縄県**を設置した。

〈明治初期の外交と国境の画定〉

地域	西暦	国境画定関連事項
中国	1871年	1日清修好条規
	1874年	2台湾出兵
朝鮮	1875年	3江華島事件
	1876年	4日朝修好条規
ロシア	1875年	5樺太・千島交換条約
小笠原諸島	1876年	6日本が領有を通告
沖縄	1872年	7琉球藩を置く
	1879年	7沖縄県を置く

●日清修好条規……1871年に日清間で結ばれた最初の条約。双方に領事裁判権を認めた対等条約。

●台湾出兵……1874年，日本が台湾に出兵。清が琉球から手をひき，琉球の日本領有を承認する契機となった。

4 自由民権運動

Point Check

1 **民撰議院設立の建白書** ▶1874年板垣退助が政府左院に提出，自由民権運動の口火を開いた。

2 **国会開設の勅諭** ▶10年後の国会開設を約すという天皇の勅諭。

◆ 自由民権運動

① **民撰議院設立の建白書**（1874年）

板垣退助らが政府左院に提出。有司専制を批判し，民撰による国会開設を要求。

〈重要史料〉民撰議院設立の建白書（『日新真事誌』）

臣等伏シテ方今政権ノ帰スル所ヲ察スルニ、上帝室ニ在ラス、下人民ニ在ラス、而シテ独リ有司ニ帰ス。

② 国会期成同盟の結成（1880年）

各地の代表者が大阪に集まり，国会期成同盟を結成，国会開設を要求した。

③ 民権運動の弾圧

政府は新聞紙条例（1875年），集会条例（1880年）などで運動の弾圧を図った。

④ **国会開設の勅諭**（1881年）

開拓使官有物払下げ事件（1881年）によって民権派の政府攻撃が激しくなると，伊藤博文は天皇に勧めて，1890年に国会を開くことを公約した。

⑤ 政党の形成

自由民権派が国会開設に備えて結成。

政　党	党　首	特　色
自由党	**板垣退助**	フランス流の民権思想（急進的）
立憲改進党	**大隈重信**	イギリス流の立憲思想（穏健的）

5　憲法の制定

Point Check

1　**初代内閣総理大臣**　▶1885年内閣制度創設により伊藤博文が就任した。

2　**大日本帝国憲法**　▶1889年発布。欽定憲法で天皇主権。

3　**帝国議会**　▶公選議員からなる衆議院と勅選議員などからなる貴族院の二院制。

(1)　憲法制定過程

①　憲法の起草

1882年伊藤博文が渡欧してドイツ（プロイセン）憲法などを研究し，帰国後，憲法草案を作成。天皇の相談機関として設けられた**枢密院**《すうみついん》で審議し，決定。

②　**内閣制度発足**（1885年）

立憲制度整備の一環として，華族制度・市町村制度などとともに創設。**伊藤博文**を**内閣総理大臣**とする日本初の内閣が設置された。

③　**大日本帝国憲法の発布**（1889年）

アジア最初の立憲国家となる。**欽定憲法**であり，**天皇主権**。国民は天皇の臣民で，権利・自由は法律で制限されていた。

〈重要史料〉大日本帝国憲法

第一条　大日本帝国ハ万世一系ノ天皇之ヲ統治ス
第三条　天皇ハ神聖ニシテ侵スヘカラス
第十一条　天皇ハ陸海軍ヲ統帥ス
第二十条　日本臣民ハ法律ノ定ムル所ニ従ヒ兵役ノ義務ヲ有ス

(2)　帝国議会の開設

議会は，国民の直接選挙による**衆議院**と勅選議員などからなる**貴族院**の二院制。1890年に第1回衆議院議員総選挙が行われたが，選挙権は，直接国税15円以上を納める満25歳以上の男子に限られ（制限選挙），総人口の1.1％にすぎなかった。

6 条約改正

Point Check

1 領事裁判権の撤廃 ▶1894年外相陸奥宗光による。

2 関税自主権の回復 ▶1911年外相小村寿太郎による。

◆ 条約改正交渉過程

① **欧化政策**(**鹿鳴館**時代)

外務卿**井上《いのうえ》馨《かおる》**は1883年に鹿鳴館を竣工させ，欧米の風俗・習慣を取り入れる欧化政策によって領事裁判権の撤廃を試みるが失敗。

●ノルマントン号事件(1886年)……イギリス船難破事件で，領事裁判権撤廃の声が高まった。

② **大津事件**(1891年)

ロシア皇太子が訪日中，滋賀県巡査津田三蔵によって切りつけられ負傷した事件。外相**青木周蔵**はイギリスと条約改正を交渉している最中であったが責任を取って辞任し，交渉は挫折した。

③ 領事裁判権の撤廃(1894年)

陸《む》奥《つ》宗光《むねみつ》外相が**日英通商航海条約**を締結し，成功。

④ 関税自主権の回復(1911年)

小村寿太郎外相が**日米通商航海条約**を締結し，成功。

7　日清戦争

Point Check

1 **日清戦争**　▶1894～95年。朝鮮をめぐる利害対立をきっかけに発生した日本と清との間の戦争。日本が勝利。講和条約は下関条約。

2 **三国干渉**　▶ロシア・フランス・ドイツが遼東半島を清に返還するよう日本に勧告してきたもの。

(1)　**日清戦争**（1894～95年）

朝鮮をめぐる日本と清との利害の対立があり，1894年に朝鮮でおこった。**甲午農民戦争**（**東学の乱**）をきっかけに両国が出兵し，開戦した。1895年，清は敗北を認めて**下関条約**を締結した。

下関条約の内容	清は朝鮮を**独立国**と認める。
	清は**遼東半島**及び台湾・澎湖諸島を日本に譲る。
	清は賠償金2億両を日本に支払う。

※日清戦争前の情勢
朝鮮（魚）をねらう日本（左）・中国（右）と，見守るロシア（上）。

(2)　**三国干渉**（1895年）

ロシアが**フランス・ドイツ**と結び，遼東半島を清に返還するよう要求。日本は賠償金の増額を条件に要求を受け入れる。国民の間でロシアへの対抗心が高まり，政府も大規模な軍備拡張をすすめた。

※台湾には，台湾総督府を設置して住民の抵抗を武力で鎮圧し，植民地支配を進めた。

8 日露戦争

Point Check

1 **日英同盟** ▶1902年ロシアの南下策に対抗するためイギリスとの間で結ばれた同盟。

2 **日露戦争** ▶1904～05年。日本と満州進出を図るロシアとの戦争。日本が勝利。

3 **韓国併合** ▶1910年，日本が韓国を併合し，朝鮮総督府を設置する。

(1) 日英同盟（1902年）

義和団事件《ぎわだんじけん》（1900年）後もロシアが満州から撤兵せず，満州進出を図ろうとしたので，ロシアの南下を阻止するために日本がイギリスと締結した同盟。

絵は「イギリスは，ロシアが火で炒っている栗を日本に取りに行かせている」ところを表現したもの。

(2) 日露戦争直前の国内の情勢

●対露強硬論（主戦論）……三国干渉への敵愾心高まる。

●**非戦論**……**幸徳秋水**は社会主義の立場から，キリスト教徒の**内村鑑三**は人道主義の立場から反戦を主張。

〈重要史料〉君死にたまふことなかれ　　与謝野晶子

あゝおとうとよ、君を泣く、君死にたまふことなかれ、
末に生れし君なれば　親のなさけはまさりしも、
親は刃をにぎらせて　人を殺せとをしへしや、
人を殺して死ねよとて　二十四までをそだてしや。

※**与謝野晶子**《よさのあきこ》が，戦場にある弟の無事を祈る切ない家族の気持ちを表現した詩で，戦争への疑問を投げかけた。

(3) **日露戦争**(1904～05年)

1904年に宣戦布告。日本はイギリスなどの援助を得て有利に戦ったが，アメリカ大統領**セオドア＝ローズヴェルト**の講和斡旋に応じた。

〈日露戦争をめぐる列強の関係〉

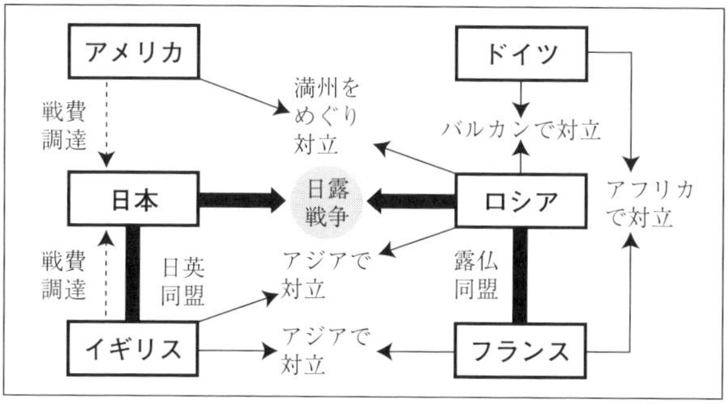

(4) **ポーツマス条約**(1905年)

ポーツマス条約の内容	ロシアは朝鮮における日本の優越権を認める。
	ロシアは樺太の南半分を日本領とする。
	ロシアは南満州鉄道の権益や遼東半島の租借権を日本に譲る。

(5) **日比谷焼き打ち事件**(1905年)

ポーツマス条約で賠償金が得られなかったことを不満として国民が激しく政府を攻撃しおこしたもの。

(6) **韓国併合**(1910年)

日露戦争後，日本による韓国の植民地化が本格化し，1910年，日本は韓国(朝鮮，1897年に改名)を併合し，**朝鮮総督府**を置いて植民地支配した。

●朝鮮の植民地化と義兵戦争

日本の侵略に対して韓国では民族的抵抗運動が広がり，兵士や農民たちによって義兵運動とよばれる武力闘争へと発展した。その中で，伊藤博文が韓国の青年民族運動家安重根に暗殺(1909年)される事件もおきた。韓国併合後は日本同化政策が進められ，日本語教育や創氏改名，さらには日本への強制連行が行われた。

9 第一次世界大戦

Point Check

1 第一次世界大戦 ▶1914～18年。日本は連合国側で参戦。

2 二十一カ条の要求 ▶1915年。中国での権益拡大を図り大隈内閣が中国の袁世凱政府に突きつけた要求書。

(1) 第一次世界大戦(1914～18年)

セルビアの青年将校がオーストリア皇太子夫妻を暗殺したサライェヴォ事件を機に勃発した。ドイツ・オーストリアなどが同盟国で，イギリス・フランス・ロシア・セルビアなどが連合国。日本は日英同盟を理由に連合国側に参戦。連合国側が勝利した。

(2) 二十一カ条の要求(1915年)

日本の**大隈重信内閣**が中国での権益の拡大を図り，山東省のドイツ権益を引き継ぐといった要求を中国の**袁世凱《えんせいがい》政府**に突きつけ，その大部分を認めさせたもの。中国の反日機運が高まり，抗日運動がおこる。

〈重要史料〉二十一カ条の要求

第一号

第一条　支那国政府ハ、独逸国カ山東省ニ関シ条約其他ニ依リ支那国ニ対シテ有スル一切ノ権利・利益・譲与等ノ処分ニ付、日本国政府カ独逸国政府ト協定スヘキ一切ノ事項ヲ承認スヘキコトヲ約ス

第二号

第一条　両締約国ハ、旅順大連租借期限竝南満州及安奉両鉄道各期限ヲ何レモ更ニ九十九ヶ年ツツ延長スヘキコトヲ約ス

(3) 大戦景気

第一次世界大戦中，列強がアジア市場から後退したことにより，綿布など日本商品の輸出が増大した。1918年には工業生産額が農業生産額を上回り，工業国としての基礎が築かれた。大戦景気によって**成金**とよばれる富豪も出現した。

〈成金の出現〉

10 シベリア出兵と米騒動

Point Check

1 **シベリア出兵** ▶1918年，ロシア革命の干渉のため列国と共同で出兵。
2 **米騒動** ▶シベリア出兵に伴う米の買い占めをきっかけに全国に広がる。

⑴ **石井・ランシング協定**（1917年）

日米間で交わされた協定であり，日本はアメリカに中国の「門戸開放」を，アメリカは中国における日本の「特殊利益」を相互に認め合った。

⑵ **シベリア出兵**（1918年）

ロシア革命への干渉のため，チェコスロヴァキア軍救出の名目でアメリカ・イギリス・フランスなど列国と共同出兵したもの。日本は1922年に最後に撤兵した。

⑶ **米騒動**（1918年）

シベリア出兵による米の買い占めから米価が高騰し，富山県の漁村の主婦たちの米屋への蜂起をきっかけに全国に波及したもの。

⑷ **関東大震災**（1923年）

東京・横浜を中心に発生したマグニチュード7.9，震度7の大地震。朝鮮人が暴動をおこすという流言が広まり，多数の朝鮮人・中国人などが殺害された。

⑸ **金融恐慌**（1927年）

震災後，日本経済は慢性的な不況に陥り，銀行に対して取付け騒ぎがおこった。その結果，各地の銀行が倒産に追い込まれた。

⑹ **昭和恐慌**（1930年）

ニューヨーク株式取引所（ウォール街）の株価暴落による**世界恐慌**（1929年）の影響を受けておきた。特に農村では困窮が著しく，欠食児童や女子の身売りが続出した。

11 大正デモクラシー

Point Check

1 **原敬内閣** ▶日本最初の本格的な政党内閣。
2 **普通選挙法** ▶1925年，25歳以上のすべての男子に選挙権を与える。
3 **吉野作造** ▶民本主義を提唱。

(1) 原敬《はらたかし》内閣（1918年）

米騒動が原因で失脚した寺内正毅《てらうちまさたけ》内閣にかわり成立した日本最初の本格的な**政党内閣**。立憲政友会総裁の**原敬**（「**平民宰相**」とよばれる）を首相とし，陸・海・外務の3大臣以外はすべて立憲政友会党員で組織。
※日本初の政党内閣は第1次大隈重信内閣（隈板内閣）である。

(2) 普通選挙法（1925年）

加藤高明内閣により成立した衆議院選挙における選挙資格について，財産上の制限を撤廃し，25歳以上のすべての男子に選挙権を与える法律。

〈選挙法の改正〉

改正年	選挙人		実施年	有権者数（万人）
	性別年齢	直接国税		1,000　2,000　3,000　4,000
1889年	男25歳以上	15円以上	1890年	1.1％
1900年	男25歳以上	10円以上	1902年	2.2％
1919年	男25歳以上	3円以上	1920年	5.5％
1925年	男25歳以上	制限なし	1928年	20.0％
1945年	男女20歳以上	〃	1946年	48.7％

（％で示した数値は全人口に占める割合）

(3) 治安維持法（1925年）

普通選挙法の制定と同時に成立した共産主義者を取り締まるための法律。普通選挙の実施と日ソ国交樹立に伴う社会主義運動の活発化を防ぐねらいがある。

(4) 大正デモクラシー

政党政治の実現や普通選挙権の主張は，大正時代，第一次世界大戦の前後に高揚した世界的なデモクラシーの風潮を背景にしている。

① **民本主義**

吉野作造が唱えた天皇主権の下での民衆の政治参加を主張するもの。

② **天皇機関説**

美濃部達吉が唱えた国家の主権は国家にあり，天皇は国家の機関の一つにすぎないとする説。

●**全国水平社**……1922年に結成された被差別部落民の差別からの解放を目指す組織。

●青鞜社……女性解放を唱えた平塚らいてうらが設立した女性のみの文学団体。

▲ 発　展 ▼

〈資本主義の発達〉

日清・日露戦争での軍備拡張，日清戦争賠償金による金本位制の確立，産業革命の急速な発展などにより資本主義が成立した。

1882年　日本銀行設立……銀本位制（1885年～）

1897年　**金本位制確立**

1901年　**官営八幡製鉄所操業開始**

1906年　南満州鉄道株式会社設立，鉄道国有法公布

〈官営八幡製鉄所〉

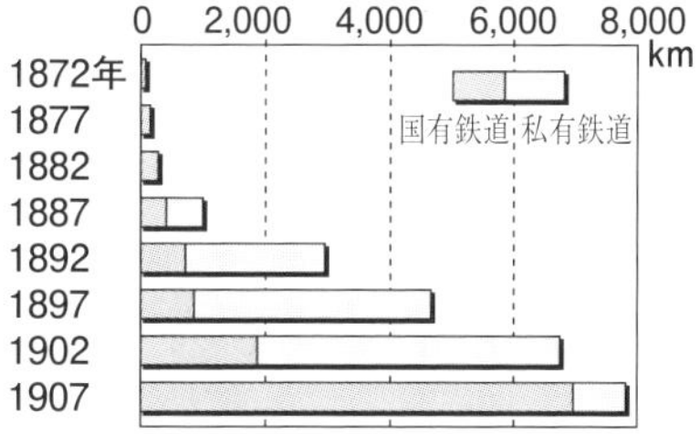

〈鉄道の発達〉

〈社会主義運動〉

① 労働組合期成会（1897年）……高野房太郎・片山潜らによって結成。

② 治安警察法（1900年）……労働者の団結権・罷業権の制限と労働運動の取り締まり。

③ **大逆事件**《たいぎゃくじけん》（1910年）……**幸徳秋水**《こうとくしゅうすい》など社会主義者が逮捕され，以後，社会主義運動は冬の時代となる。

〈公害問題の発生〉

資本主義の発達によって公害問題も発生した。栃木県の渡良瀬川流域では，**足尾銅山**の鉱毒が住民に被害を与え，代議士の**田中正造**は議会でこの問題をとりあげた。1901年には天皇に直訴したが，結局満足できる解決には至らなかった。

〈田中正造〉

12 ファシズム体制の形成

Point Check

1	**満州事変**	▶1931～33年。日本軍が奉天郊外で鉄道を爆破したことをきっかけに満州全域を占領した事件。
2	**五・一五事件**	▶1932年海軍青年将校が犬養毅首相を暗殺した事件。政党内閣が崩壊した。
3	**日中戦争**	▶1937年盧溝橋事件をきっかけに発生した日中間の全面戦争。

(1) 満州事変（1931～33年）

日本軍が奉天郊外で鉄道を爆破（**柳《りゅう》条《じょう》湖《こ》事件**）して開始。満州全域を占領して，満州国を建国。1933年，リットン調査団の報告に基づき，国際連盟が満州からの撤退勧告を決議したが，日本は**国際連盟を脱退**した。

(2) 軍部の台頭

政党政治は崩壊し軍部が政治を支配するようになる。以下のような事件が発生した。

五・一五事件	1932年	海軍青年将校が**犬養《いぬかい》毅《つよし》**首相を暗殺。政党内閣が崩壊する。
二・二六事件	1936年	陸軍青年将校が斎藤《さいとう》実《まこと》内大臣（前首相）や高橋《たかはし》是《これ》清《きよ》蔵相を暗殺。

(3) 日中戦争（1937～45年）

北京郊外で日中両軍が衝突した**盧《ろ》溝《こう》橋《きょう》事件**から全面戦争に突入し，短期間で南京を占領。1938年の**国家総動員法**により戦時体制が強化される。

13 第二次世界大戦

Point Check

1	**日独伊三国同盟**	▶1940年日本・ドイツ・イタリアの3国によって結ばれた軍事同盟。
2	**原爆投下**	▶1945年広島に世界で初めて投下。長崎にも投下される。

(1) **日独伊三国同盟**（1940年）

1939年にドイツがポーランドに侵入して第二次世界大戦が勃発し，ドイツがヨーロッパ諸国を制圧した。これに対して，日本はアメリカを仮想敵国とする日独伊三国同盟をドイツ・イタリアとの間で結び，資源を求めて東南アジア方面に進出した。

●**大東亜共栄圏**……日本が東南アジア侵略の際に掲げたスローガン。アジアから欧米勢力を追い出す名目で用いられた。

(2) **太平洋戦争**（1941～45年）

① 過程

1941年４月：**日ソ中立条約**調印。

12月：ハワイのアメリカ軍基地である**真珠湾を攻撃**（太平洋戦争の開始）。東南アジアへ戦線拡大。

1942年６月：ミッドウェー海戦で日本軍が敗れ，以降，戦況は日本不利に。

1943年　：イタリア降伏。

1945年２月：**ヤルタ会談**（アメリカ・イギリス・ソ連がドイツの戦後処理の方法を話し合う）。

３月：東京大空襲

５月：ドイツ無条件降伏。

７月：ポツダム会談（日本に無条件降伏を要求）。

８月：広島・長崎に原爆投下，ソ連参戦。
日本が**ポツダム宣言を受諾**して降伏。

② 戦時下の国民生活

生活必需品の**配給制**・切符制・割当制や**学徒出陣**，小学生の**集団疎開**などが行われた。また，国民徴用令（1939年）によって一般国民が軍需産業に動員された。

14 戦後の日本

Point Check

1	**農地改革**	▶自作農創設のために行われた改革。
2	**サンフランシスコ平和条約**	▶吉田内閣が締結した第二次世界大戦の講和条約。日本の主権が回復。
3	**日ソ共同宣言**	▶1956年鳩山一郎内閣による。日本の国連加盟実現へ。
4	**沖縄返還**	▶1972年に実現。

(1) 連合国軍による占領政策

第二次世界大戦後，日本は**連合国軍最高司令官総司令部（GHQ）**による間接統治下におかれる。

〈GHQ最高司令官
マッカーサー〉

① 経済・社会の民主化

1）**財閥解体**（1945年）

戦前の日本経済を支配していた三井・三菱・住友・安田をはじめとする財閥を解体。企業の独占を防ぐため独占禁止法を制定（1947年）。

2）**農地改革**（1946～50年）

自作農創設のため，政府が地主から小作地を強制的に買い上げ，小作農に払い下げる。

3）労働関係の民主化（1945～47年）

労働三法（労働組合法・労働関係調整法・労働基準法）の制定と，労働基本権を確立。

② 政治の民主化

1）政治活動の自由

治安維持法を廃止し，政党や言論の自由が許可。

2）普通選挙の実施

公職選挙法を改正し，**20歳以上のすべての男女に選挙権**。

3）**日本国憲法の制定**（1946年11月3日公布，翌年5月3日施行）

国民主権，基本的人権の尊重，平和主義を三大原理とし，天皇は日本国及び日本国民統合の象徴とされた。

(2) 日本の発展

① 日本の独立と対外問題

1950年：**朝鮮戦争**勃発。日本を資本主義国の一員とする占領政策の転換がなされ，警察予備隊が創設（1952年に保安隊，1954年に自衛隊に発展）。

1951年：**吉田茂内閣**が**サンフランシスコ平和条約**に調印し，独立を回復。同時にアメリカ軍の日本駐留を認める**日米安全保障条約**を締結。

> **〈重要史料　サンフランシスコ平和条約〉**
>
> 第三条　日本国は、北緯二十九度以南の南西諸島（琉球諸島……を含む）、孀婦《そうふ》岩の南の南方諸島（小笠原群島……を含む）並びに沖の鳥島及び南鳥島を合衆国を唯一の施政権者とする信託統治制度の下におくこととする国際連合に対する合衆国のいかなる提案にも同意する。

1956年：**鳩山一郎内閣**が調印した**日ソ共同宣言**により，ソ連と国交を回復。**国際連合への加盟**を果たし，国際社会へ復帰。

1960年：**池田勇人内閣**が国民所得倍増計画を策定。

1965年：**佐藤栄作内閣**が大韓民国と**日韓基本条約**を締結。

1972年：佐藤内閣により沖縄の本土復帰が実現。**田中角栄内閣**が調印した**日中共同声明**により中華人民共和国と国交を正常化。

1978年：**福田赳夫内閣**が**日中平和友好条約**を調印。

〈平和条約の規定による日本の領土〉

② 経済の発展

朝鮮戦争に伴う**特需景気**により，経済が復興し，1955年頃から高度経済成長の時代へと入り，国民総生産が資本主義国第2位となる。1973年の**石油危機**によって高度成長は終わり安定成長の時代を迎える。

15 明治〜昭和時代の文化

Point Check

1 **黒田清輝** ▶明治時代の画家で，「湖畔」「読書」が代表作。
2 **大正期の市民生活** ▶円タク，ラジオ放送，週刊誌，職業婦人の登場など。

(1) 明治初期の文化

明治初期には**文明開化**とよばれる新しい風潮が広まり西洋思想・技術が学問から生活様式にまで幅広く浸透した。**福沢諭吉**が著した『学問のすゝめ』や，ざんぎり頭，洋服などが，この時期の象徴。

(2) 明治中・後期の文化

国権主義・国家主義・日本主義的傾向がみられるようになった。自然主義に代表される近代文学が盛んになり，絵画では，**狩野芳崖**《かのうほうがい》の「**悲母観音**」や**黒田清輝**の「**湖畔**」「**読書**」が代表作。

(3) 大正期の文化

大正デモクラシーに象徴されるように市民文化が急速に発達し，社会の大衆化が顕著にあらわれるようになった。女性が電話交換手やバスの車掌などに登場し，彼女たちを**職業婦人**とよんだ。円本や総合雑誌も出版され，**ラジオ放送**も開始された。東京では円タクも登場した。絵画では岸《きし》田劉生《だりゅうせい》の「麗子微笑《れいこびしょう》」が描かれ，日本画界では，横山大観が日本美術院を再興した。文学ではプロレタリア文学が著された。

〈「麗子微笑」岸田劉生作〉

(4) 昭和の文化

第二次世界大戦直後には，戦争から解放された国民の間で大衆文化が広がり，並木路子の「りんごの歌」が大流行した。高度成長期には1964年の東海道新幹線の開通，**東京オリンピック**の開催，1970年の**大阪日本万国博覧会**の開催など日本の復興を世界にアピールした。

確認問題

7 明治時代に関する記述として正しいものはどれか。

① 西郷隆盛は自由民権運動を行い立憲国家の確立に努めた。

② 自由民権運動は不平士族・豪農・農民などが参加する国民的運動となった。

③ 大日本帝国憲法はフランス憲法を範とした。

④ 明治政府は徴兵制を早い段階で整備させたので，明治10年代には近代国家として列強各国に認められた。

⑤ 板垣退助らは立憲改進党を，大隈重信らは自由党を結成した。

8 次のA～Dの出来事について，年代の早いものから順に正しく並んでいるものを選べ。

A．日中共同声明

B．日韓基本条約

C．サンフランシスコ平和条約

D．日ソ共同宣言

① A→B→C→D

② A→D→B→C

③ C→B→A→D

④ C→D→B→A

⑤ D→A→B→C

年	時代	日本の動き	年	世界の動き
57	弥生	倭の奴国王，後漢に遣使，金印紫綬受領		
107		倭の国王，後漢に遣使		
239		邪馬台国女王卑弥呼が魏に遣使		
	古墳		313	ミラノ勅令
			375	ゲルマン人大移動
			395	ローマ帝国，東西に分裂
			476	西ローマ帝国滅亡
			481	フランク王国成立
538		仏教の伝来		
			589	隋，中国統一
593	飛鳥	聖徳太子が推古天皇の摂政となる		
603		冠位十二階制定		
604		十七条の憲法制定		
607		小野妹子を隋に派遣		
			610頃	ムハンマドがイスラーム教を開く
			618	唐建国
			622	ヒジュラ（聖遷）
630		第1回遣唐使		
645		大化の改新始まる		
			661	イスラーム帝国成立
663		白村江の戦い		
670		庚午年籍		
672		壬申の乱	676	新羅，朝鮮半島統一
684		八色の姓制定		
701		大宝律令完成		
710	奈良	元明天皇が平城京に遷都		
723		三世一身法施行	726	聖像禁止令
			732	トゥール・ポワティエ間の戦い
743		墾田永年私財法，大仏造立の詔発布		
752		東大寺大仏開眼	751	タラス河畔の戦い
			755～63	安史の乱
794	平安	桓武天皇が平安京に遷都		
			800	カール大帝の戴冠
810		薬子の変（平城太上天皇の変）		
			875～84	黄巣の乱
894		遣唐使の派遣中止		
901		菅原道真を大宰府に左遷		
			907	唐滅亡
			918	高麗建国
939～41		承平・天慶の乱		
			960	北宋建国
			962	神聖ローマ帝国成立
1016		藤原道長が摂政となる		

年	時代	日本の動き
1051～62	平安	前九年の役
1069		延久の荘園整理令発布
1083～87		後三年の役
1086		白河上皇が院政を始める
1156		保元の乱
1159		平治の乱
1167		平清盛が太政大臣となる
1185		壇の浦の戦いで平氏滅亡
	鎌倉	源頼朝が守護・地頭を設置
1192		源頼朝が征夷大将軍となる
1221		承久の乱，六波羅探題設置
1232		御成敗式目（貞永式目）制定
1274		文永の役
		─元寇
1281		弘安の役
1297		永仁の徳政令発布
1333		鎌倉幕府滅亡
1334～36		建武の新政
1336	室町	建武式目制定
1338		足利尊氏が室町幕府を開く
1392		南北朝の合体
1404		足利義満が勘合貿易開始
1428		正長の徳政一揆（土一揆）

年	世界の動き
1038	セルジューク朝建国
1054	東西教会の分裂
1077	カノッサの屈辱
1095	クレルモン宗教会議
1096	十字軍の遠征始まる
1127	南宋建国
1206	チンギス＝ハン，モンゴル統一
1215	大憲章（マグナ＝カルタ）制定
1258	アッバース朝滅亡
1260	フビライ（クビライ）即位
1271	元が中国を統一
1279	南宋滅亡
1300	オスマン帝国成立
1309～77	教皇のバビロン捕囚
1339～1453	英仏百年戦争
1378	教会大分裂（大シスマ）（～1417）
1368	明が中国を統一
1392	（李氏）朝鮮建国
1402	アンカラの戦い
1453	オスマン帝国，東ローマ（ビザンツ）帝国を滅ぼす
1455～85	バラ戦争

日本の動き			世界の動き	
1467 ～77	室町	応仁の乱		
1485 ～93		山城の国一揆		
1488 ～1580		加賀の一向一揆		
			1492	コロンブスがサンサルバドル島に到達
			1498	ヴァスコ＝ダ＝ガマがインド航路発見
			1517	マルティン＝ルターの宗教改革（九十五カ条の論題）
			1522	マゼラン（マガリャンイス）が世界一周達成
			1526	ムガル帝国成立
			1533	インカ帝国滅亡
			1534	イエズス会成立
			1541	カルヴァンの宗教改革
1543		ポルトガル人による鉄砲伝来		
1549		フランシスコ＝ザビエルがキリスト教を伝える		
			1555	アウクスブルクの宗教和議
			1558	イギリスでエリザベス1世即位
1560		桶狭間の戦い		
			1571	レパント（沖）の海戦
1573	安土桃山	織田信長が将軍足利義昭を追放，室町幕府滅亡		
1575		長篠合戦		
1582		本能寺の変		
1588		豊臣秀吉が刀狩令発布	1588	アルマダ海戦
1590		豊臣秀吉が全国を統一		
1592 ～93		文禄の役		
1597 ～98		慶長の役		
1600		関ヶ原の戦い	1600	イギリス，東インド会社設立
			1602	オランダ，東インド会社設立
1603	江戸	徳川家康が征夷大将軍となり，江戸幕府を開く		
1605		徳川秀忠が2代将軍に就任		
1614		大坂冬の陣┐大坂の役（陣）		
1615		大坂夏の陣┘		
		武家諸法度制定	1618 ～48	三十年戦争
1637 ～38		島原・天草一揆	1628	イギリスで権利の請願
1639		ポルトガル船の来航禁止		
1641		オランダ商館を出島に移し，鎖国完成	1640 ～60	イギリス（ピューリタン）革命

日本の動き			世界の動き	
			1643	ルイ14世即位
			1644	明滅亡
			1648	ウェストファリア条約
			1661	フランスでルイ14世が親政開始
1669		シャクシャインの戦い		
			1683	清の中国統一完成
1685		生類憐みの令制定		
			1688～89	イギリスで名誉革命
			1689	イギリスで権利の章典
			1701～13	スペイン継承戦争
1709～16		新井白石による正徳の政治		
1715		海舶互市新例		
1716～45		徳川吉宗による享保の改革		
			1740～48	オーストリア継承戦争
1742	江戸	公事方御定書制定		
			1757	プラッシーの戦い
1772～86		田沼意次の政治		
			1775～83	アメリカ独立戦争
			1776	アメリカ独立宣言
1782～87		天明の飢饉		
1787～93		松平定信による寛政の改革		
			1789～99	フランス革命
			1789	フランス人権宣言
1792		ロシアのラクスマンが根室に来航		
1804		ロシアのレザノフが長崎に来航	1804	ナポレオンが皇帝となる
1808		フェートン号事件		
			1814～15	ウィーン会議
1825		異国船打払令発布	1815	ワーテルローの戦い
1828		シーボルト事件	1830	フランスで七月革命
1837		大坂で大塩の乱，モリソン号事件		
			1840～42	中国でアヘン戦争
1841～43		水野忠邦による天保の改革		
1842		天保の薪水給与令	1842	南京条約
			1848	フランスで二月革命
			1851～64	中国で太平天国の乱

日本の動き			世界の動き	
1853		ペリーが浦賀に来航	1853～56	クリミア戦争
1854		日米和親条約締結		
			1856～60	アロー戦争
	江		1857～59	インド大反乱（シパーヒーの反乱）
1858		日米修好通商条約締結，安政の大獄（～59年）	1858	ムガル帝国滅亡
1860		桜田門外の変		
			1861	イタリアの統一
	戸		1861～65	アメリカ南北戦争
1862		生麦事件		
1863		薩英戦争	1863	アメリカで奴隷解放宣言
1864		四国艦隊下関砲撃事件		
1866		薩長連合（同盟）		
1867		大政奉還，王政復古の大号令		
1868		戊辰戦争（～69年），五箇条の御誓文		
1869		版籍奉還		
			1870～71	プロイセン＝フランス（普仏）戦争
1871		廃藩置県，日清修好条規締結	1871	ドイツ帝国の成立
1872		学制公布		
1873		地租改正，徴兵令公布		
1874		板垣退助らが民撰議院設立建白書を政府に提出		
1875		樺太・千島交換条約締結，江華島事件		
1876		日朝修好条規締結	1876	トルコ，ミドハト憲法制定
1877		西南戦争	1877～78	ロシア＝トルコ（露土）戦争
1880	明	国会期成同盟結成		
1881		板垣退助が自由党結成 国会開設の勅諭	1881～82	ウラービー（オラービー）の反乱
1882		大隈重信が立憲改進党結成	1882	三国同盟（ドイツ・オーストリア・イタリア）
			1884～85	清仏戦争
1885	治	内閣制度創設		
1886		ノルマントン号事件		
1889		大日本帝国憲法発布		
1890		第一回帝国議会開会，教育に関する勅語発布		
1894		領事裁判権撤廃	1894	朝鮮で甲午農民戦争（東学の乱）
1894～95		日清戦争		
1895		下関条約締結，三国干渉		
			1898	ファショダ事件，アメリカ＝スペイン（米西）戦争
			1900～01	中国で義和団戦争（事件）
1902		日英同盟締結		

日本の動き		
1904〜05	明治	日露戦争
1905		ポーツマス条約締結
1910		大逆事件，韓国併合
1911		関税自主権の回復
1914	大正	第一次世界大戦に参戦
1915		中華民国の袁世凱政府に対し，二十一カ条の要求
1918		シベリア出兵，米騒動，原敬内閣成立
1920		国際連盟加盟
1923		関東大震災
1925		普通選挙法・治安維持法制定
1931	昭和	柳条湖事件により満州事変勃発
1932		五・一五事件
1933		国際連盟脱退通告
1936		二・二六事件
1937		盧溝橋事件
1937〜45		日中戦争
1938		国家総動員法制定
1940		日独伊三国同盟締結，大政翼賛会設立
1941〜45		太平洋戦争
1945		広島・長崎に原爆投下，ポツダム宣言受諾
1946		日本国憲法公布

世界の動き	
1904	英仏協商
1907	三国協商（イギリス・フランス・ロシア）
1911〜12	中国で辛亥革命
1912	中華民国建国，清滅亡
1914〜18	第一次世界大戦
1917	ロシア革命
1919	ヴェルサイユ条約調印 中国で五・四運動，朝鮮で三・一独立運動，ガンディーの反英不服従運動，ワイマール憲法制定
1920	国際連盟発足
1922	イタリアでムッソリーニのファシスト政権成立 ソヴィエト社会主義共和国連邦成立 オスマン帝国滅亡
1929	世界恐慌に陥る
1933	ドイツでヒトラーのナチ党政権成立
1939〜45	第二次世界大戦
1941	大西洋憲章発表
1945	ヤルタ会談，国際連合発足
1947	インドがイギリスから独立
1949	中華人民共和国成立

日本の動き			世界の動き	
	昭和		1950〜53	朝鮮戦争
1951		サンフランシスコ平和条約締結，日米安全保障条約締結		
1954		自衛隊発足		
			1955	アジア＝アフリカ（バンドン）会議
1956		日ソ国交回復（日ソ共同宣言），国際連合に加盟		
			1959	キューバ革命
1960		日米新安全保障条約締結		
			1962	キューバ危機
1964		東京オリンピック・パラリンピック開催		
1965		日韓基本条約締結	1965	ベトナム戦争激化
1970		日本万国博覧会（大阪万博）開催		
1972		沖縄日本に返還，日中共同声明		
			1973	第4次中東戦争，第1次石油危機 ベトナム戦争終結
1976		ロッキード事件		
1978		日中平和友好条約締結		
			1979〜89	ソ連，アフガニスタンに軍事介入
			1980〜88	イラン＝イラク戦争
1989	平成	消費税税率3％で導入	1989	ベルリンの壁撤去 マルタ会談（東西冷戦の終結宣言）
			1990	東西ドイツの統一
1991		牛肉・オレンジ輸入自由化	1991	湾岸戦争，ソ連邦の解体
1992		PKO協力法制定		
1993		55年体制崩壊	1993	EU（欧州連合）発足
1995		阪神・淡路大震災		
1997		消費税税率5％に引き上げ	1997	香港，中国に返還
			1999	マカオ，中国に返還
2001		中央省庁再編	2001	アメリカで同時多発テロ 中国WTOに加盟
			2003	イラク戦争，フセイン政権崩壊
2006		教育基本法の改正		
2011		東日本大震災	2011	南スーダン独立
2014		消費税税率8％に引き上げ		
2019		消費税税率10％に引き上げ		

3

地理

Open Sesame

1 人類と地球

●ポイント

地球・地図に関する基本的知識が問われる。出題されるパターンは世界の中の日本という視点で問われるケースがほとんどなので，日本の国土の特徴を地球・地図の特徴と関連付けて理解していくとよいだろう。

1 地球

Point Check

1 **赤道の通る国々**	▶インドネシア，ケニア，コンゴ民主共和国，エクアドル，コロンビア，ブラジルなど。
2 **時差**	▶イギリスの本初子午線を基準として，経度15度ごとに1時間の差が生じる。
3 **正距方位図法**	▶地図の中心から任意の地点までの方位と距離が正しい図法。
4 **メルカトル図法**	▶地図上の任意の2点間が等角航路（直線）で示される図法。

(1) 地球のすがた

① 大きさ

地球は東西（赤道方向）にやや膨らんだ球形で，**全周（赤道の長さ，子午線の長さ）は約4万km**，表面積は約5.1億km^2である。約80億人（2022年）の人々が生活している。

② 陸地と海洋

陸地と海洋の面積の比率は**3：7**で海洋の面積の方が大きい。南半球より北半球の方が陸地の面積が広くなっている。

1）五大陸

ユーラシア大陸，アフリカ大陸，北アメリカ大陸，南アメリカ大陸，オーストラリア大陸の5つの大陸のこと。南極大陸を加えて六大陸という場合もある。

2）三大洋

太平洋，大西洋，インド洋の3つの海洋。

※日本海やオホーツク海などは付属海という。

(2) 経線と緯線

① 経線

北極点と南極点を結ぶ線のこと。イギリスのロンドン郊外にある旧グリニッジ天文台を通る線を**0度（本初子午線）**として経度で表される。東と西へそれぞれ180度まである（東経○度，西経○度という）。

② 緯線

赤道と平行に引かれた線のこと。赤道を0度として緯度で表される。北と南へそれぞれ90度まである（北緯○度，南緯○度という）。北極点は北緯90度，南極点は南緯90度である。

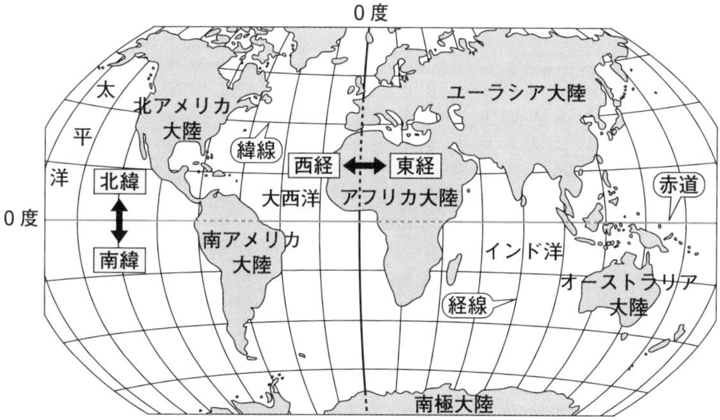

〈五（六）大陸，三大洋と経度・緯度〉

※赤道の通る国々…インドネシア，ケニア，コンゴ民主共和国，エクアドル，コロンビア，ブラジルなど。

(3) 標準時と時差

① 標準時

国や地域ごとに基準となる経線を決めて，その国の標準時を決定している。本初子午線のあるイギリスの時刻を基準として，日本は**兵庫県明石市などを通る東経135度が標準時子午線**である。

※東西に国土の広い国ではいくつかの標準時が設定される。例えば，アメリカ合衆国では6つ，オーストラリアでは3つの標準時が存在する。

② 日付変更線

太平洋上にある経度180度の経線にほぼ沿って引かれている。この線を**東から西に越えるときは日付を1日早め，西から東へ越えるときには日付を1日遅らせる**。

③ サマータイム

中・高緯度地域では，夏の長い日照時間を有効に活用するために標準時より1時間時刻を早める制度を採用している。イギリスをはじめヨーロッパ諸国では3月下旬～10月下旬に実施される。

④ **時差**

1）時差の意味

1日24時間で地球は1回転（360度回転）するので，1時間では15度回転する。このため，地球上では**経度15度ごとに1時間の時間のずれ（時差）**が生じる。日付変更線をまたがずに位置関係をみたとき，**東側にある方が時間が早く，西側にある方が時間が遅い**。

2）時差の計算

> 日本が1月1日午前0時のときのイギリス（ロンドン）の日時

イギリス（標準時子午線は0度）と日本（標準時子午線は東経135度）とでは，経度差が135度であるから，135÷15=9　より9時間の時差がある。イギリスは日本より西にあるので，日本の時刻から9時間遅らせればよい。

したがって，イギリスの時刻は，12月31日午後3時となる。

> 日本を1月1日午前0時に出発し，12時間かけてニューヨーク（西経75度）に到着したときのニューヨークの日時

西経75度のニューヨークと東経135度の日本とでは，75+135=210　で，210度の経度差があり，210÷15=14　で，14時間の時差があることがわかる。12時間かかってニューヨークに到着したときの日本の時刻は，1月1日午後0時。ニューヨークの方が時間が遅いため，ここから14時間遅らせればよい。

したがって，ニューヨークの時刻は，12月31日午後10時となる。

(4) 世界地図

① 正距方位図法

地図の**中心から任意の地点**までの**方位と距離が正しい**図法。図の中心から任意の点までの直線は**大圏航路**(大圏コース，2点間の最短経路)となるため，主に**航空図**として利用される。図の中心から離れるほど，面積や形のひずみが大きい。

② メルカトル図法

緯線と経線が直角に交わり，**角度が正しく示される**図法。任意の2点間の直線が**等角航路**(等角コース)で示されるため，主に**航海図**として利用される。高緯度地方ほど面積・距離のゆがみが大きい。

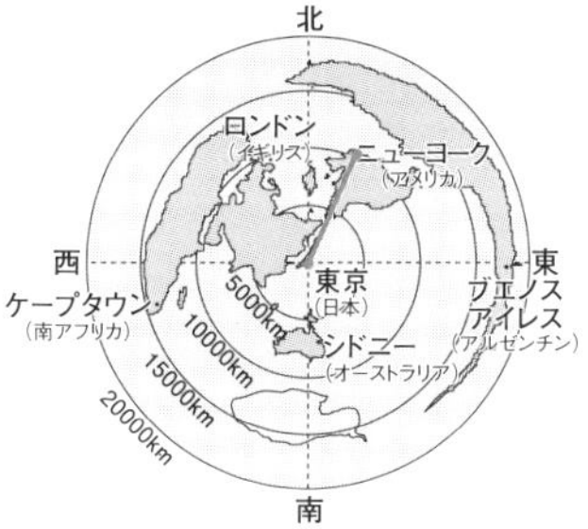

〈正距方位図法(東京中心)〉

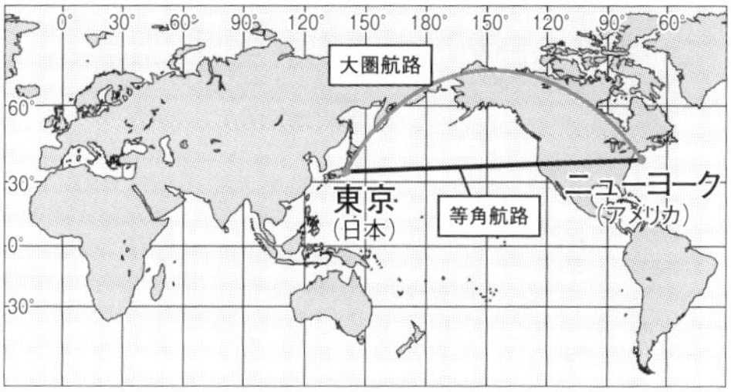

〈メルカトル図法〉

※東京・ニューヨーク間の大圏航路は，正距方位図法では直線，メルカトル図法では曲線で示される。

③ グード図法(ホモロサイン図法)

低緯度地方をサンソン図法で，高緯度地方をモルワイデ図法で描いたもの。陸地の形のひずみが小さい。

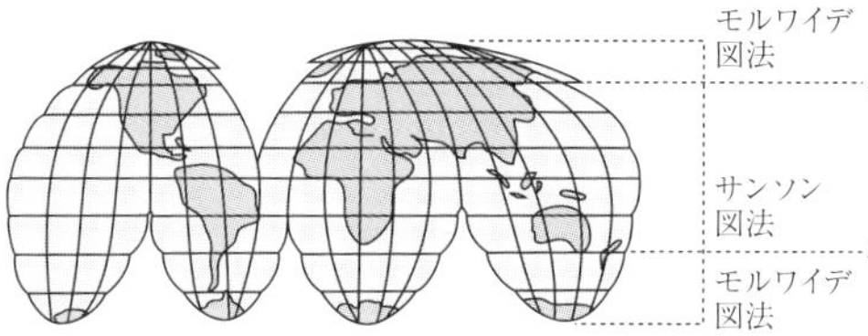

〈グード図法〉

●**正積図法**……地球上の面積を地図上に正しく表す図法。サンソン図法やモルワイデ図法，グード図法など。分布図(ドットマップ)などに利用される。

(5) 世界の国々

① 国土面積の大きい国と小さい国

国土面積の大きい国

第1位	**ロシア**	日本の約45倍
第2位	**カナダ**	日本の約26倍
第3位	**アメリカ**	日本の約26倍
第4位	**中国**	日本の約25倍
第5位	**ブラジル**	日本の約22倍

※日本の面積は約38万km^2。

国土面積の小さい国

第1位	**バチカン市国**
第2位	モナコ
第3位	ナウル
第4位	ツバル
第5位	サンマリノ

② 世界の面積の大陸別割合（2021年）

	面積
	%
アジア	23.9
アフリカ	22.8
ヨーロッパ	17.0
北アメリカ	16.4
南アメリカ	13.4
オセアニア	6.5
世界計	100

（地理データファイル2023）

③ 国境

1）自然的国境

山脈や河川，海洋など自然の境界を利用した国境。スイスとイタリア（アルプス山脈），チリとアルゼンチン（アンデス山脈），タイとラオス（メコン川），アメリカとメキシコ（リオグランデ川）など。

2）数理的国境

経線や緯線を利用した国境。**人為的国境**の一つ。アメリカとカナダ（北緯49度），エジプトとリビア（東経25度）など。

2 世界の地形

Point Check

1	**環太平洋造山帯**	▶新期造山帯のうち，日本列島の属する造山帯。
2	**扇状地**	▶河川が山地から平地に流れ出るところに形成される傾斜の緩やかな扇形の地形。扇央は果樹園や畑として，扇端は水田や集落として利用される。
3	**三角州**	▶河川が海に注ぐところに土砂が堆積して形成される低平な三角形の土地。
4	**リアス(式)海岸**	▶山地が海に沈降してできた入り江の複雑な海岸。
5	**フィヨルド**	▶氷河に侵食された谷に海水が入り込んでできた，深い入り江。

(1) 世界の山地帯

古期造山帯	古い時代にできた山地帯。比較的緩やかな起伏をなしている山地が多い。**ウラル山脈**や**アパラチア山脈**など。
新期造山帯	比較的新しい時代に形成された山地帯。造山活動が現在も続いているため，地震や火山の噴火が多く，山地の起伏は大きい。ユーラシア大陸南部を東西に走る**アルプス＝ヒマラヤ造山帯**と，太平洋をとりまく形の**環太平洋造山帯**がある。

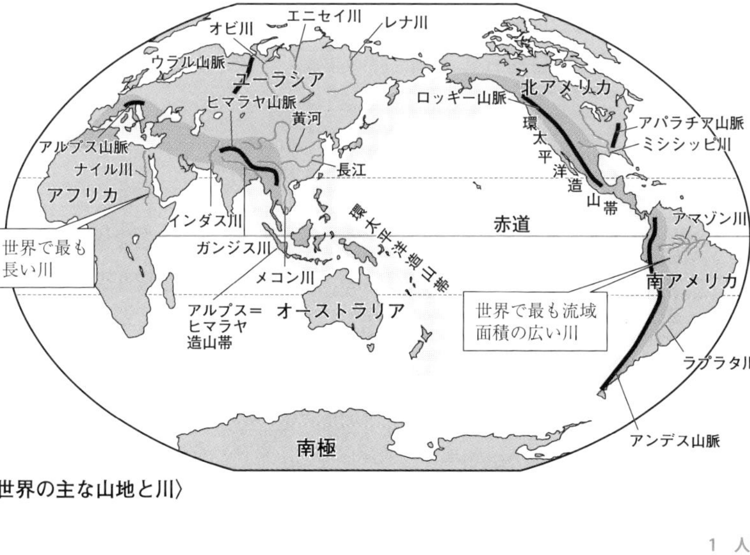

〈世界の主な山地と川〉

(2) 世界の平地

① 侵食平野…侵食作用によって形成された平野

ケスタ地形	一方が急崖で，他方が緩斜面である非対称の丘陵。 〔代表例〕パリ盆地，ロンドン盆地

② 堆積平野…河川や海の堆積によって形成された平野

1）**沖積平野**…河川の侵食作用によって形成された平野

扇状地	**河川が山地から平地に出るところ**に砂礫が堆積して形成される**傾斜の緩やかな扇形の地形**。**扇央**は水利に恵まれないため**果樹園や畑**として，**扇端**は湧水があり**水田や集落**として利用される。 〔代表例〕甲府盆地（山梨県），松本盆地（長野県）
三角州（デルタ）	**河川が海や湖に注ぐところ**に土砂が堆積して形成される**低平な三角形の土地**。水田に利用されるほか，集落も発達している。 〔代表例〕ミシシッピ川，長江，ナイル川
氾濫原	河川の氾濫により形成。河川は**蛇行**。**三日月湖**がみられる。土砂が堆積してできた河岸の微高地（**自然堤防**）は畑・集落・道路，その背後の低湿な**後背湿地**は水田に利用される。

2）**洪積台地**…沖積平野や海岸平野などが隆起して形成された台地

河岸段丘	河川の両岸に発達した階段状の地形。陸地の隆起と河川の侵食によって形成される。
海岸段丘	海岸に沿って分布する階段状の台地。かつて海底であったものが隆起して形成される。 〔代表例〕室戸岬（高知県），房総半島南部（千葉県）

(3) 海岸地形

① 沈水海岸

リアス（式）海岸	**山地・丘陵が海に沈んでできた，入り江の複雑な海岸**。 〔代表例〕スペイン北西部海岸，**三陸海岸**，**志摩半島**，若狭湾
フィヨルド	**氷河に侵食された谷（U字谷）に海水が入り込んでできた，深い入り江**。日本にはみられない。 〔代表例〕**ノルウェー**，チリ南部，ニュージーランド南島

② その他の海岸

ラグーン（潟湖）	沿岸流などによって形成された堆積地形が，海から切り離されてできた水域。 〔代表例〕サロマ湖（北海道），八郎潟（秋田県）
砂嘴	半島の先端や岬から海に突き出した，細長いくちばし状の地形。 〔代表例〕三保松原（静岡県），野付崎（北海道）

(4) **氷河地形**…氷河の侵食によってつくられた地形

カール	氷河の侵食によって山地の傾斜に生じた半円形のくぼ地。
モレーン	氷河によって運ばれた礫・砂・粘土などの岩屑が堆積して形成された堤防状の地形。

(5) **海底地形**

大陸棚	海岸から緩やかに傾斜しながら続く**水深200mまで**の海底部分。プランクトンが多く好漁場を形成している。特に浅い部分をバンク（浅堆）という。
大洋底	水深3,000～6,000mの平坦な深海底。
海溝	水深6,000m以上の狭く，深く入り込んだ深海。

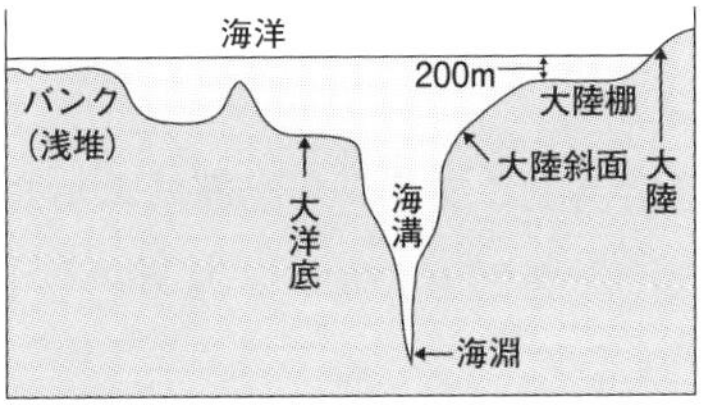

〈海底地形〉

※大洋底が全海底面積の約80％を占め，海溝は1％あまり。

(6) **その他の地形**

カルデラ	火山の中心部に形成された，ほぼ円形の大きなくぼ地。噴火後に火口周辺が崩壊・沈没して形成される。 〔代表例〕**阿蘇山**（熊本県）
カルスト地形	石灰岩の溶食によって形成された地形。地表に生じたくぼ地を**ドリーネ**という。 〔代表例〕**秋吉台**（山口県），平尾台（福岡県），カルスト地方（スロベニア）

3 世界の気候

Point Check

1 **レグール（土）** ▶インドのデカン高原に分布する肥沃な黒色土。

2 **テラロッサ** ▶地中海沿岸に多く分布する，石灰岩が風化してできた赤色土。

3 **偏西風** ▶1年を通して中緯度高圧帯から高緯度低圧帯に向けて吹く西寄りの風。温和な気候をもたらす。

4 **ステップ気候** ▶長い乾季と短い雨季。雨季には短い草や低木が育ち，ステップとよばれる草原となる。

5 **地中海性気候** ▶夏は高温で乾燥，冬は偏西風の影響で温暖湿潤。

6 **西岸海洋性気候** ▶偏西風と暖流の影響を受けるため，冬でも温暖で気温の年較差が小さい。

(1) 世界の土壌

レグール（土）	肥沃な黒色土。インドの**デカン高原**に分布し，**綿花**栽培に適する。
テラロッサ	石灰岩が風化してできた赤色土。**地中海沿岸**に多く分布する。
テラローシャ	暗紫色土。**ブラジル高原**にみられ，**コーヒー**栽培に適する。
プレーリー土	肥沃な黒色土。北アメリカのプレーリーに分布し，農業に適する。
チェルノーゼム	肥沃な黒色土。ウクライナから西シベリアにかけて分布し，小麦の生産地となっている。
黄土（レス）	風によって運ばれた細砂や粘土が堆積してできた風積土。中国北部やヨーロッパ中部，北アメリカ中央部などに分布する。
ポドゾル	酸性が強い灰白色土。タイガ地域に分布し，農業には不向きである。
ラテライト（ラトソル）	酸性が強い赤色土。熱帯から亜熱帯に分布し，農業には不向きである。

(2) 世界の気候

主な気候区		特色	主な地域・都市
熱帯	**熱帯雨林気候**（Af）	年中高温多雨。**スコール**（にわか雨）が降る。常緑広葉樹の密林（ジャングル，セルバ）が茂る。 〔主な地域・都市〕アマゾン川流域，シンガポール，クアラルンプール	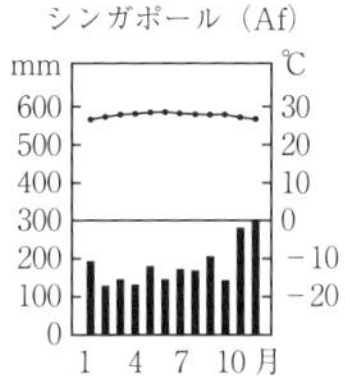
	サバナ気候（Aw）	年中高温であるが，雨季と乾季がある。サバナ（リャノ，カンポ）とよばれる草原が広がる。 〔主な地域・都市〕ブラジル高原，バンコク，ホーチミン，ダーウィン	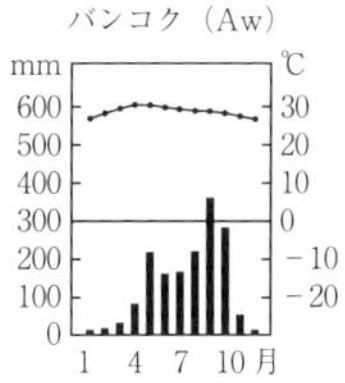
乾燥帯	**砂漠気候**（BW）	降雨がほとんどなく，岩石や砂の土地が広がる。オアシスにのみ草や樹木が生育。 〔主な地域・都市〕南北半球の回帰線付近，カイロ，リヤド，ラスベガス	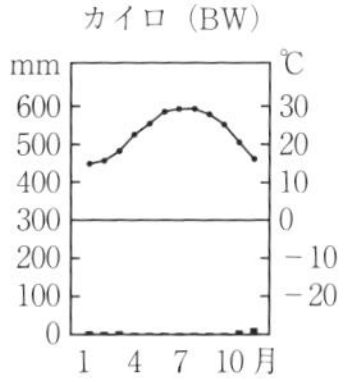
	ステップ気候（BS）	長い乾季と短い雨季。短い草や低木が育ち，ステップとよばれる草原になる。 〔主な地域・都市〕砂漠気候区周辺，テヘラン，ラホール，ウランバートル	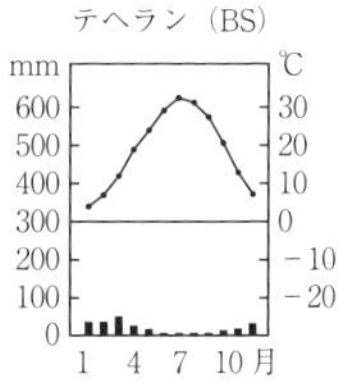
温帯	**地中海性気候**（Cs）	夏は高温で乾燥し，冬は偏西風の影響を受け温暖湿潤。オリーブ・コルクがしなどが栽培される。 〔主な地域・都市〕地中海沿岸，ローマ，サンフランシスコ，パース	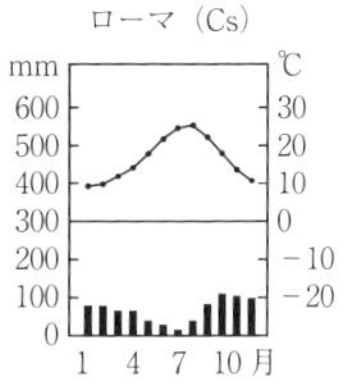
	温暖湿潤気候（Cfa）	季節風の影響を受け，夏は高温で雨が多い。冬は低温で乾燥。四季の変化が最も明瞭。 〔主な地域・都市〕大陸東岸，東京，上海，ブエノスアイレス，シドニー	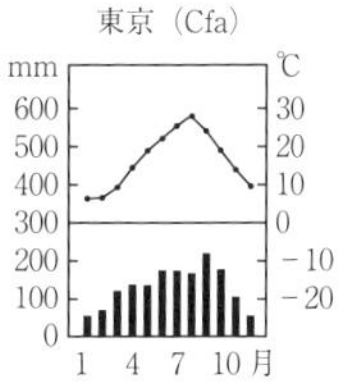

温帯	**西岸海洋性気候** （Cfb）	偏西風などの影響により，適度な降水量がある。夏涼しく冬温暖。 〔主な地域・都市〕ヨーロッパ中～高緯度西部，パリ，ロンドン，メルボルン	パリ（Cfb） 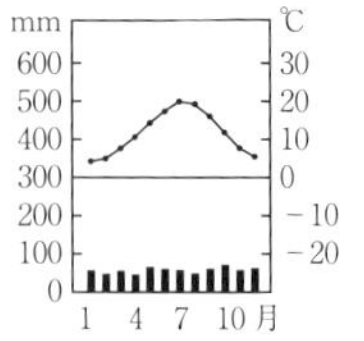
亜寒帯（冷帯） （D）		夏は短く雨が降り気温も高くなるが，冬はかなり低温。針葉樹林帯（タイガ）がみられる。 〔主な地域・都市〕北半球の北部，シカゴ，モスクワ，札幌	モスクワ（Dfb） 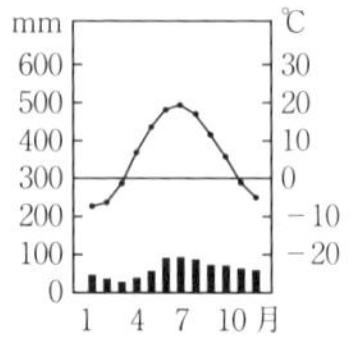
寒帯	**ツンドラ気候** （ET）	月平均気温が最暖月でも10℃未満。短い夏の間だけ地表の氷雪が溶け，コケ類や小低木が育つ（ツンドラ）。 〔主な地域・都市〕ユーラシア大陸北部，グリーンランド沿岸	バロー（ET） 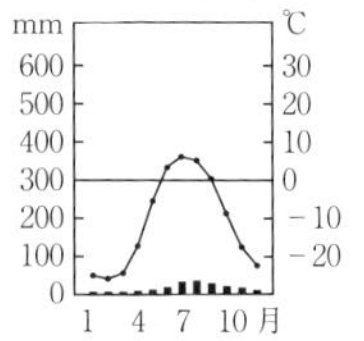
	氷雪気候 （EF）	月平均気温が最暖月でも0℃未満。年中，氷雪に閉ざされ，植物は育たない。ほとんどが非居住地域。 〔主な地域・都市〕南極大陸，グリーンランド内陸部	昭和基地（EF） 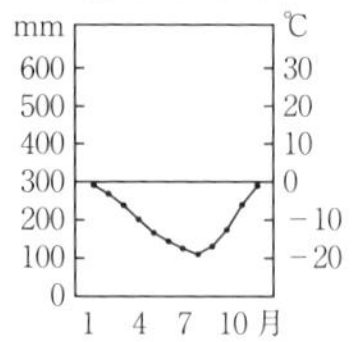
高山気候 （H）		温帯や熱帯の高地にみられる気候で，気温や気圧が低く，年較差が小さい。 〔主な地域・都市〕アンデス山脈，アディスアベバ，ラサ，クスコ，ラパス	ラパス（H） 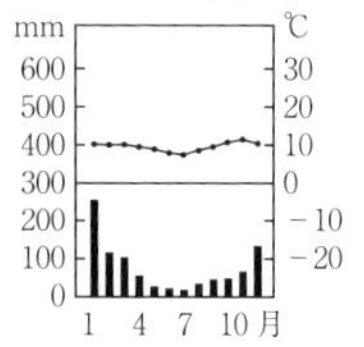

※厳密には，熱帯にはこのほかに熱帯モンスーン気候（弱い乾季のある熱帯雨林気候，Am）があり，温帯にはこのほかに温暖冬季少雨気候（温帯夏雨気候，Cw）がある。また，亜寒帯（冷帯）は亜寒帯（冷帯）湿潤気候（Df），亜寒帯（冷帯）冬季少雨気候（冷帯夏雨気候，Dw）に分類できる。高山気候はケッペンの気候区分では分類されないため，他の気候区分と重複する。

〈熱帯気候の分布〉

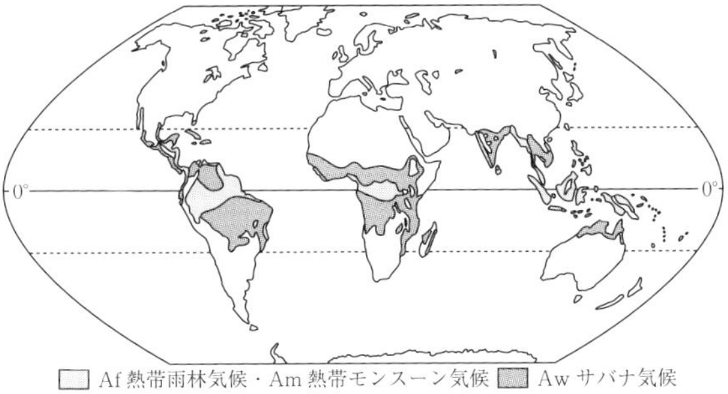

〈乾燥帯気候の分布〉

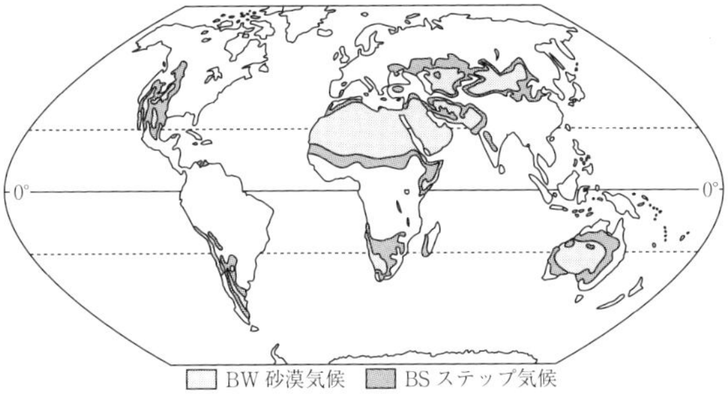

〈温帯気候の分布〉

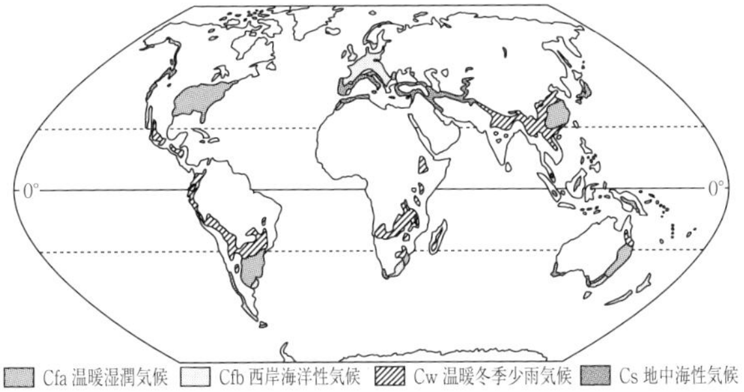

〈冷帯・寒帯気候の分布〉

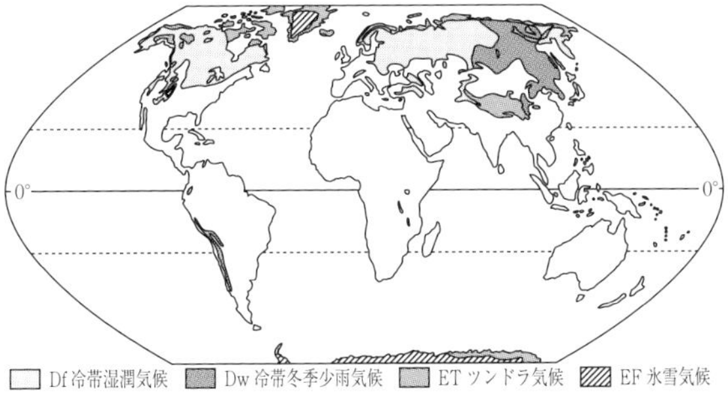

4 日本のすがた

Point Check

1	**日本の国土面積**	▶約38万km²。
2	**フォッサマグナ**	▶日本列島を東北日本と西南日本に分ける大地溝帯。
3	**北西季節風**	▶冬に日本海側に大雪をもたらす。
4	**日本海岸気候**	▶雪が降るため，冬の降水量が多い。
5	**瀬戸内気候**	▶気温の年較差が小さく温暖で，年中少雨。

(1) 日本の領域

① 日本の国土

本州，北海道，九州，四国の四大島と，そのまわりの7,000あまりの小島からなる。南北に長く，北海道から沖縄まで約3,000kmに及ぶ。

② 国土面積

日本の国土面積は約**38万km²**，その**4分の3**が**山地**となっている。ドイツとほぼ同じで，ヨーロッパのほとんどの国より大きい。

〈日本の領域〉

③ 日本の端

北端	**択捉島**
南端	**沖ノ鳥島**（東京都）
東端	**南鳥島**（東京都）
西端	**与那国島**（沖縄県）

④ 日本の領土問題

歯舞群島，**色丹島**，**国後島**，**択捉島**の4島からなる**北方領土**は，第二次世界大戦後，ソ連（現ロシア）が占拠しており，日本は返還を要求している。韓国との間では**竹島**，中国・台湾との間では**尖閣諸島**をめぐる対立がある。

〈北方領土〉

⑤　日本の領海

領海は12海里以内。領海の外側で，沿岸から**200海里**以内の水域を**排他的経済水域**（**EEZ**）といい，沿岸国が水産資源や鉱産資源を優先的に利用する権利をもち，他国の利用は制限される。日本は離島が多いため，国土面積の約10倍以上の広さがある。

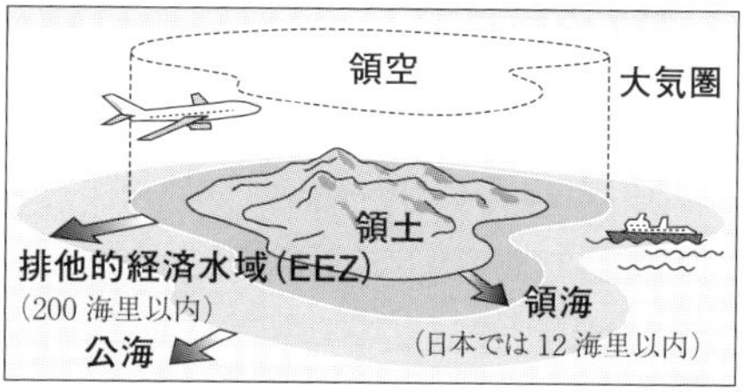

〈領土・領海・領空の区分〉

※**国連海洋法条約による「島」の定義**…「島とは，自然に形成された陸地であって，水で囲まれ，高潮時においても水面上にあるものをいう。」(第121条第1項)

⑥　日本の位置

およそ**東経122～154度**，**北緯20～46度**の範囲にある。

日本と同経度の国	ロシア，インドネシア，オーストラリア　など
日本と同緯度の国	韓国，トルコ，イタリア，スペイン，アメリカ　など

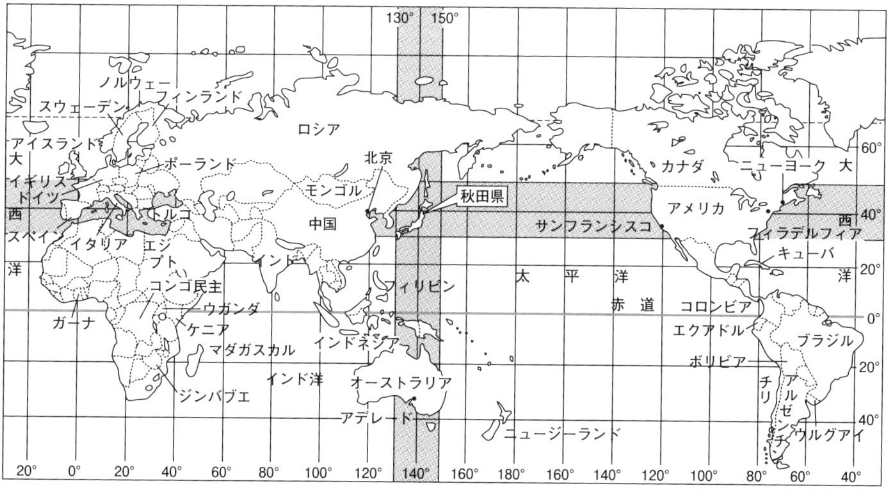

※日本の標準時である東経135度の経線は，ニューギニア島の西部，オーストラリア中央部を通る。

(2) 日本の地形

① 日本の地形の特色

国土の**4分の3が山地**で，一般に，川の長さは短く，流れが急である。

② プレート

日本列島付近は，**太平洋プレート，フィリピン海プレート，ユーラシアプレート，北アメリカプレート**という4つのプレート（地球の表面をおおう板状の岩盤）が接し，海洋のプレートが大陸のプレートにもぐり込む形で海溝などが成立している。そのため，火山や地震が多い。

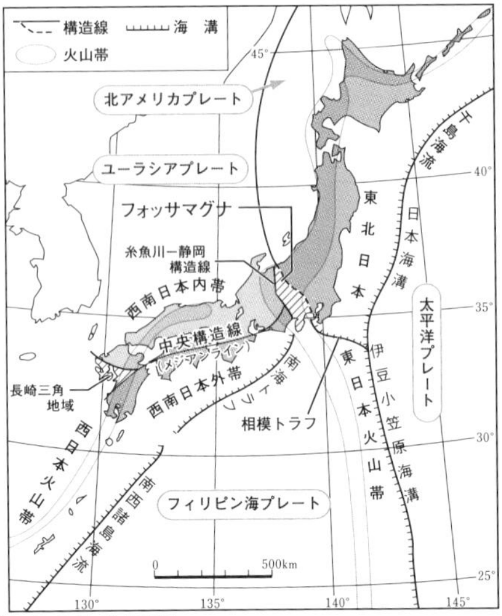

〈日本の地体構造〉

③ 日本の地体構造

フォッサマグナ （**大地溝帯**）	日本列島を**東北日本**と**西南日本**に分ける地溝。西縁は**糸魚川－静岡構造線**。
中央構造線 （**メディアンライン**）	フォッサマグナによって分けられた西南日本を，日本海側の**内帯**と太平洋側の**外帯**に分ける断層線。

④ 海流

海流には，低緯度地方から高緯度地方に向かって流れる**暖流**と，高緯度地方から低緯度地方に向かって流れる**寒流**がある。

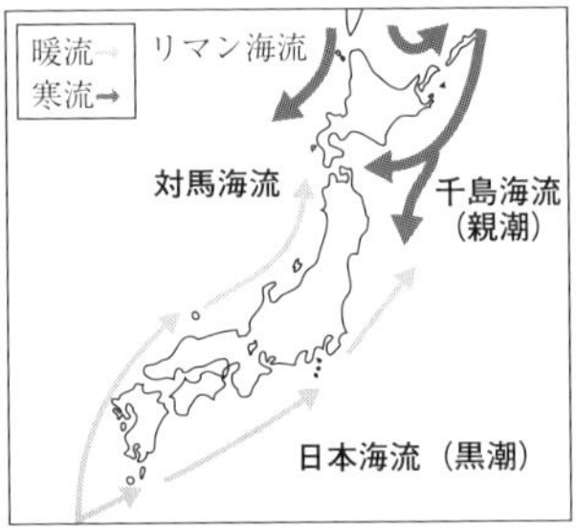

(3) 日本の気候

① 日本の気候の特徴

北海道は冷帯で，それ以外は温帯（温暖湿潤気候）に属する。季節風のほか，6～7月頃の梅雨，夏から秋にかけての台風により，降水量が比較的多い。

南東季節風	**夏に太平洋**から吹く季節風。太平洋側は蒸し暑く雨が多くなる。
北西季節風	**冬に日本海**から吹く季節風。日本海側に大雪をもたらす一方，太平洋側は乾燥し，晴天の日が続く。

※からっ風…冬の間，関東地方に強く吹く，乾燥した季節風のこと。

※やませ…初夏に北海道・東北北東部で発生する冷たい北東風のこと。冷害の原因となり，農作物に被害を与える。

② 日本の気候区分

北海道の気候	冷帯(亜寒帯)に属し，夏は短く，冬は長くて寒さが厳しい。年間降水量は少なく，梅雨はほとんどみられない。
日本海側の気候	冬は北西季節風の影響で雪やくもりの日が多く，降水量が多い。
内陸の気候	年間の降水量が少なく，気温の年較差が大きい。
太平洋側の気候	夏は湿った南東季節風の影響で高温多雨となる。冬は北西季節風の風下にあたり，快晴の日が多く乾燥する。
瀬戸内の気候	夏・冬とも季節風が山地でさえぎられるため，1年を通して快晴の日が多く，降水量が少ない。冬も比較的温暖。
南西諸島の気候	亜熱帯性の気候で，年間降水量が多く，冬でも温暖である。

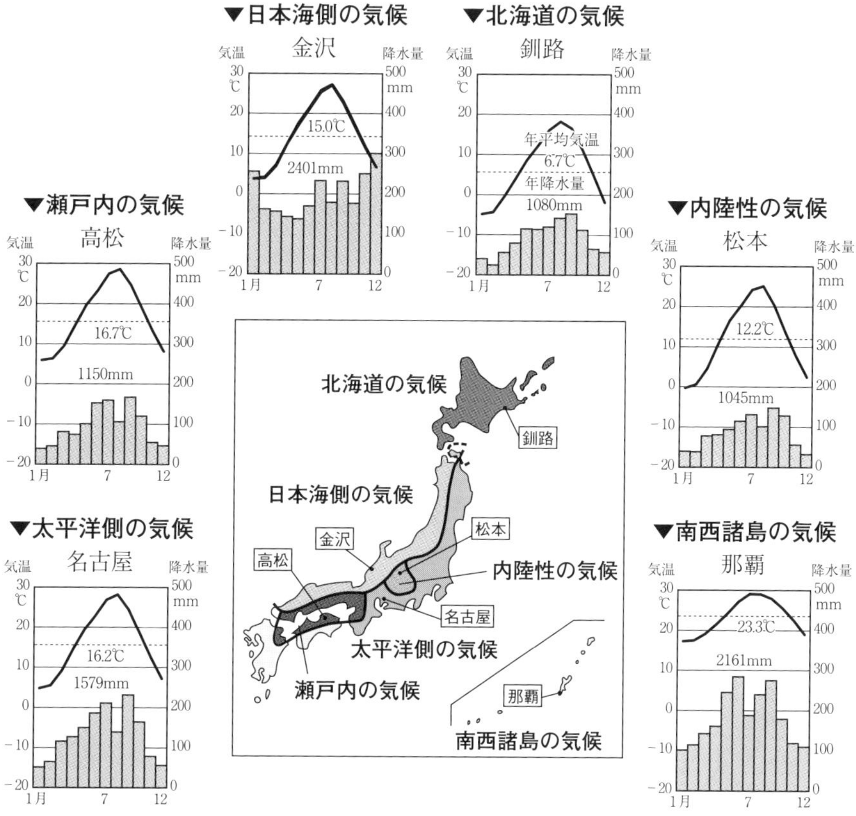

※1991～2020年の平均値

5 地形図の読み方

Point Check

1 実際の距離の出し方 ▶地図上の長さ×縮尺の分母

2 等高線と傾斜 ▶等高線の間隔が広いところは傾斜が緩やか，せまいところは急。

(1) 地形図

地形図とは，地表の起伏や地表に分布する事物をわかりやすく表現した縮尺図をいう。日本の地形図は，国土交通省の国土地理院が作成している。2万5千分の1地形図と5万分の1地形図がよく利用される。

(2) 縮尺

縮尺の分母の数が小さいほど実際の距離に近く，詳しく表わされた地形図である。2万5千分の1地形図は5万分の1地形図より縮尺が大きい。実際の距離は以下のように表わされる。

実際の距離＝地図上の長さ×縮尺の分母

(3) 等高線と傾斜

等高線の間隔が**広い**ところは傾斜が**緩やか**で，**せまい**ところは傾斜が**急**。

(4) 等高線と谷・尾根

等高線が山地の高い方へくい込んでいるところが谷で，山地の低い方へはり出しているところが尾根を示す。

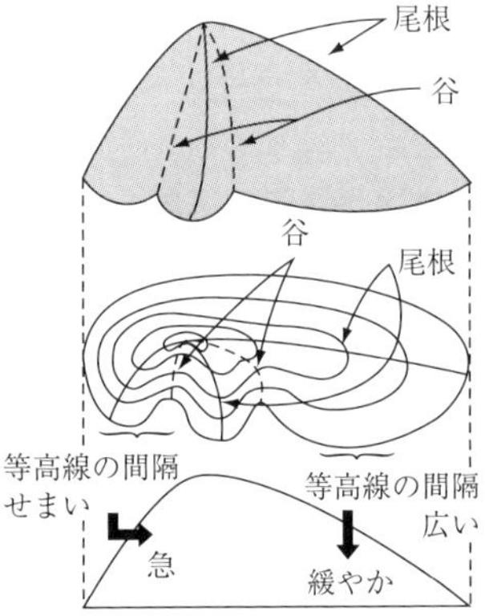

※補助曲線は，主曲線の間隔が広い場合に使用

(5) 等高線の種類

等高線	線	5万分の1	2万5千分の1
計曲線	━━	100mごと	50mごと
主曲線	――	20mごと	10mごと
補助曲線	------	10mごと	5m，2.5mごと
	………	5mごと	―

(6) 主な地図記号

土地利用	建物・施設など	
田	市役所 特別区の区役所	老人ホーム
畑	町村役場 政令指定都市の区役所	図書館
果樹園	官公署	博物館
茶畑	裁判所	神社
広葉樹林	税務署	寺院
針葉樹林	警察署	記念碑
竹林	消防署	自然災害伝承碑
笹地	郵便局	城跡
荒地	交番	史跡・名勝・天然記念物
	発電所等	温泉
	風車	採鉱地
	小・中学校	灯台
	高等学校	湾港
	病院	漁港
	保健所	三角点
		水準点

(7) 読み取り方

例 下の地形図の場合

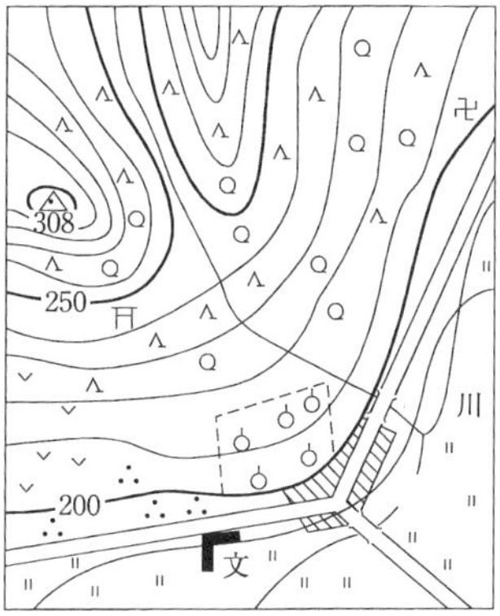

〈読み取りのポイント〉

・縮尺，実際の距離，土地利用

〈実際の読み取り〉

・計曲線（太い等高線）が50m間隔なので，2万5千分の1地形図である。

⇒地図上の3cmは，**実際の距離では，3〔cm〕×25,000**=75,000〔cm〕となり，**750m**となる。

・北西から南東に流れる河川の東側は田（水田）。

・河川が山地から平野に流れ出る中央部（扇状地の扇央部分）は，果樹園や畑になっている。

・南西には茶畑もみられる。

・三叉路付近は建物が密集している。

・西の山の頂上付近は傾斜が急である。

・神社・寺院・学校もみられる。

6 世界と日本の人口

Point Check

1. **世界の人口** ▶約80億人(2022年)。アジアが約60％を占める。
2. **人口ピラミッド** ▶性別・年齢別人口構成グラフ。
3. **日本の人口** ▶約1億2,500万人(2022年)。

(1) 世界の人口

2022年現在, **約80億人**。地域別では**アジア(59.2％)**, アフリカ(17.9％), ヨーロッパ(9.3％), ラテンアメリカ(8.3％), 北アメリカ(4.7％)の順に多い。2030年には85億人, 2050年には97億人を超えると予測されている。

(2) 人口ピラミッド

年齢別・男女別の人口構成グラフのこと。**富士山型→つりがね型→つぼ型**と推移する。

① 日本の人口ピラミッドの推移

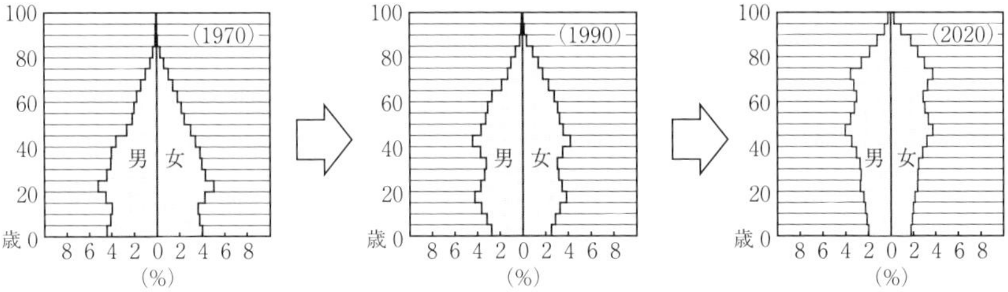

② 主な国の人口ピラミッド

中国

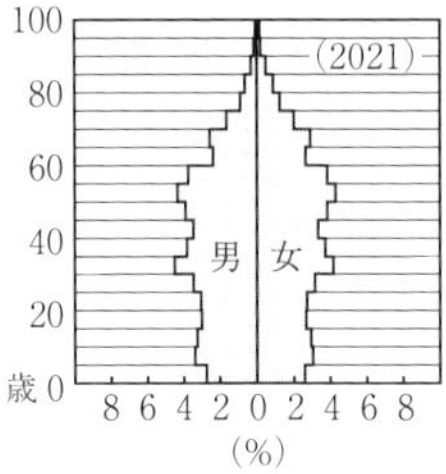

インド

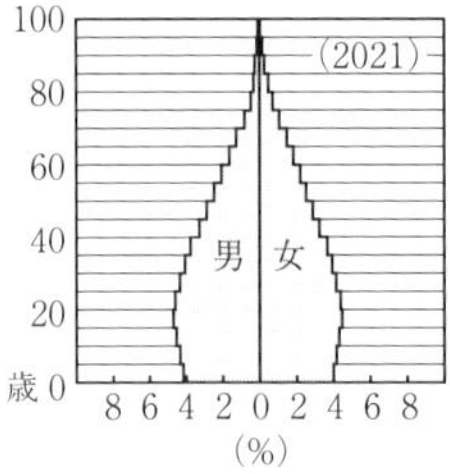

アメリカ合衆国

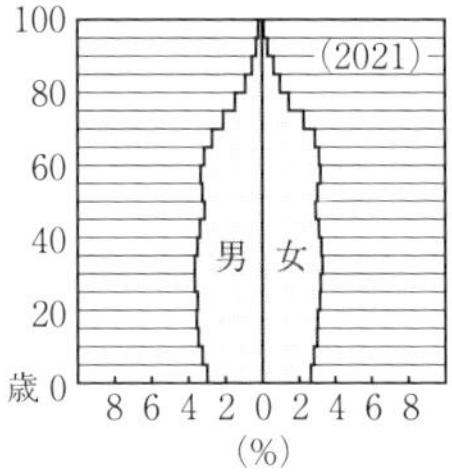

(日本国勢図会2023/24)

・先進国ほど, 65歳以上人口(高齢者人口)の割合が高い。
・発展途上国ほど, 0～14歳人口(年少人口)の割合が高い。

(3) 日本の人口と人口密度

2022年現在，日本の人口は**約1億2,500万人**で，世界第11位。人口密度は約335人／km^2で，世界平均（61人／km^2）より高い。

(4) 都道府県別人口の特徴

① 人口の多いところと少ないところ（2022年）

多い都道府県（千人）	
東京	14,038
神奈川	9,232
大阪	8,782
愛知	7,495
埼玉	7,337

少ない都道府県（千人）	
鳥取	544
島根	658
高知	676
徳島	704
福井	753

② 人口密度の高いところと低いところ（2022年）

高い都道府県（km^2/人）	
東京	6398.3
大阪	4609.4
神奈川	3820.9
埼玉	1932.0
愛知	1448.8

低い都道府県（km^2/人）	
北海道	65.5
岩手	77.3
秋田	79.9
高知	95.1
島根	98.1

（日本国勢図会 2023/24）

※参考〈**都道府県の面積**〉（2022年）

面積の大きな都道府県（km^2）	
北海道 （北方領土除く）	78,421
岩手	15,275
福島	13,784
長野	13,562
新潟	12,584

面積の小さな都道府県（km^2）	
香川	1,877
大阪	1,905
東京	2,194
沖縄	2,282
神奈川	2,416

（日本国勢図会 2023/24）

(5) 都市問題

① **スラム**

大都市中心部に低所得者層が集中し，居住環境が悪化した区域。

② **ドーナツ化現象**

都市化に伴い，大都市中心部の人口が減り，周辺部の人口が増加すること。

③ **スプロール現象**

市街地が周辺部に無秩序に拡大すること。まちづくりの弊害になることが多い。

確認問題

1　日本の標準時子午線は東経135度を通っている。日本が7月25日午前11時のとき，イギリスの日時を次から選べ。なお，サマータイムは考えないものとする。

①　7月24日午前8時　　②　7月24日午後6時

③　7月25日午前2時　　④　7月25日午後2時

2　次のような地形をそれぞれ何というか答えよ。

A　山地が海に沈んでできた，入り江の複雑な海岸。日本では三陸海岸や志摩半島などにみられる。

B　河川が海に注ぐところに土砂が堆積して形成される低平な土地。水田に利用されるほか，集落も発達している。

3　次のグラフは，右の地図に示したA～Dのいずれかの都市における月別平均気温・降水量を示したものである。このグラフが示している都市はどこか。記号で答えよ。

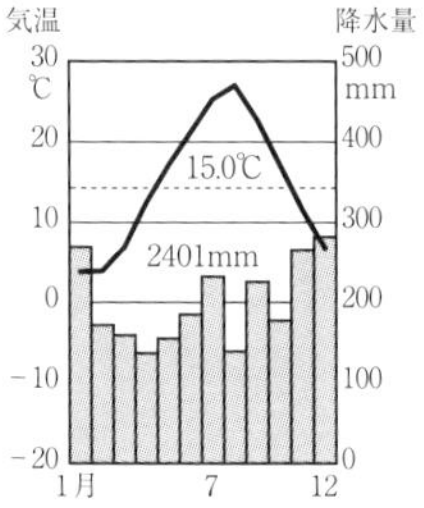

4　地図記号が示しているものは次のうちどれか。

①　果樹園　　②　茶畑　　③　針葉樹林　　④　広葉樹林

2 世界の国々と産業

●ポイント

世界各地域の地誌や産業（農業・鉱工業）については，極めて基本的な事項が問われる。人口・宗教などと総合的に出題されることが多いので，横断的な学習をこころがけよう。

1 世界の国々の特色

Point Check

1 ヨーロッパ
▶オランダ……………ポルダー（干拓地）
ドイツ………………EU最大の工業国（ルール工業地帯）
フランス……………EU最大の農業国

2 アメリカ大陸
▶アメリカ……………シリコンバレー（半導体生産中心地）
五大湖沿岸工業地域（自動車，鉄鋼など）
ブラジル……………公用語ポルトガル語
メキシコ……………銀の産出世界一（2019年）
チリ…………………銅の産出世界一（2018年）

3 アフリカ
▶南アフリカ共和国…豊富な鉱物資源（レアメタル）
アパルトヘイト廃止
ナイジェリア………アフリカ最大の人口国，産油国

4 オセアニア
▶オーストラリア……先住民アボリジニ

5 アジア
▶インド………………ヒンドゥー教，レグール（土）
マレーシア…………ブミプトラ政策
ベトナム……………ドイモイ政策
中国…………………「世界の工場」
「一帯一路」構想

(1) ヨーロッパ

※青色部分はEUに加盟している27か国（2023年6月現在）

国名	首都	主な特徴
イギリス	ロンドン	産業革命発祥地。**北海油田**の開発で石油輸出国に。2020年1月，EUから離脱。
ドイツ	ベルリン	人口・工業生産高ともにEU最大。ルール炭田とライン川の水運により**ルール工業地帯**が発展。外国人労働者問題。
フランス	パリ	EU最大の**農業国**。国土の大部分は緩やかな丘陵地や平野で，**小麦**などの穀物栽培が盛ん。**原子力発電**の比重大。
イタリア	ローマ	工業化が進む北部と，第一次産業中心の南部の格差大。
スイス	ベルン	永世中立国。国連には加盟，EUには未加盟。公用語はドイツ語，フランス語，イタリア語，ロマンシュ語の4つ。
ベルギー	ブリュッセル	首都にEU本部。公用語はオランダ（フラマン）語，フランス（ワロン）語，ドイツ語。
オランダ	アムステルダム	**ポルダー**（干拓地）で園芸農業が盛ん。ヨーロッパ最大の貿易港である**ユーロポート**周辺に臨海工業地域が発達。
スウェーデン	ストックホルム	福祉が発達。林業中心。
ロシア	モスクワ	国土面積世界最大（日本の約45倍）。地下資源が豊富。

(2) アメリカ大陸

〈アメリカ合衆国の産業〉

国名	首都	主な特徴
カナダ	オタワ	国土面積世界第2位（日本の約26倍）。公用語は英語とフランス語。**ケベック州**（フランス語圏）独立問題。
アメリカ合衆国	ワシントンD.C.	国土面積世界第3位（日本の約26倍）。世界最大の農産物輸出国。**サンベルト**に先端技術産業が集積。
メキシコ	メキシコシティ	**銀**の産出が世界有数。マヤ文明・アステカ文明。
キューバ	ハバナ	社会主義国。さとうきびの生産が盛ん。
コロンビア	ボゴタ	世界有数のコーヒー生産国。赤道直下の国。
ベネズエラ	カラカス	世界有数の産油国。マラカイボ湖油田。OPEC加盟。
ブラジル	ブラジリア	公用語は**ポルトガル語**。鉄鉱石の産出が世界有数。ブラジル高原（テラローシャ）で**コーヒー**栽培。日系人。
ペルー	リマ	銀・銅の産出が世界有数。漁業ではアンチョビーで有名。
チリ	サンティアゴ	**銅**の産出世界一。南部にフィヨルドが発達。
アルゼンチン	ブエノスアイレス	白人が大半。**パンパ**（温帯草原）で肉牛飼育が盛ん。

(3) アフリカ・オセアニア

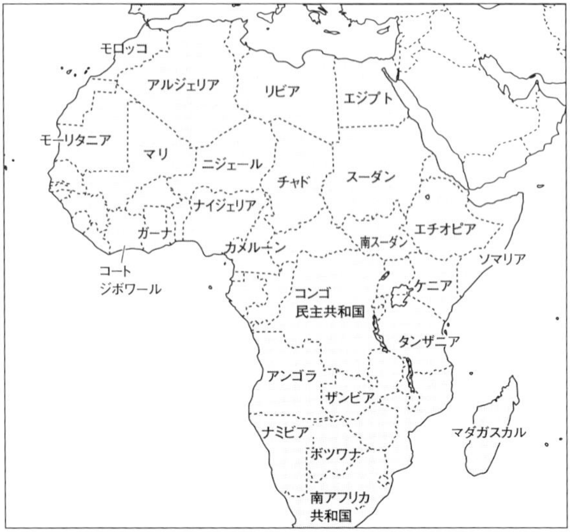

国名	首都	主な特徴
エジプト	カイロ	ナイル川下流域(ナイルデルタ)で小麦や綿花の栽培。
エチオピア	アディスアベバ	アフリカ最古の独立国。コーヒー栽培が盛ん。
ガーナ	アクラ	カカオの栽培が盛ん。ヴォルタ川の開発。
コートジボワール	ヤムスクロ	カカオ豆の生産量・輸出量世界一。
ケニア	ナイロビ	茶の生産量・輸出量世界有数。
ナイジェリア	アブジャ	アフリカ最大の人口。世界有数の産油国。OPEC加盟。
南アフリカ共和国	プレトリア	黒人に対する人種隔離政策(**アパルトヘイト**)廃止。金,ダイヤモンドのほか,クロムやマンガンなどの**レアメタル**が豊富。
オーストラリア	キャンベラ	先住民は**アボリジニ**だが,現在の国民は白人が多数。乾燥地域が広く分布。**鉄鉱石**や**ボーキサイト**など地下資源を多く産出。
ニュージーランド	ウェリントン	先住民は**マオリ**。火山や温泉が多く,地熱発電が盛ん。

(4) アジア

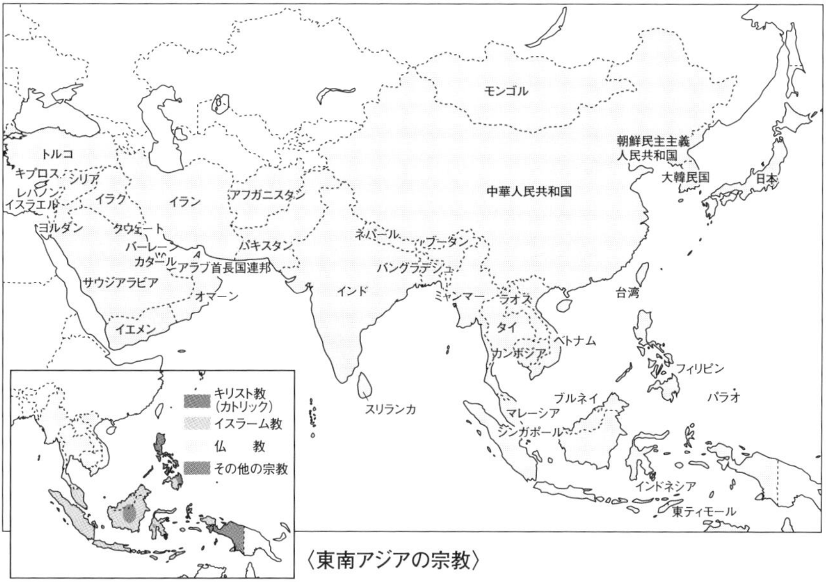

〈東南アジアの宗教〉

国名	首都	主な特徴
中華人民共和国	北京	**漢民族**が人口の9割以上を占める。**経済特区**の指定により外国企業が進出し,「**世界の工場**」とよばれる。
インドネシア	ジャカルタ	**イスラーム教国**。1960年代末からの「緑の革命」により生産力向上。石油や天然ガスなどが豊富。
フィリピン	マニラ	キリスト教徒(**カトリック**)が多い。**バナナ**などの果実類を日本へ多く輸出。
ベトナム	ハノイ	市場経済導入と対外開放化の**ドイモイ**(**刷新**)**政策**。米やコーヒーを生産・輸出。
タイ	バンコク	東南アジアで唯一,独立を守り続けた国。米の輸出世界有数。
マレーシア	クアラルンプール	多民族国家。人口の約6割を占めるマレー人優遇の**ブミプトラ政策**(経済の実権は中国系が握る)。
インド	デリー	人口の約8割が**ヒンドゥー教徒**。IT産業急成長。デカン高原(レグール)で綿花栽培。
スリランカ	コッテ*	仏教徒のシンハラ人(多数派)とヒンドゥー教徒のタミル人の民族対立。
サウジアラビア	リヤド	イスラーム教の聖地メッカ。原油の輸出量世界一。
イラク	バグダッド	イスラーム教国で古代文明の発祥地。

*「スリ・ジャヤワルダナプラ・コッテ」の略。

2 世界の農業

Point Check

1. **混合農業** ▶作物栽培と家畜の飼育とを組み合わせた農業。
2. **オアシス農業** ▶乾燥地域で行われている集約的な農業。
3. **米の生産** ▶中国，インドの順（2020年）。アジアで世界全体の約9割を生産。
4. **小麦の生産** ▶中国，インド，ロシアの順（2020年）。全世界で幅広く生産されている。

(1) 農業の農業類型

商業的農業	混合農業	小麦・ライ麦などの穀物や飼料作物の輪作と，家畜の飼育とを組み合わせた農業。ヨーロッパ中部やアメリカ合衆国の**コーンベルト**，アルゼンチンの湿潤**パンパ**でよくみられる。
	地中海式農業	地中海性気候の地域でみられる農業。夏は乾燥に強いオリーブやオレンジ，ブドウなどの果樹を，冬に小麦などを栽培する。
	酪農	飼料作物や牧草を栽培して乳牛を飼育し，牛乳やバター，チーズなどの乳製品を生産する農業。混合農業から発達した。
	園芸農業	都市向けの草花や果実，野菜などを栽培する集約的農業。
企業的農牧業	企業的穀物農業	小麦などの穀物やとうもろこしを大量に栽培する農業。土地生産性は低いが，労働生産性は極めて高い。北アメリカの**プレーリー**などにみられる。
	企業的牧畜業	フィードロット（肥育場）などで，肉牛や羊を大規模に飼育する牧畜業。北アメリカの**グレートプレーンズ**などにみられる。
	プランテーション農業	熱帯・亜熱帯地域で，世界市場向けにさとうきび，カカオなど輸出用作物を大規模に栽培する農業。気候的特性などを生かし，欧米諸国により開発され，**単一耕作**（**モノカルチャー**）であることが多い。
自給的農牧業	アジア式稲作農業	モンスーンアジアの沖積平野などにみられる集約的・自給的な稲作。経営規模が小さく，労働生産性が低い。
	オアシス農業	乾燥地域で行われている集約的な農業。人工的な灌漑を利用してなつめやしや綿花などが栽培される。
	焼畑農業	主に熱帯の内陸でみられる自給的な農業。森林や草原を焼いた灰を肥料とし，キャッサバやヤムイモなどを栽培する。
	遊牧	乾燥地域や寒冷地域で行われている粗放的牧畜業。家畜とともに移動するが，近年は定着化する傾向にある。

(2)　**主な農産物の生産量に占める主産国の割合**（2020年）

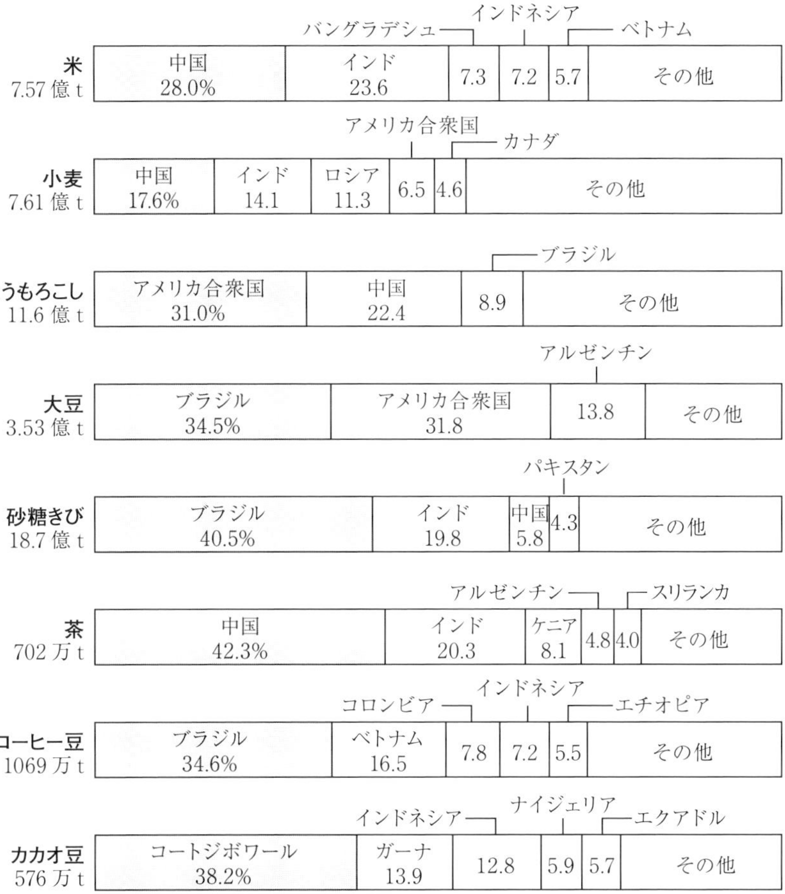

（世界国勢図会2022/23）

(3)　**米と小麦の輸出量に占める主要国の割合**（2020年）

米

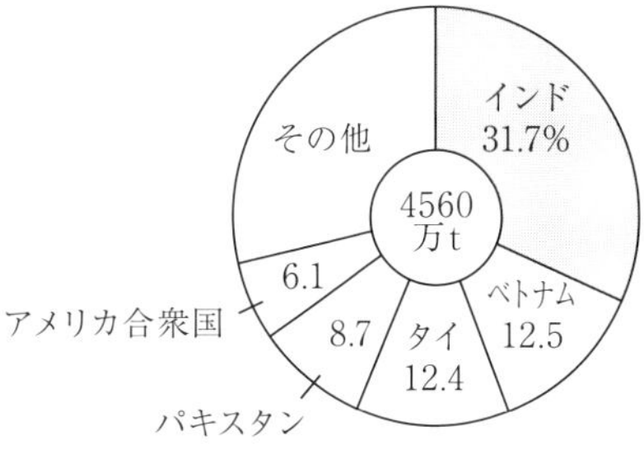

小麦

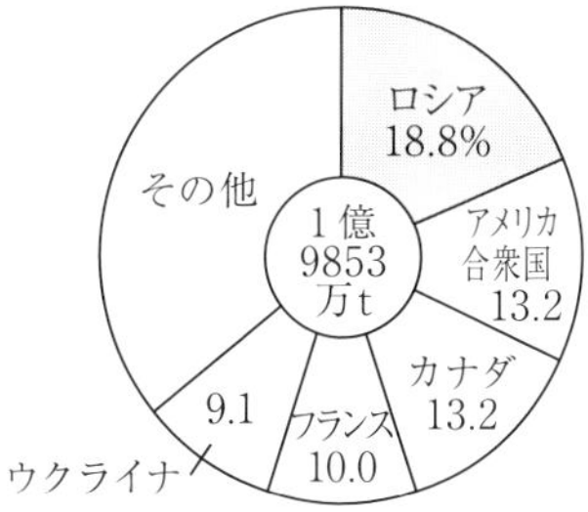

（世界国勢図会2022/23）

3 世界の鉱産資源とエネルギー

Point Check

1 **原油の産出** ▶アメリカ合衆国，サウジアラビア，ロシアの順（2021年）。

2 **石炭の産出** ▶中国，インド，インドネシアの順（2019年）。

3 **鉄鉱石の産出** ▶オーストラリア，ブラジル，中国の順（2019年）。

4 **フランスの発電割合** ▶原子力の割合が高い。

(1) 主なエネルギー資源の産出量に占める主産国の割合

① エネルギー資源

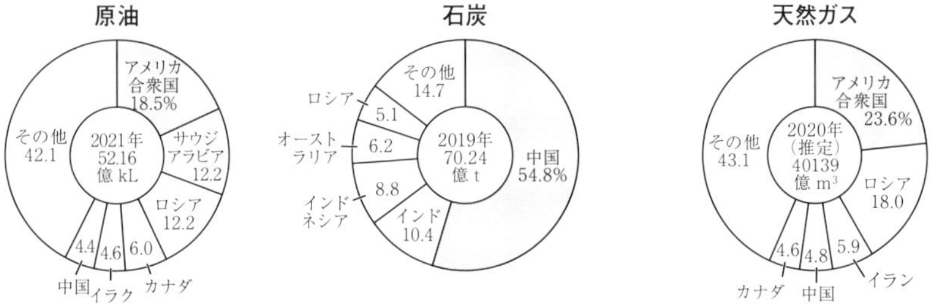

（世界国勢図会2022/23）

② 鉱産資源（銅鉱2018年，鉄鉱石・銀鉱・金鉱2019年，ボーキサイト2020年）

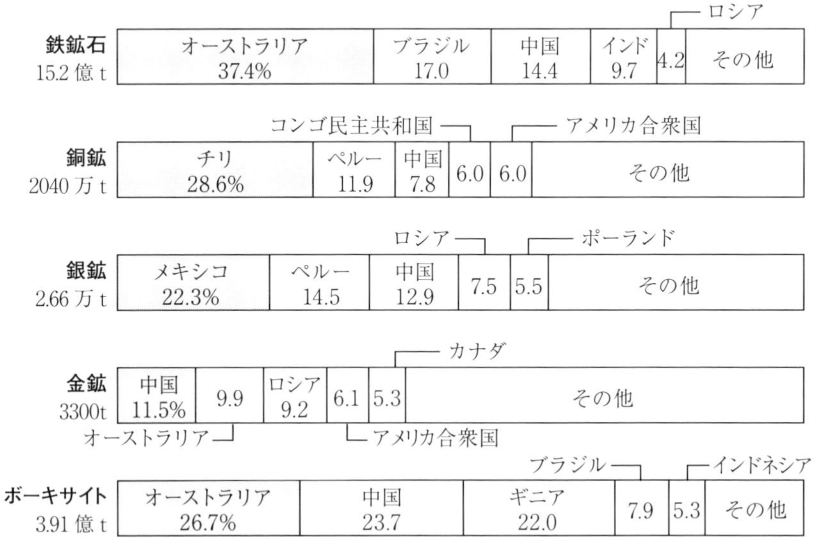

（世界国勢図会2022/23）

(2) 世界のエネルギー

① 主要国の発電エネルギー源別割合

アメリカ・ドイツ・日本などは火力中心，**フランスは原子力**，カナダ・ブラジルは水力中心。一般に森林の多い国は水力が中心になり，発展途上国は原子力の割合が低くなる。

② 主要国の発電量

中国が最大で，全世界の約28％を占める。以下，アメリカ合衆国，インド，ロシア，日本の順（2019年）。

〈主要国の発電エネルギー源別割合と発電量（2019年）〉

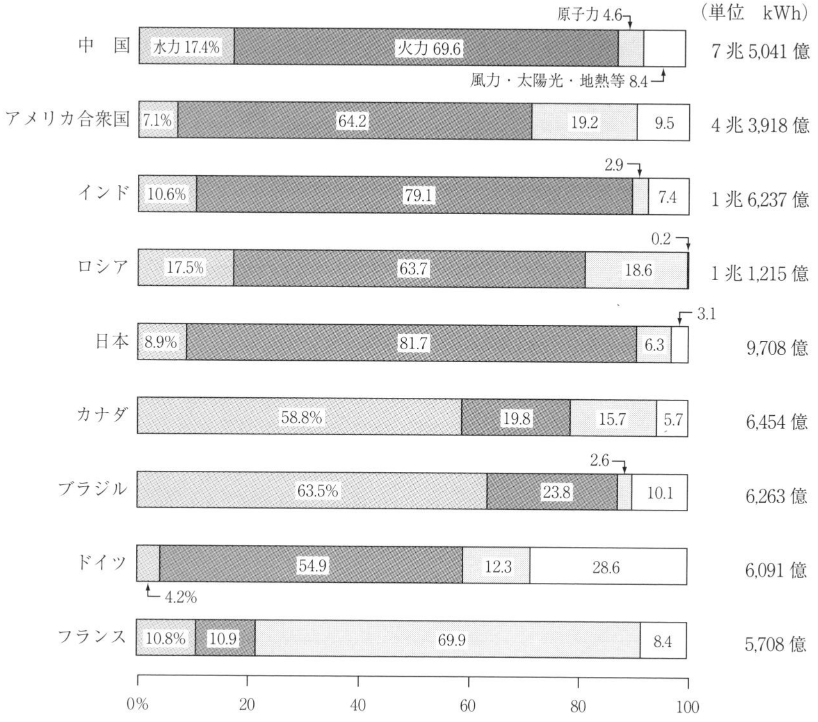

（世界国勢図会2022/23）

(3) 日本のエネルギー

日本のエネルギー供給は戦前から石炭が中心であったが，1960年代に**エネルギー革命**がおこり，その割合が低下，石油・天然ガスへと移行した。さらに1970年代に2度石油危機がおこると，石油依存の体質が改められ，原子力エネルギーの比重が高まった。現在では，風力，地熱，太陽熱などの新エネルギーの開発も進められている。

〈日本の一次エネルギー供給割合の推移〉

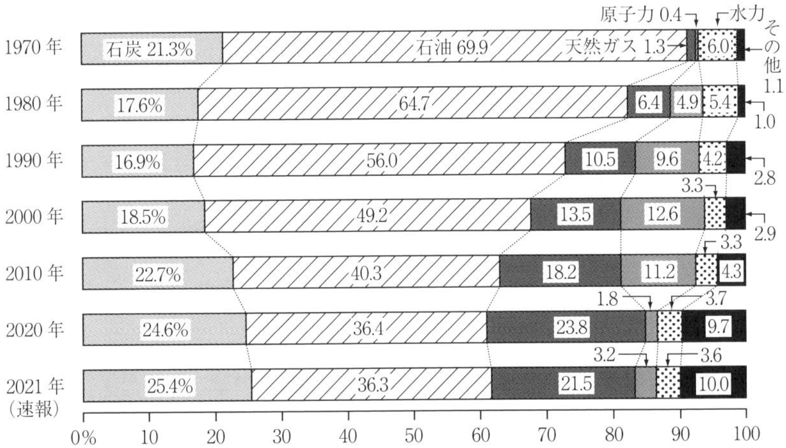

（日本国勢図会 2023/24）

確認問題

5 次のうち，国名と首都の組み合わせとして誤っているのはどれか。

① レバノン ―――――― ベイルート
② エジプト ―――――― カイロ
③ フィリピン ――――― マニラ
④ オーストラリア ―― シドニー
⑤ アルゼンチン ―――― ブエノスアイレス

6 次のうち，タイの多くの国民が信仰している宗教はどれか。

① キリスト教　② イスラーム教　③ 仏教　④ ヒンドゥー教

7 次のA・Bは，ある農産物に占める主産国の割合（2020年）を示したものである。どの農産物を示しているか，①～⑤よりそれぞれ選べ。

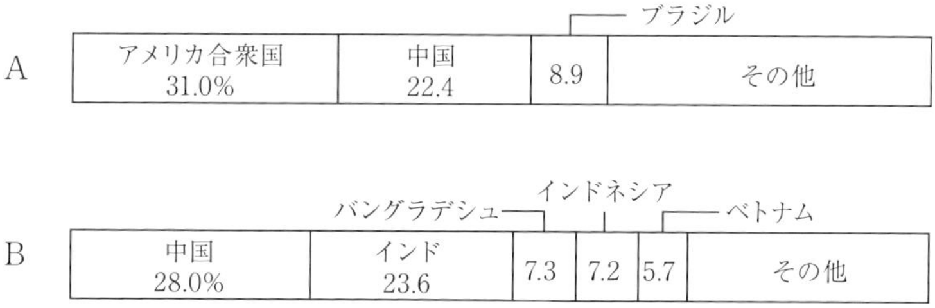

（世界国勢図会2022/23）

① とうもろこし　② 小麦　③ 米
④ コーヒー豆　⑤ カカオ豆

8 次のうち，石炭の産出量が世界第1位（2019年）である国はどれか。

① アメリカ合衆国　② オーストラリア　③ 南アフリカ共和国
④ 中国　⑤ ロシア

3 日本の地域と産業・貿易

●ポイント

日本各地域の特色が出題されるが，農業・漁業など分野を絞って問われることも多い。学習に際しては，各地域の地誌を押さえた上で，分野別の理解も必要となる。

貿易に関しては，品目別・国別の日本への輸入相手国に焦点をあてた出題が多い。各国の産業の特徴が反映されることから，各国の地誌を押さえておくと容易に解答できるケースがほとんどである。

1 日本の各地域の特色

Point Check

1 **九州地方**
▶シラス台地……………鹿児島
屋久島…………………世界自然遺産
奄美大島，徳之島，沖縄島北部及び西表島
…………………世界自然遺産

2 **中国地方**
▶広島湾…………………かきの養殖
秋吉台…………………カルスト地形

3 **四国地方**
▶讃岐平野………………ため池
瀬戸内工業地域………石油化学コンビナート

4 **近畿地方**
▶若狭湾，志摩半島……リアス（式）海岸
阪神工業地帯…………金属が特徴

5 **中部地方**
▶中京工業地帯…………工業出荷額最大
日本アルプス…………飛騨・木曽・赤石山脈
高冷地農業……………八ヶ岳・浅間山麓

6 **関東地方**
▶関東ローム……………関東台地をおおう火山灰の層
京浜工業地帯…………総合工業地帯

7 **東北地方**
▶やませ…………………冷害
三陸海岸………………リアス（式）海岸

8 **北海道地方**
▶北方領土………………国後島，択捉島，色丹島，歯舞群島
知床……………………世界自然遺産

(1) 九州，中国・四国地方

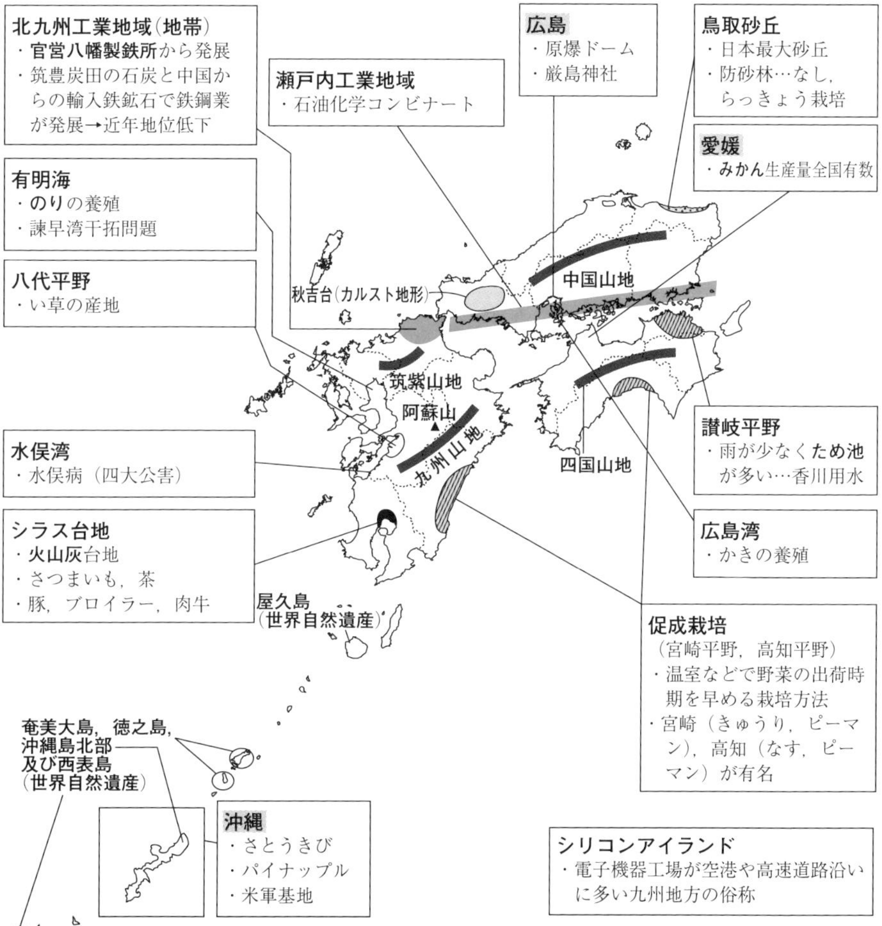

●日本三大〇〇

- 三名山……富士山，立山，白山
- 三大河川……信濃川，利根川，石狩川
- 三大急流……最上川，富士川，球磨川
- 三景……松島（宮城），天橋立（京都），安芸の宮島（広島）
- 三名園……水戸・偕楽園，金沢・兼六園，岡山・後楽園
- 三名橋……東京・日本橋，山口・錦帯橋，長崎・眼鏡橋
- 三大カルスト地形……秋吉台（山口），四国カルスト（愛媛・高知），平尾台（福岡）

(2) 近畿，中部地方

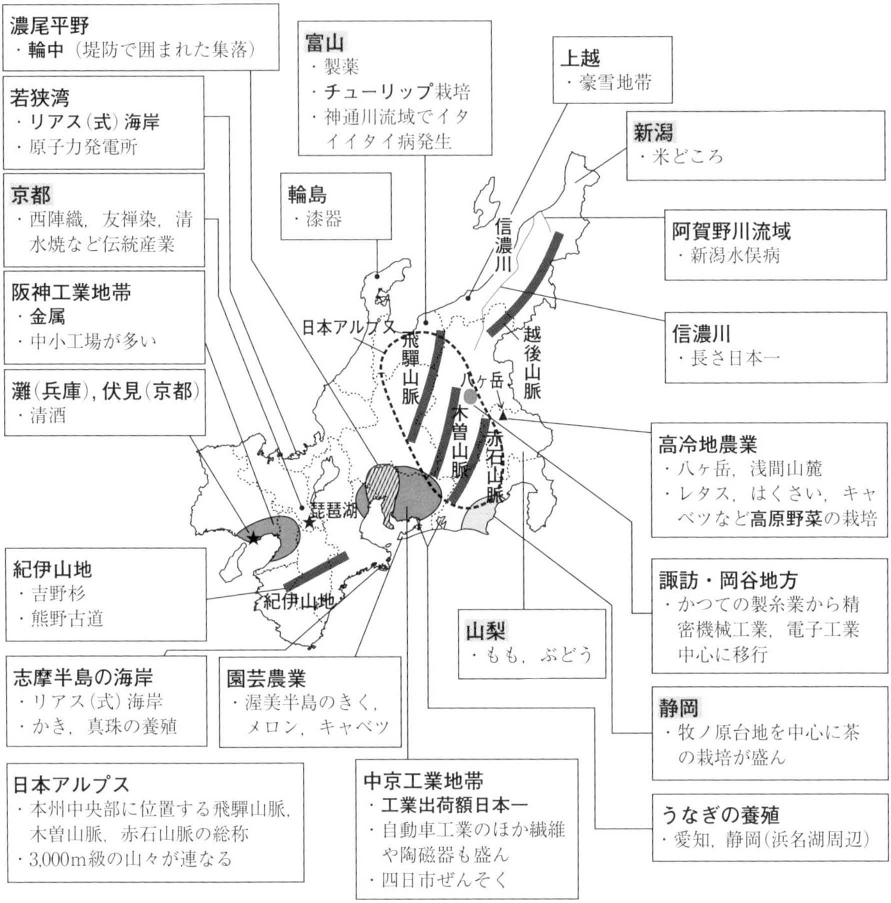

●日本の伝統商品作物

・紅花……山形県(出羽)
・藍………徳島県(阿波)

(3) 関東，東北，北海道地方

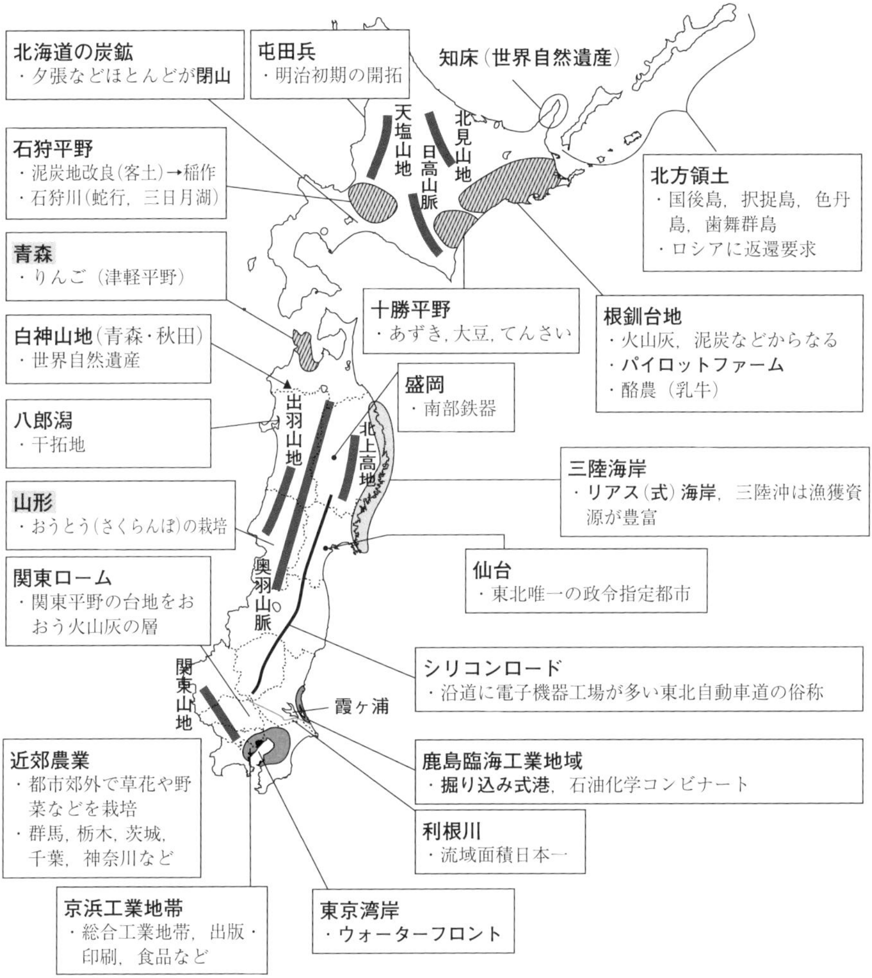

●日本の祭り

- 東北四大祭り……ねぶた（青森），竿灯（秋田），花笠（山形），仙台七夕（宮城）
- 東京三大祭り……山王祭り，神田祭り，三社祭り
- 京都三大祭り……葵祭り，祇園祭り，時代祭り
- その他……阿波踊り（徳島），越中おわら風の盆（富山），高山祭（岐阜），よさこい祭り（高知），岸和田だんじり祭り（大阪）

2 日本の農業

Point Check

1 **みかん生産上位3県** ▶和歌山，愛媛，静岡（2021年）。

2 **茶生産上位3県** ▶静岡，鹿児島，三重（2021年）。

3 **促成栽培** ▶温室などを使って農作物の生育を早め，出荷時期をずらす栽培方法。

4 **園芸農業** ▶都市への出荷を目的として，果樹・花卉などを集約的に栽培する方法。

5 **日本の食料自給率** ▶38%（カロリーベース，2021年度）

(1) 主要穀物の生産

① 米

米は東北地方，北陸地方を中心に全国で生産される。かつては食糧管理法に基づき政府が買い入れ，販売を管理してきたが，1995年に**新食糧法**が施行され，自主流通米を中心としたシステムへと変更された。

※関税化による米の輸入自由化……1999年より実施されている。

② 小麦

小麦は北海道での生産が最も多い。自給率は戦後，大幅に低下した。

米の収穫量(2022年)
727万t

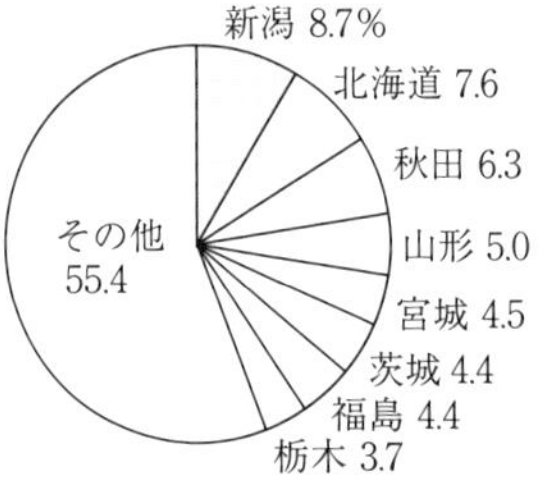

小麦の収穫量(2022年)
99万t

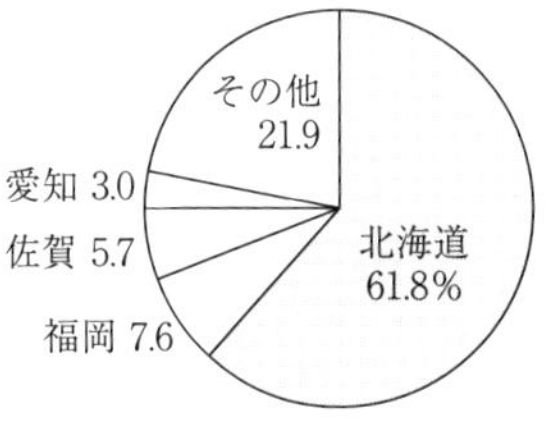

（日本国勢図会 2023/24）

(2) 野菜の生産・家畜の飼養頭数

（2021年，採卵鶏以下2022年　%）

産物名	第1位	第2位	第3位	第4位	第5位
ばれいしょ(218万t)	北海道 77.5	鹿児島 4.2	長崎 3.8	茨城 2.3	千葉 1.4
ピーマン(15万t)	茨城 22.5	宮崎 18.0	鹿児島 9.0	高知 8.8	岩手 5.9
きゅうり(55万t)	宮崎 11.6	群馬 9.8	埼玉 8.3	福島 7.1	千葉 5.7
レタス(55万t)	長野 32.7	茨城 15.9	群馬 10.0	長崎 6.4	兵庫 4.7
キャベツ(149万t)	群馬 19.7	愛知 18.0	千葉 8.1	茨城 7.4	長野 4.9
採卵鶏(1.8億羽)	茨城 8.4	千葉 7.1	鹿児島 6.5	広島 5.5	愛知 5.4
豚(895万頭)	鹿児島 13.4	宮崎 8.5	北海道 8.1	群馬 6.8	千葉 6.5
肉用牛(261万頭)	北海道 21.2	鹿児島 12.9	宮崎 9.7	熊本 5.1	岩手 3.4
乳用牛(137万頭)	北海道 61.7	栃木 4.0	熊本 3.2	岩手 2.9	群馬 2.5

（日本国勢図会2023/24，県勢2023）

(3) 果実などの生産

（2021年　%）

産物名	第1位	第2位	第3位	第4位	第5位
みかん(75万t)	和歌山 19.7	愛媛 17.1	静岡 13.3	熊本 12.0	長崎 6.9
りんご(66万t)	青森 62.8	長野 16.7	岩手 6.4	山形 4.9	福島 2.8
ぶどう(17万t)	山梨 24.6	長野 17.4	岡山 9.1	山形 8.8	福岡 4.2
もも(11万t)	山梨 32.2	福島 22.6	長野 9.9	山形 8.3	和歌山 6.8
おうとう(さくらんぼ)(1万t)	山形 69.9	北海道 11.5	山梨 7.2	—	—
茶(8万t)	静岡 38.0	鹿児島 33.9	三重 6.9	宮崎 3.9	京都 3.1

（日本国勢図会2023/24，県勢2023）

(4) 農業技法

① 促成栽培

温室などを利用して農産物の生育を促進し，出荷時期を早める方法。**高知平野**や**宮崎平野**でのピーマン，きゅうりが有名。

② 園芸農業

都市への出荷を目的として果樹・花卉などを集約的に栽培する農業。大都市近郊で行われる場合，特に**近郊農業**という。

③ 高冷地農業

冷涼な気候を利用して行われる農業。中央高地での高原野菜(レタス，キャベツ，はくさい)栽培が有名。

(5) 都道府県別農業産出額

農業産出額が最大なのは北海道，以下，鹿児島，茨城，千葉，熊本の順（2020年）。産出額に占める割合を米・野菜・畜産で分類した場合，**米**の割合が高いのは，北陸・東北地方，**野菜**の割合が高いのは，大都市近郊と高知など。**畜産**の割合が高いのは，北海道や鹿児島など。

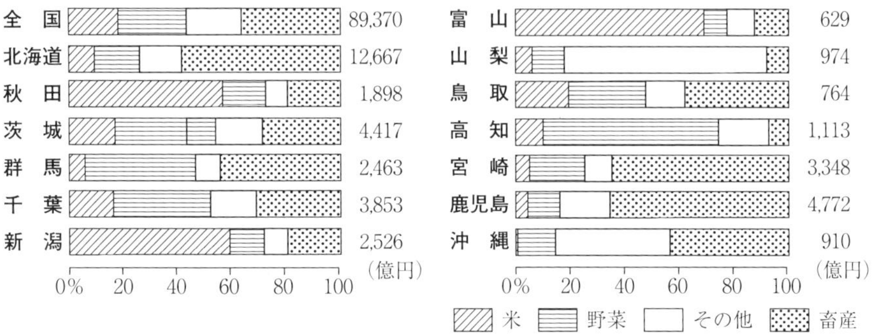

（県勢 2023）

(6) 日本の食料自給率

日本の食料自給率はカロリーベースでは**38%**であり，1960年度の79%から半世紀で半減した。生産額ベースの食料自給率は63%となった（2021年度概算）。

（%）

年度	米	小麦	大豆	野菜	果実	肉類	鶏卵	牛乳・乳製品	総合
1960	102	39	28	100	100	91	101	89	79
2021	98	17	7	79	39	53	97	63	38

（日本国勢図会2023/24）

(7) 世界の食料自給率

（%）

日本	イギリス	ドイツ	アメリカ合衆国	フランス	イタリア
38	70	84	121	131	58

（カロリーベースに基づく食料自給率。日本は2021年度，それ以外は2019年。日本国勢図会2023/24）

3 日本の漁業

Point Check

1 **日本の漁業種類別生産量順位** ▶沖合漁業，海面養殖業，沿岸漁業，遠洋漁業，内水面漁業・養殖業の順。

2 **栽培漁業** ▶人工的にふ化させた稚魚などを海に放流し，成長させてから獲る漁業。

(1) 日本の漁獲高の推移

1970年代後半以降，多くの国が**200海里排他的経済水域**での他国の漁業活動を規制するようになったことなどから，漁獲高は減少傾向にある。**遠洋漁業や沖合漁業の衰退が著しい**。

遠洋漁業	遠方の漁場に出漁して漁を行う漁業。さけ・ます・まぐろなどを獲る。
沖合漁業	日帰り可能な海域で行う漁業。大衆魚（いわし・あじ・さばなど）を獲る。
沿岸漁業	海岸近くで行われる漁業。たいや大衆魚などを獲る。

〈日本の漁業種類別生産量の推移〉

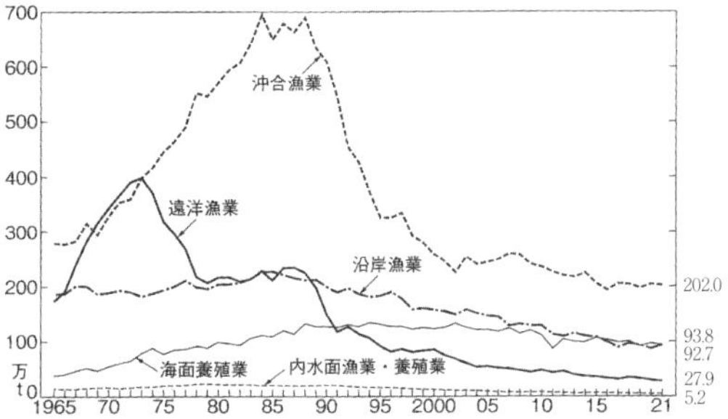

（日本国勢図会2023/24）

(2) 日本の漁業の課題

全国各地で漁業の重点は「**獲る漁業**」から「**育てる漁業**」へ移りつつあり，様々な魚介類の養殖漁業や栽培漁業が行われている。

養殖漁業	出荷するまで稚魚や稚貝などを人工のいけすなどで育てる。
栽培漁業	稚魚などを人工的にふ化させて一定期間育てた後，自然の海や川に放流し，自然の中で育ててから獲る。

4 日本の工業

Point Check

1 中京工業地帯 ▶工業出荷額日本一。自動車工業が発達。

2 太平洋ベルト ▶京浜工業地帯から北九州工業地帯まで工業地帯・地域が帯状に連なっている地域。

(1) 日本の工業のあゆみ

日本の工業は，1901年の官営八幡製鉄所の操業開始以降本格化した。**戦前は軽工業中心**だったが，**戦後は重工業中心**へと移行し，鉄鋼・自動車・船舶・精密機械などの分野が発達した。

〈製造品出荷額等構成の推移〉

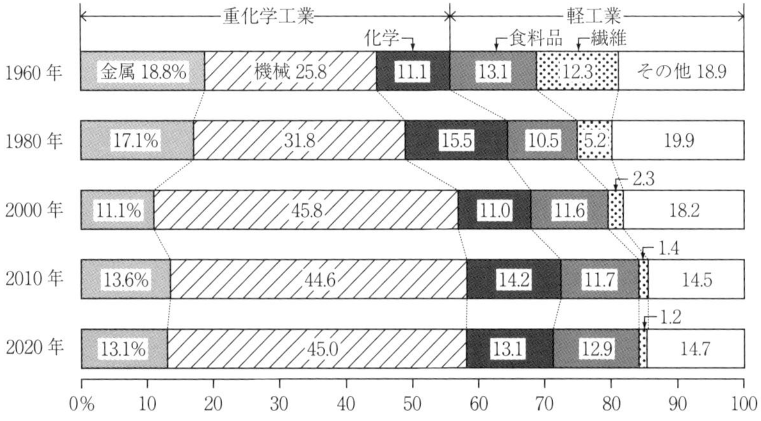

（日本国勢図会 2023/24）

※重化学工業は朝鮮戦争（1950～53年）の頃から急速に発展した。

(2) 日本の工業地域

① 三大工業地帯

京浜工業地帯	機械工業を中心とした重化学工業が盛んで，印刷・出版業なども発達した総合工業地帯。
中京工業地帯	総合工業地帯で，自動車工業を中心に機械工業が発達。毛織物・焼き物などにも特色。工業出荷額は日本一。
阪神工業地帯	第二次世界大戦前は繊維工業が中心であったが，戦後は鉄鋼や石油化学など素材型工業が発達。

※かつては，北九州工業地帯（地域）を含め，**四大工業地帯**とよんでいた。

●太平洋ベルト……京浜地方から北九州地方まで工業地帯・地域が帯状に連なっている地域。日本工業の中心を占めたが，1970年代の2度の石油危機以降，それ以外の地域のウエイトが高まりつつある。

② 三大工業地帯以外の工業地域

三大工業地帯以外では，関東内陸（北関東），瀬戸内，東海，北陸工業地域での工業出荷額が多い。また，それ以外にも京葉工業地域などが存在する。

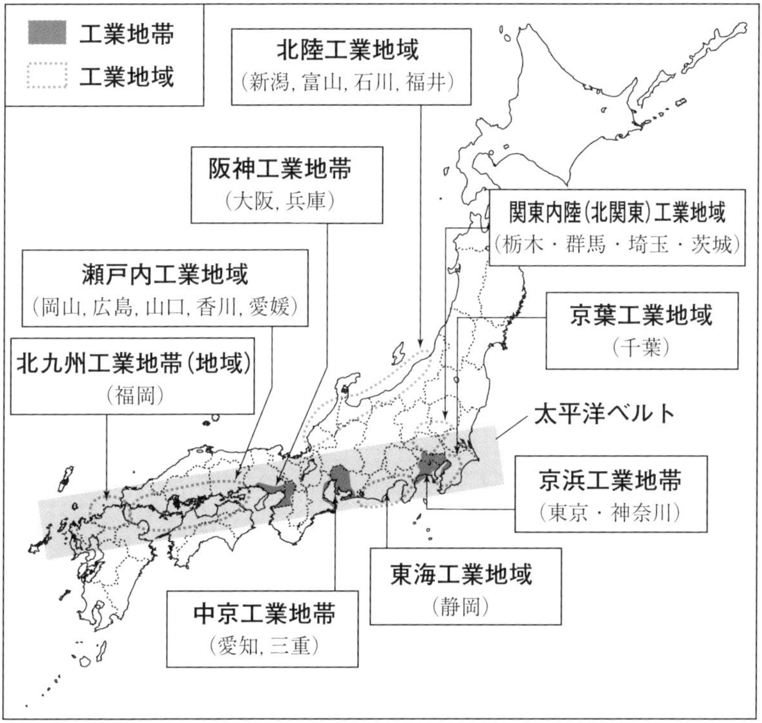

●日本の伝統工芸品

- 漆器……春慶塗（岐阜・秋田など），輪島塗（石川），会津塗（福島），津軽塗（青森）
- 陶磁器……有田（伊万里）焼（佐賀），清水焼（京都），信楽焼（滋賀），越前焼（福井），九谷焼（石川）
- 織物……琉球がすり（沖縄），西陣織，丹後ちりめん（京都），小千谷縮（紬）（新潟），結城紬（茨城・栃木）
- 染物……有松絞（愛知），加賀友禅（石川）
- 製紙……杉原紙（兵庫），美濃半紙（岐阜），越前和紙（福井）
- その他……南部鉄器（岩手），天童将棋駒（山形）

5 世界における日本の貿易

Point Check

1 **日本最大の貿易相手国** ▶輸出・輸入ともに中国（2021年）。
2 **日本最大の輸出品目** ▶機械類。第2位は自動車（2021年）。
3 **日本の鉄鉱石輸入相手国** ▶オーストラリア，ブラジルが多い。
4 **日本の小麦輸入相手国** ▶アメリカ合衆国，カナダが多い。

(1) 日本の貿易額と主な貿易相手国

2022年確々報による日本の輸出総額は98兆1,750億円，輸入総額は118兆1,410億円で，貿易収支は過去最大の赤字となった。貿易相手先は，地域別では輸出・輸入ともアジア地域，**国別では輸出・輸入とも中国が最大**である（2021年）。

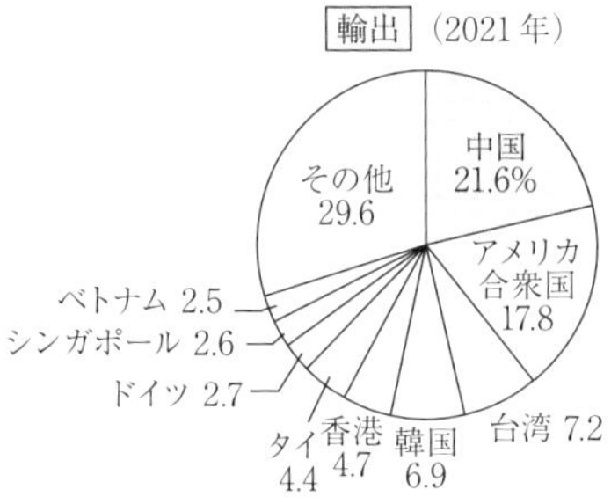

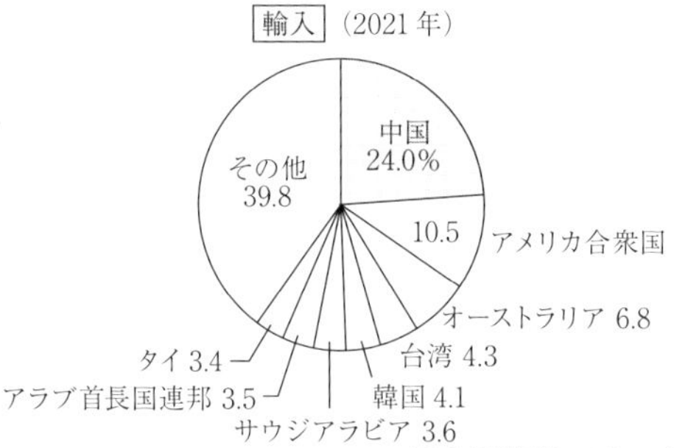

（日本国勢図会 2023/24）

(2) 日本の貿易品目

輸出品は集積回路や内燃機関など機械類が第1位である。このほか，自動車や自動車部品，鉄鋼など日本の技術力を発揮した付加価値の高いものが多い。

輸入品では機械類，鉱物性燃料のほか，医薬品や衣類，食料品などが多い。日本は資源が乏しいため，原油や天然ガスなどの鉱物性燃料を海外からの輸入に頼っている。

〈輸出入品の内訳〉

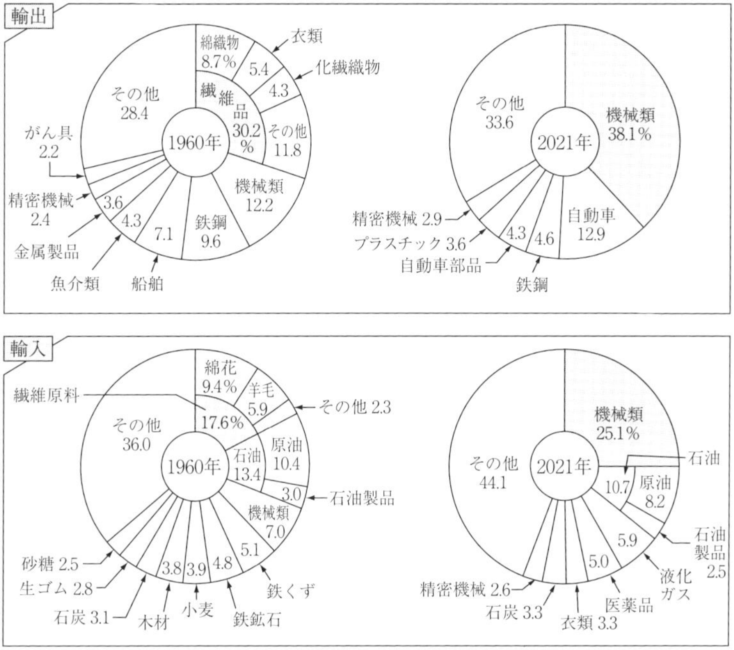

（日本国勢図会 2023/24）

(3) 日本の主要品目別輸入相手国とその割合

（2021年　金額円による百分比）

鉄鉱石（%）		石炭		原油		木材		液化天然ガス	
オーストラリア	55.3	オーストラリア	67.2	サウジアラビア	40.0	カナダ	29.8	オーストラリア	36.0
ブラジル	28.3	インドネシア	11.3	アラブ首長国連邦	34.8	アメリカ合衆国	17.0	マレーシア	12.5
カナダ	7.0	ロシア	10.2	クウェート	8.5	ロシア	13.1	アメリカ合衆国	11.0
南アフリカ	3.7	アメリカ合衆国	4.8	カタール	7.4			カタール	11.0
小麦		**とうもろこし**		**野菜**		**肉類**		**衣類**	
アメリカ合衆国	45.1	アメリカ合衆国	72.7	中国	49.4	アメリカ合衆国	29.1	中国	55.8
カナダ	35.5	ブラジル	14.2	アメリカ合衆国	15.0	タイ	13.4	ベトナム	14.1
オーストラリア	19.2	アルゼンチン	8.0	韓国	5.4	オーストラリア	13.1	バングラデシュ	4.6
				タイ	4.0	カナダ	11.0		

（日本国勢図会2023/24）

(4) 日本の相手国別主要輸入品割合

貿易相手国からの**輸入品目は，その国の産業の特徴をよく示している。**一方，日本からの輸出品目は，主に機械類，自動車，自動車部品，鉄鋼などであり，相手国による相違はさほどみられない。

①　ヨーロッパ，北米　　　　　　　　　　　　（2021年　金額円による百分比）

フランス（%）		ドイツ		ロシア		アメリカ合衆国		カナダ	
航空機類	21.0	機械類	25.9	液化天然ガス	23.9	機械類	22.7	肉類	11.3
機械類	13.1	医薬品	20.7	石炭	18.5	医薬品	9.7	なたね	10.4
医薬品	10.0	自動車	17.7	原油	16.6	液化石油ガス	5.6	鉄鉱石	9.1
ぶどう酒	8.6	有機化合物	5.3	パラジウム	9.7	液化天然ガス	5.3	銅鉱	8.1
12,792億円		26,030億円		15,516億円		89,156億円		15,065億円	

②　南米，アフリカ，オセアニア，一部のアジア

ブラジル（%）		南アフリカ		オーストラリア		サウジアラビア		中国	
鉄鉱石	51.2	ロジウム	39.9	石炭	32.7	原油	91.7	機械類	49.0
肉類	9.0	パラジウム	19.2	液化天然ガス	26.8	石油製品	3.7	衣類	7.8
とうもろこし	6.8	白金	10.0	鉄鉱石	18.8	有機化合物	1.5	金属製品	3.6
有機化合物	5.3	鉄鉱石	6.5	銅鉱	4.5	アルミニウム	1.2	織物類	2.9
10,825億円		11,109億円		57,533億円		30,194億円		203,818億円	

③　東南アジア

タイ（%）		フィリピン		インドネシア		マレーシア		ベトナム	
機械類	36.1	機械類	45.3	石炭	14.7	機械類	31.3	機械類	34.5
肉類	7.2	木製建具など	8.9	機械類	13.1	液化天然ガス	24.6	衣類	15.8
自動車	4.6	バナナ	6.9	銅鉱	8.7	衣類	4.7	はきもの	4.5
プラスチック	3.6	プラスチック製品	2.0	液化天然ガス	4.9	石油製品	2.9	魚介類	4.2
28,931億円		11,968億円		21,569億円		21,664億円		25,255億円	

（日本国勢図会2023/24）

確認問題

9 次の説明にあてはまるものを，①～④よりそれぞれ選べ。

⑴ 日本海に面している県

① 長野県　② 滋賀県　③ 兵庫県　④ 大分県

⑵ 日本最大の流域面積をもつ川

① 利根川　② 信濃川　③ 最上川　④ 石狩川

⑶ わが国で食料自給率が最も高い農産物

① 野菜　② 果実　③ 肉類　④ 大豆

10 次の各表は，ある農産物の年間収穫量の上位5位（2021年）を示したものである。どの農産物を示しているか，①～④よりそれぞれ選べ。

A

	県　名	単位（千t）
1	青森県	416
2	長野県	110
3	岩手県	42
4	山形県	32
5	福島県	19

B

	県　名	単位（千t）
1	長野県	179
2	茨城県	87
3	群馬県	55
4	長崎県	35
5	兵庫県	26

① みかん　② りんご　③ レタス　④ ピーマン

11 次の各グラフは，日本のある輸入品の貿易相手国を輸入額の割合（2021年）で示したものである。どの品目を示しているか，①～⑤よりそれぞれ選べ。

A

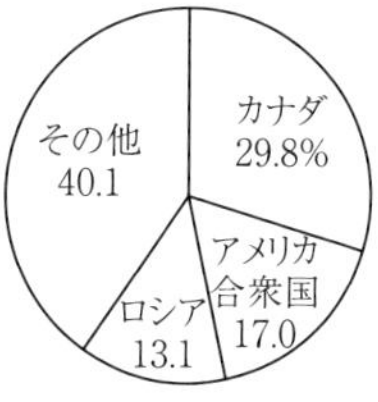

B

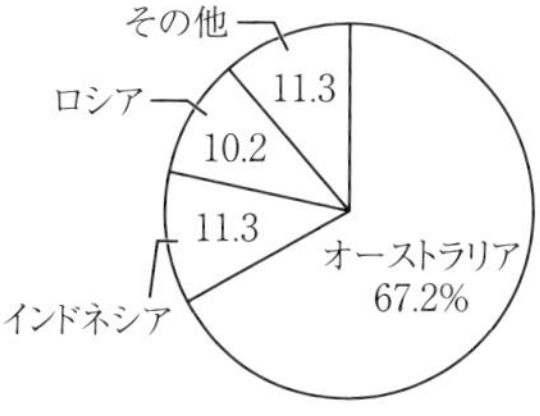

C

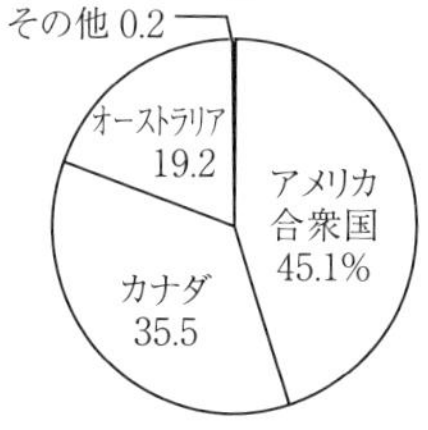

① 原油　② 石炭　③ 小麦　④ とうもろこし　⑤ 木材

4

政治

Open Sesame

1 民主政治の基本原理と制度

●ポイント

出題頻度は高くないものの，政治・日本国憲法の基本事項として学習しておく必要がある。特に近代政治原理の確立に影響を与えた人物については要注意である。

1 民主政治の基本原理

Point Check

1 **議会制民主主義の3原理** ▶代表の原理，審議の原理，多数決の原理。

2 **法の支配** ▶国民の権利・自由を保障するため国家権力を合理的な内容の法で拘束すること。

(1) **議会制民主主義**（間接民主制）

国民が選挙を通して代表者を選び，代表者（議員）を通じて，間接的に国民の意思を政策の決定，執行に反映させる制度。

◆ **議会制民主主義の3原理**

① **代表の原理**………議員は選挙区ではなく，全国民の代表である。

② **審議の原理**………議決は公開の討論の後に行う。

③ **多数決の原理**……討論の後に多数の人を説得し得た意見を採択する。その際，少数者の意見も尊重する。

(2) **法の支配**

人の支配を排除し，**権力を合理的な内容の法で拘束**することによって，**国民の権利・自由を保障する原理**。イギリスで発達した。

●**法治主義**……議会によって制定された法律に従って行政が行われるとする考え方。ドイツで発達した。**手続面**を重視しており，法律の**内容までは問われない**。

2 近代政治原理の成立

Point Check

1 **ホッブズ** ▶「万人の万人に対する闘争」，『リヴァイアサン』
2 **ロック** ▶抵抗権，間接民主制，『市民政府二論』
3 **ルソー** ▶一般意思，直接民主制，「自然に帰れ」，『社会契約論』

(1) 社会契約説

国家は自然状態にある個人の契約によって成立しているとする考え方で，近代市民革命後の近代国家の理論的根拠となった。

(2) 社会契約説の思想家

社会契約説を唱えた思想家には，ホッブズ・ロック・ルソーがいる。

	ホッブズ	**ロック**	**ルソー**
自然状態	**万人の万人に対する闘争状態**	**牧歌的平和状態**	**完全に平和な状態**
契約内容	生命を守るため自然権を**全面的に譲渡**して社会契約を結び，国家をつくる。	自然な状態は一応平和であるが不安定なので，生命・自由・財産を守るため，**自然権の一部を信託**して国家をつくる。	完全に自由・平和な状態に戻る（「**自然に帰れ**」）ことが必要だが，それがもはやできないため，**一般意思**に基づく政治の実現を唱えた。
抵抗権	認めない	認める	認めない
主著	**『リヴァイアサン』**	**『市民政府二論**（統治二論）』	**『社会契約論』**
政治体制	結果的に**絶対王政を擁護**	**間接民主制**	**直接民主制**
影響	ピューリタン革命	名誉革命を擁護 アメリカ独立革命	フランス革命

※一般意思とは，社会公共の幸福を心がける全人民の意思のこと。

3 主要国の政治制度

Point Check

1 **アメリカの政治制度** ▶大統領制。大統領は任期4年で3選禁止。
2 **イギリスの政治制度** ▶議院内閣制。下院優越。

◆ アメリカとイギリスの政治制度の比較

	アメリカ	イギリス
政治体制	**大統領制** 大統領が国家元首。大統領の任期は**4年**で，**3選は禁止**。	**議院内閣制** 下院の信任に基づき内閣が存立する制度。
権力分立	**厳格な三権分立**制をとる。	立法府と行政府が協働関係にあり**三権分立が緩やか**。
行政府の組織	大統領は国民が選出した大統領選挙人による**間接選挙**で選ばれる。各省長官は大統領に任命され，**議員との兼職は禁止**されている。	首相は下院第一党の党首から選ばれ，国王が任命。**閣僚は全員が国会議員**でなくてはならない。
行政府と立法府との関係	大統領は国民に対して責任を負い，議会に対しては責任を負わない。大統領は議会解散権をもたず，**議会は大統領不信任決議権をもたない**。**大統領は法案提出権ももたない**。ただし，**教書**で議会に法律制定を要請できる。また，大統領は法案に対する拒否権をもつ。	下院が内閣を不信任したとき，内閣は**総辞職**するか，下院を**解散**しなくてはならない。内閣は議会に対して連帯責任を負う。
議会	二院制，上下**両院対等**	**二院制，下院優越**の原則
政党	**共和党と民主党**の二大政党制	**保守党と労働党**の二大政党制

※イギリスの二大政党制は伝統的なもの。2010年には第二次世界大戦後初の連立政権（保守党と第三政党の自由民主党）が発足した。

確認問題

1　次の文を読んであとの問いに答えよ。

近代民主政治は，市民革命によってその基礎が確立した。市民革命を支えた思想は①社会契約説であり，ロックと②ルソーはその代表的な思想家であった。

(1)　下線部①の社会契約説の内容として誤っているのはどれか。

①　自由で平等な個人を前提とした社会形成の理論である。

②　すべての人間がもっている自然権の考え方を基礎にもつ。

③　最高・絶対・唯一の主権のあり方を中心とした国家理論である。

④　権力は，人民の信託と人民の同意によるとされる。

⑤　政府の行為に対して国民は抵抗権をもつと説いた思想家もいる。

(2)　下線部②のルソーに関連するものをすべて選べ。

①　「リヴァイアサン」

②　名誉革命

③　「自然に帰れ」

④　全体意思に基づく政治

⑤　直接民主制

2　次の文の空欄にあてはまる語句・数字を入れよ。

アメリカの大統領の選出方法は，国民が州ごとに（　①　）を選び，その（　①　）が大統領候補者に投票する（　②　）を採用している。大統領の任期は（　③　）年で（　④　）選は禁止されている。

2 日本国憲法

●ポイント

日本国憲法は最頻出分野であるが，条文を覚えておけば解ける問題がほとんどである。前文と主要条文については，穴埋め式の問題に対応できるようキーワードを確実に覚えておこう。

1 日本国憲法の三大基本原理と前文

Point Check

1 **憲法の三大基本原理** ▶国民主権，基本的人権の尊重，平和主義。
2 **憲法前文重要語句** ▶諸国民との協和，国民の厳粛な信託。

(1) 日本国憲法の三大基本原理

憲法の三大基本原理は次の3つであり，憲法前文に明記されている。

三大基本原理	内　容
国民主権	政治を最終的に決定する権力（主権）が国民にあるとする考え方。
基本的人権の尊重	人間が生まれながらにしてもっている**永久不可侵の権利**を保障すること。公共の福祉に反しない限り最大限尊重されなければならない。
平和主義	戦争の放棄，戦力の不保持，交戦権の否認。

(2) 憲法前文

憲法の前文は4段から構成されており，1段には三大基本原理の内容が詳しく説明されている。なお，前文2段・3段には，国際社会における日本の役割などが記載されている。

日本国憲法前文（一部抜粋）

日本国民は，正当に選挙された国会における代表者を通じて行動し，われらとわれらの子孫のために，諸国民との**協和**による成果と，わが国全土にわたつて**自由**のもたらす**恵沢**を確保し，政府の行為によつて再び戦争の**惨禍**が起ることのないやうにすることを決意し，ここに**主権**が国民に存することを宣言し，この憲法を確定する。そもそも国政は，国民の厳粛な**信託**によるものであつて，その**権威**は国民に由来し，その**権力**は**国民**の代表者がこれを行使し，その**福利**は国民がこれを享受する。これは人類普遍の原理であり，この憲法は，かかる原理に基くものである。われらは，これに反する一切の憲法，法令及び詔勅を排除する。

日本国民は，**恒久**の平和を念願し，人間相互の関係を支配する**崇高**な理想を深く自覚するのであつて，平和を愛する諸国民の**公正**と信義に信頼して，われらの安全と生存を保持しようと決意した。われらは，平和を維持し、専制と隷従、圧迫と偏狭を地上から永遠に除去しようと努めてゐる国際社会において，**名誉**ある地位を占めたいと思ふ。われらは，全世界の国民が，ひとしく恐怖と**欠乏**から免かれ，平和のうちに生存する権利を有することを確認する。

▲ 発 展 ▼

〈民定憲法と欽定憲法〉

民定憲法	国民により制定された憲法。日本国憲法はこれにあたる。
欽定憲法	君主により制定された憲法。大日本帝国憲法（明治憲法）はこれにあたる。

〈硬性憲法と軟性憲法〉

硬性憲法	**憲法改正手続きが通常の法律よりも厳格**な憲法。日本国憲法，大日本帝国憲法ともにこれにあたる。
軟性憲法	**憲法改正手続きが通常の法律と同じで，特別な手続きを必要としない憲法**。

〈大日本帝国憲法の特徴〉

主権	天皇（神聖不可侵の存在であり，統治権の総攬者）。
国会	衆議院と貴族院の二院制。
内閣	国務大臣は天皇の行為を輔弼する。内閣総理大臣は同輩中の首席。
裁判所	天皇の名において裁判する。特別裁判所あり。
国民の権利	自由権中心。臣民の権利として天皇によって恩恵的に与えられたもの。法律の範囲内という制約がある。

◆ 平和主義と日本国憲法

日本国憲法では，主権が国民に存することと改められたことで，平和主義が強調されることになった。第9条にはその趣旨が明記されている。

日本国憲法第９条（戦争の放棄，戦力の不保持，交戦権の否認）

1項　日本国民は，正義と秩序を基調とする**国際平和**を誠実に希求し，国権の発動たる戦争と，武力による威嚇又は武力の行使は，国際紛争を解決する手段としては，永久にこれを放棄する。

2項　前項の目的を達するため，陸海空軍その他の戦力は，これを保持しない。国の交戦権は，これを認めない。

2　天皇

Point Check

1　天皇の国事行為　▶内閣総理大臣の任命，最高裁判所長官の任命，憲法改正・法律・条約の公布，国会の召集，衆議院の解散など。

(1)　天皇の地位

天皇は，日本国の**象徴**であり，日本国民統合の**象徴**である。

(2)　天皇の国事行為

天皇の国事行為は，**内閣の助言と承認**によって行われ，**内閣**が責任を負う。天皇は国政に関する権能を有しない。天皇の国事行為には以下のようなものがある。

- **内閣総理大臣の任命**
- **最高裁判所長官の任命**
- **憲法改正，法律，政令及び条約の公布**
- **国会の召集**
- **衆議院の解散**　　など

●衆議院の解散

衆議院の解散を実質的に決定するのは内閣であり，天皇は形式的に解散を行うにすぎない。これは，天皇が国政に関しては形式的・儀礼的な行為しかできないからである。

3　基本的人権の保障（総論）

Point Check

1　公共の福祉　▶人権相互の矛盾・衝突を公平に調整する原理。

(1) 基本的人権の性質

基本的人権は，人間として当然に有する不可侵の権利であり，憲法の規定はその保障を確実にする役割をもつ。

日本国憲法第11条（基本的人権の享有，永久の権利）

国民は，すべての基本的人権の享有を妨げられない。この憲法が国民に保障する基本的人権は，侵すことのできない**永久**の権利として，現在及び将来の国民に与へられる。

日本国憲法第97条（基本的人権の本質）

この憲法が日本国民に保障する**基本的人権**は，人類の多年にわたる自由獲得の努力の成果であつて，これらの権利は，過去幾多の試錬に堪へ，現在及び将来の国民に対し，侵すことのできない永久の権利として**信託**されたものである。

(2) 基本的人権の制約――公共の福祉

基本的人権は，永久不可侵の権利ではあるものの，人間は社会の中で生活している以上，他人の人権も尊重されなくてはならない。そこで，**人権相互の矛盾・衝突を公平に調整する原理**として「**公共の福祉**」による制約が認められる。

日本国憲法第12条（自由及び権利の保持義務と濫用禁止）

この憲法が国民に**保障**する**自由及び権利**は，国民の**不断の努力**によつて，これを保持しなければならない。又，国民は，これを濫用してはならないのであつて，常に**公共の福祉**のためにこれを利用する**責任**を負ふ。

〈「公共の福祉」による人権の制限の例〉

表現の自由	他人の名誉を傷つける行為の禁止（刑法） 選挙運動の制限（公職選挙法）
集会・結社の自由	デモの規制（公安条例）
居住・移転の自由	感染症患者への入院措置（感染症法）
職業選択の自由	無資格者の営業禁止（医師法など） 企業の価格協定（カルテルなど）の禁止（独占禁止法）
財産権の保障	不備な建築の禁止（建築基準法）

日本国憲法第13条（個人の尊重と生命，自由，幸福追求権）

すべて国民は，**個人**として尊重される。生命，自由及び**幸福追求**に対する国民の権利については，**公共の福祉**に反しない限り，**立法**その他の国政の上で，最大の尊重を必要とする。

4 基本的人権の保障（人権の区分）

Point Check

1 **人権の分類** ▶自由権，平等権，社会権，参政権，受益権（請求権）に分けられる。

2 **自由権** ▶精神的自由，経済的自由，身体（人身）の自由に分けられる。

◆ 日本国憲法による人権の区分

基本的人権は，**自由権・平等権・社会権・参政権・受益権**（**請求権**）に分類される。自由権は大きく，**精神的自由・経済的自由・身体**（**人身**）**の自由**に分類される。

人権	内容	具体例
自由権	国家権力の違法・不当な介入や干渉を排除し，各人の自由を保障する権利。国家からの自由，18・19世紀的基本権ともよばれる。	精神的自由 経済的自由 **黙秘権**などの身体（人身）の自由
平等権	すべての国民が等しく扱われることを要求する権利。	法の下の平等 男女平等など
社会権	「人間たるに値する」生活を保障する権利。国家による自由，20世紀的基本権ともよばれる。1919年制定の**ワイマール憲法**（ドイツ）で初めて本格的に規定された。	**生存権** **教育を受ける権利** **労働基本権**
参政権	国民が政治過程に参加することを保障する権利。	選挙権・被選挙権・国民投票権など
受益（請求）権	**基本的人権が侵害された場合，国家に対し積極的にその救済を要求しうる権利。**	**裁判を受ける権利** **国家賠償請求権** **請願権など**

5 自由権①

Point Check

1 精神的自由 ▶思想・良心の自由，信教の自由，表現の自由など。

◆ 精神的自由

国民の精神活動に国家が干渉しないことを保障する権利で，人間の尊厳を維持するために必要不可欠な権利である。

① 思想・良心の自由

日本国憲法第19条（思想及び良心の自由）

思想及び良心の自由は，これを侵してはならない。

※思想・良心の自由は絶対的に保障される。

② 信教の自由

日本国憲法第20条（信教の自由）

1項　信教の自由は，何人に対してもこれを保障する。いかなる宗教団体も，国から特権を受け，又は政治上の権力を行使してはならない。

2項　何人も，宗教上の行為，祝典，儀式又は行事に参加することを強制されない。

3項　国及びその機関は，宗教教育その他いかなる宗教的活動もしてはならない。

③ 集会・結社・表現の自由，検閲の禁止

日本国憲法第21条（集会，結社，表現の自由，検閲の禁止）

1項　集会，結社及び言論，出版その他一切の**表現**の自由は，これを保障する。

2項　検閲は，これをしてはならない。

※このほかに通信の秘密（第21条2項後段），学問の自由（第23条）も精神的自由に含まれる。

6　自由権②

Point Check

1　**居住・移転・職業選択の自由**　▶経済的自由に属する。
2　**経済的自由**　▶公共の福祉による制限を条文で明記。

(1)　経済的自由

国家によって国民の経済活動が干渉されない自由。居住・移転・職業選択の自由，財産権の保障がある。

日本国憲法第22条（居住・移転・職業選択・外国移住・国籍離脱の自由）

1項　何人も，公共の福祉に反しない限り，居住，移転及び**職業選択**の自由を有する。
2項　何人も，外国に移住し，又は国籍を離脱する自由を侵されない。

日本国憲法第29条（財産権の保障）

1項　財産権は，これを侵してはならない。
2項　財産権の内容は，公共の福祉に適合するやうに，法律でこれを定める。
3項　私有財産は，正当な補償の下に，これを公共のために用ひることができる。

※経済的自由は，表現の自由などの精神的自由に比べてその社会的影響力の大きさから公共の福祉による制限を強く受ける。条文にも明記されている点に注意。

(2)　人身（身体）の自由

不当に身体活動を拘束されない自由。奴隷的拘束・苦役からの自由，不当逮捕に対する保障，住居の不可侵，刑事被告人の諸権利，黙秘権の保障などがある。

日本国憲法第18条（奴隷的拘束・苦役からの自由）

何人も，いかなる奴隷的拘束も受けない。又，犯罪に因る処罰の場合を除いては，その意に反する苦役に服させられない。

7 平等権

Point Check

1 **憲法第14条の重要語句** ▶人種，信条，性別，社会的身分，門地。

2 **憲法第24条による婚姻** ▶両性の合意のみに基づいて成立する。

◆ 平等権

すべての国民が等しく扱われることを求める権利。法の下の平等，両性の本質的平等，教育の機会均等などがある。

日本国憲法第14条（法の下の平等，貴族制度の否認，栄典）

1項　すべて国民は，法の下に平等であつて，人種，信条，性別，社会的身分又は門地により，政治的，経済的又は社会的関係において，差別されない。

2項　華族その他の貴族の制度は，これを認めない。

3項　栄誉，勲章その他の栄典の授与は，いかなる特権も伴はない。栄典の授与は，現にこれを有し，又は将来これを受ける者の一代に限り，その効力を有する。

日本国憲法第24条（両性の本質的平等）

1項　婚姻は，両性の合意のみに基いて成立し，夫婦が同等の権利を有することを基本として，相互の協力により，維持されなければならない。

8 社会権

Point Check

1 **社会権** ▶生存権，教育を受ける権利，勤労権，労働三権。

◆ 社会権

すべての人が人間らしい生活を営む権利。生存権，教育を受ける権利，勤労権，労働三権（団結権・団体交渉権・団体行動権〈争議権〉）がある。

① **生存権**

日本国憲法第25条（生存権）

1項　すべて国民は，健康で**文化的**な最低限度の生活を営む権利を有する。

2項　国は，すべての生活部面について，社会福祉，**社会保障**及び公衆衛生の向上及び増進に努めなければならない。

※生存権をめぐって争われた裁判としては**朝日訴訟**がある。

② 教育を受ける権利

日本国憲法第26条（教育を受ける権利）

1項　すべて国民は，法律の定めるところにより，**その能力に応じて**，ひとしく教育を受ける権利を有する。

③ 勤労権

日本国憲法第27条（勤労の権利及び義務）

1項　すべて国民は，勤労の権利を有し，義務を負ふ。
2項　賃金，**就業時間**，休息その他の勤労条件に関する基準は，法律でこれを定める。
3項　児童は，これを酷使してはならない。

④ 労働三権

日本国憲法第28条（労働三権）

勤労者の団結する権利及び団体交渉その他の団体行動をする権利は，これを保障する。

9 参政権，受益（請求）権

Point Check

1 **参政権** ▶選挙権，公務員の選定・罷免権，憲法改正の国民投票権など。

2 **受益（請求）権** ▶請願権，国家賠償請求権，裁判を受ける権利，刑事補償請求権。

(1) 参政権

国民が政治の場に参加することを保障する人権。**選挙権**・被選挙権，**公務員の選定・罷免権**，最高裁判所裁判官の国民審査権，地方公共団体の特別法の住民投票権，**憲法改正の国民投票権**がある。

(2) 受益（請求）権

国民の自由や権利が侵害されたとき，国や地方公共団体に対して一定の行為を要求する権利。**請願権，国家賠償請求権，裁判を受ける権利，刑事補償請求権**がある。

日本国憲法第16条（請願権）

何人も，損害の救済，**公務員**の罷免，法律，命令又は規則の制定，廃止又は改正その他の事項に関し，平穏に請願する権利を有し，何人も，かかる請願をしたためにいかなる差別待遇も受けない。

日本国憲法第17条（国及び公共団体の賠償責任）

何人も，公務員の**不法行為**により，損害を受けたときは，**法律**の定めるところにより，国又は公共団体に，その賠償を求めることができる。

日本国憲法第32条（裁判を受ける権利）

何人も，裁判所において裁判を受ける権利を奪はれない。

日本国憲法第37条（刑事被告人の権利）

すべて刑事事件においては，被告人は，公平な裁判所の迅速な公開裁判を受ける権利を有する。

10 新しい人権，国民の義務

Point Check

1 **新しい人権** ▶環境権，プライバシーの権利，知る権利など。

2 **国民の三大義務** ▶子女に普通教育を受けさせる義務，勤労の義務，納税の義務。

(1) 新しい人権

憲法に明文規定はないが，社会の変化に伴って主張され，保護するに値すると考えられるようになった権利。第13条の幸福追求権などを根拠とする。

環境権	人間の生存にとって必要な環境を享受する権利。
プライバシーの権利	私的な生活をみだりに公開されない権利，あるいは自己に関する情報をコントロールする権利。
知る権利	行政機関などがもっている情報の公開を請求し，それらを知る権利。
アクセス権	マス・メディアなどを通して意見を表明できる権利。具体的には「反論権」など。

(2) 国民の三大義務

子女に普通教育を受けさせる義務，勤労の義務，納税の義務の3つ。

> **日本国憲法第26条2項（子女に普通教育を受けさせる義務）**
>
> すべての国民は，法律の定めるところにより，その保護する子女に**普通教育**を受けさせる義務を負ふ。義務教育は，これを無償とする。

> **日本国憲法第30条（納税の義務）**
>
> 国民は，法律の定めるところにより，納税の義務を負ふ。

11 日本の政治機構

Point Check

1 三権分立 ▶立法権——国会に属する。
行政権——内閣に属する。
司法権——裁判所に属する。

◆ 三権分立

憲法は，**立法権は国会**に，**行政権は内閣**に，**司法権は裁判所**に属すると規定して三権分立を採用している。もっとも，三権相互は完全に独立しているわけではなく抑制と均衡により，権限の濫用を防止している。

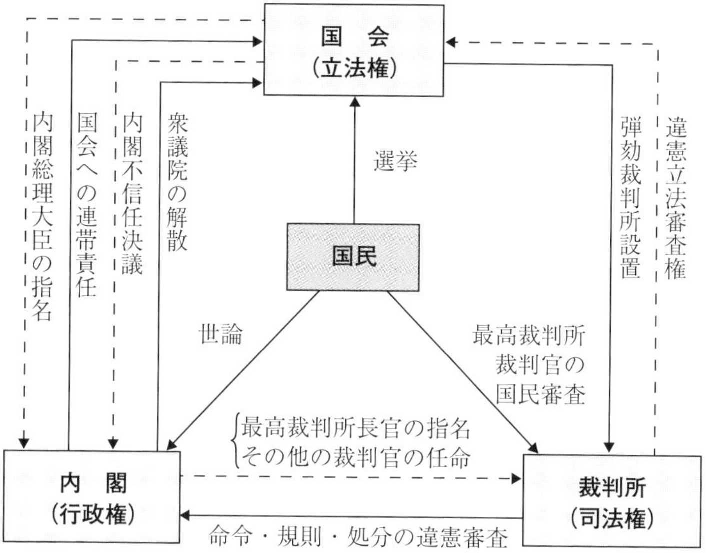

※三権分立は，フランスの思想家**モンテスキュー**が18世紀半ばに『法の精神』において唱えた。

12 国会①

Point Check

- 1 **国会の権限** ▶法律案の議決，予算案の議決，条約の承認，内閣総理大臣の指名，弾劾裁判所の設置，憲法改正の発議など。
- 2 **特別国会** ▶衆議院の解散総選挙後30日以内に召集される国会。
- 3 **衆議院の優越** ▶法律案の議決，予算案の議決，条約の承認，内閣総理大臣の指名，予算先議権。

(1) 国会の地位

日本国憲法第41条（国会の地位，立法権）

国会は，国権の最高機関であつて，国の唯一の立法機関である。

※他の二権に優越するという意味ではなく，国会が国民の代表者によって構成されている点で，国民主権の下にこのような位置付けがなされた。

(2) 国会の権限

・法律案の議決
・予算案の議決
・条約の承認
・内閣総理大臣の指名
・弾劾裁判所の設置
・憲法改正の発議　　など

●弾劾裁判所

公の弾劾による罷免の訴追を受けた裁判官を裁判するため，**国会**に設けられる裁判所。衆参両議院の議員各7名の裁判員で構成される。

(3) 二院制（両院制）

国会は衆議院と参議院の二院からなる。

> **日本国憲法第42条（両院制）**
>
> 国会は，衆議院及び参議院の両議院でこれを構成する。

	定数	任期	解散	被選挙権
衆議院	465名	4年	あり	25歳以上
参議院	248名	6年（3年ごとに半数改選）	なし	30歳以上

(4) 国会の種類

通常国会（常会）	**毎年1回，1月中に召集**，会期は**150**日間（延長1回まで）。次年度の予算審議が中心的議題。
臨時国会（臨時会）	**内閣が必要と認めたとき，あるいはいずれかの議院の総議員の4分の1以上**の要求により召集。衆議院の任期満了に伴う総選挙，参議院の通常選挙後30日以内に召集。
特別国会（特別会）	**衆議院の解散総選挙後30日以内**に召集。**内閣総理大臣の指名**が中心的議題。
参議院の緊急集会	**衆議院の解散中**，国に**緊急の必要が生じたとき**，**内閣**が開催を決定。次の国会開会後**10日**以内に衆議院の同意がないときは，議決は将来に向かって失効する。

※国会は衆参両議院の同時活動を原則とするので，厳密には参議院の緊急集会は国会の種類に含まれない。

(5) 議会の運営

定足数	本会議の議事，議決に必要な定足数は，**総議員の3分の1以上。**
秘密会	公開が原則だが，議長又は議員10人以上の発議により，出席議員の3分の2以上の多数で議決したときは秘密会を開くことができる。
委員会制	衆参両院それぞれ常任委員会を設け，議会運営の効率化を図る制度。
公聴会	委員会において，利害関係者や学識経験者の意見を聴く制度。予算や重要な歳入法案では必ず開かれる。

(6) 衆議院の優越

衆議院は任期が短く解散制度もあるため，国民の意思を反映させやすいことから，参議院に対する優越が認められている。憲法上規定がある衆議院の優越として，以下のようなものが挙げられる。

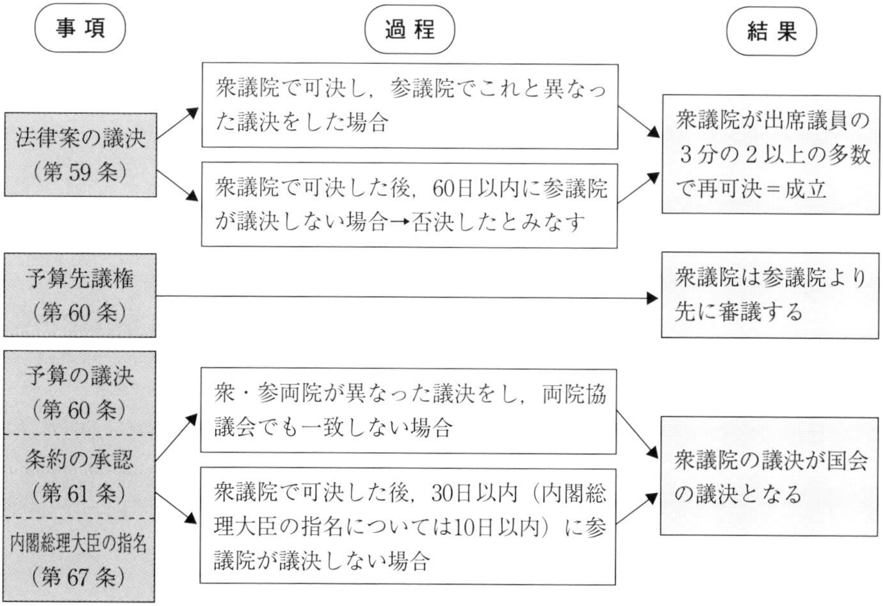

●両院協議会……衆参両院の議決が異なったとき，意見調整のために開かれる会議のこと。

日本国憲法第59条（法律案における衆議院の優越）

2項　衆議院で可決し，参議院でこれと異なつた議決をした法律案は，衆議院で出席議員の3分の2以上の多数で再び可決したときは，法律となる。

4項　参議院が，衆議院の可決した法律案を受け取つた後，国会休会中の期間を除いて60日以内に，議決しないときは，衆議院は，参議院がその法律案を否決したものとみなすことができる。

日本国憲法第60条（衆議院の予算先議と優越）

1項　予算は，さきに衆議院に提出しなければならない。

2項　予算について，参議院で衆議院と異なつた議決をした場合に，法律の定めるところにより，両議院の協議会を開いても意見が一致しないとき，又は参議院が，衆議院の可決した予算を受け取つた後，国会休会中の期間を除いて30日以内に，議決しないときは，衆議院の議決を国会の議決とする。

日本国憲法第67条（内閣総理大臣の指名，衆議院の優越）

1項　内閣総理大臣は，国会議員の中から国会の議決で，これを指名する。この指名は，他のすべての案件に先だつて，これを行ふ。

2項　衆議院と参議院とが異なつた指名の議決をした場合に，法律の定めるところにより，両議院の協議会を開いても意見が一致しないとき，又は衆議院が指名の議決をした後，国会休会中の期間を除いて10日以内に，参議院が，指名の議決をしないときは，衆議院の議決を国会の議決とする。

13　国会②

Point Check

1　**国政調査権**　▶各議院が国政全般について調査できる権限。

2　**衆議院の解散**　▶解散の日から40日以内に総選挙を行い，選挙の日から30日以内に特別国会を召集。

3　**不逮捕特権**　▶国会議員が会期中逮捕されない権利。

(1) 議院の権限

議院の権限とは，衆議院と参議院が単独で行使できる権限のことである。以下のようなものがある。

●**国政調査権**……**衆参各議院が国政全般について調査できる権限**。証人の出頭などを要求できるが，裁判所の判決などには及ばない。

●議院規則制定権と議員の資格争訟の裁判

※議員の議席を失わせるには，出席議員の3分の2以上の多数議決が必要（第55条）。

(2) 衆議院の解散

衆議院議員を任期満了前にその全員の身分を失わせること。解散があると，解散の日から**40日以内**に総選挙を行い，選挙の日から**30日以内**に**特別国会**を召集する。

※解散には，①第69条解散（内閣不信任案の可決，又は信任案の否決の場合，10日以内に衆議院を解散）と②第7条解散（天皇の国事行為として衆議院を解散）の2つがある。戦後これまでに第69条解散が行われたのは4回だけであとはすべて第7条解散。

(3) 国会議員の特権

国会議員には，以下のような特別の権限が与えられている。

歳費特権	国会議員は，国庫から相当額の歳費（給与）を受ける。
不逮捕特権	国会議員は，国会の**会期中は原則として逮捕されない**。ただし，会期中であっても，**院外における現行犯**や**所属議院の許諾がある場合には逮捕される**。
免責特権	国会議員は，院内で行った演説，討論，表決について，**院外**で責任を問われない。

14 内閣①

Point Check

1 **内閣総理大臣** ▶国会議員の中から国会の議決によって指名され，天皇によって任命される。

2 **国務大臣** ▶内閣総理大臣が任命し，その過半数は国会議員でなくてはならない。

(1) 内閣の地位・制度

日本国憲法第65条(行政権と内閣)

行政権は，内閣に属する。

① 議院内閣制

内閣が国民の代表である国会(立法府)に対して連帯して責任を負い，国会の信任を内閣存立の要件とする制度。

日本国憲法第66条(内閣の国会に対する連帯責任)

3項　内閣は，行政権の行使について，国会に対し連帯して責任を負ふ。

② 内閣の組織

内閣はその首長たる内閣総理大臣とその他の国務大臣とで組織される合議体である。

1) 内閣総理大臣

内閣総理大臣は，**内閣の首長**で，行政の最高責任者。**国会議員の中から国会が指名し，天皇が任命**する。

日本国憲法第67条(内閣総理大臣の指名)

1項前段　内閣総理大臣は，国会議員の中から国会の議決で，これを指名する。

日本国憲法第6条(天皇の任命)

1項　天皇は，国会の指名に基いて，内閣総理大臣を任命する。

2) 国務大臣

国務大臣は**内閣総理大臣により任命**され，天皇により認証される。ただし，その**過半数は国会議員**の中から選ばれなければならない。また，内閣総理大臣は国務大臣を**任意**に罷免することができる(罷免そのものの決定には**閣議は不要**)。

※内閣総理大臣，国務大臣ともに**全員が文民**(軍人でない者)でなくてはならない。

※国務大臣の数は原則14名以内(特別に必要な場合は17名以内。ただし，復興庁設置期間中は18名以内)とされる。

3) 閣議

内閣の意思決定を行うために，内閣総理大臣が主宰し，国務大臣全員が出席して開かれる会議のこと。全会一致制で行われる。

(2) 内閣の権限

・法律を誠実に執行し，国務を総理すること
・外交関係の処理
・**条約の締結**
・**予算を作成**して国会に提出すること
・**政令の制定**
・**大赦，特赦，減刑，刑の執行の免除及び復権の決定**（認証は天皇）
・**最高裁判所長官の指名，最高裁判所長官以外の最高裁判所裁判官及び下級裁判所裁判官の任命**
・天皇の国事行為に対する助言と承認
・臨時会の召集決定
・参議院の緊急集会の要求　　など

15 内閣②

Point Check

1 国務大臣の任命・罷免 ▶内閣総理大臣が閣議にかけることなく任意に行える。

(1) 内閣総理大臣の権限

・**国務大臣の任命・罷免**
・一般国務・外交関係を国会へ報告すること
・**行政各部を指揮監督**すること
・法律・政令に連署すること
・国務大臣の訴追に対する同意
・議案発言のため議院（国会）に出席すること　　など

※内閣総理大臣は，国務大臣を閣議にかけることなく**任意に任命・罷免**できる。

(2) 国務大臣の権限

・法律・政令に署名すること
・議院（国会）に出席して発言すること　　など

(3) 内閣の総辞職

内閣が総辞職する必要があるのは，次の3つのケースである。

① 衆議院が内閣不信任決議案を可決，または信任決議案を否決したときで，内閣が10日以内に衆議院を解散しない場合

② 衆議院議員の総選挙後，初めて国会の召集があった場合

③ 内閣総理大臣が欠けた場合――死亡したとき，総理大臣としての地位を失ったとき

※このほかに，自身の病気や政策の行き詰まりなどその任に留まることが適当でないと判断したときはいつでも総辞職できる。

> **日本国憲法第70条（内閣総理大臣の欠缺，内閣の総辞職）**
>
> 内閣総理大臣が欠けたとき，又は衆議院議員総選挙の後に初めて国会の召集があつたときは，内閣は，総辞職をしなければならない。

16 裁判所①

Point Check

1 **司法権** ▶最高裁判所，下級裁判所に属し，特別裁判所の設置は禁止。

2 **裁判官の罷免** ▶心身の故障のため職務不能の場合，弾劾裁判による場合に限られ，最高裁判所裁判官の場合はこれに国民審査の場合による罷免が加わる。

(1) 司法権の帰属

すべて**司法権は，最高裁判所及び下級裁判所に属する**。大日本帝国憲法下で存在した行政裁判所や軍法会議のような**特別裁判所の設置は禁止**されている。

(2) 司法権の独立

裁判官は，職権を行使するにあたって，**完全に独立**で，**何人の指揮命令も受けない**。立法機関や行政機関のみならず，他の裁判官の命にも服しない。裁判官を拘束するのは，憲法及び法律のみである。

日本国憲法第76条(司法権，裁判所，特別裁判所の禁止，裁判官の独立)

1項　すべて司法権は，最高裁判所及び法律の定めるところにより設置する**下級**裁判所に属する。

2項　特別裁判所は，これを設置することができない。行政機関は，終審として裁判を行ふことができない。

3項　すべて裁判官は，その**良心**に従ひ独立してその職権を行ひ，この憲法及び法律にのみ拘束される。

(3)　裁判官の身分保障

裁判官が罷免されるのは次の3つの場合に限定される。

①　**心身の著しい故障**のため，職務不能と裁判で決定した場合

②　著しい職務違反や裁判官にふさわしくない非行があった場合において，国会の**弾劾裁判**によって罷免の決定がなされた場合

③　最高裁判所裁判官については，**国民審査**によって罷免を可とされた場合

※①～③以外にも定年を迎えれば職を辞すことになる。

(4)　最高裁判所の国民審査

最高裁判所の裁判官は，任命後，最初の衆議院議員総選挙の際に国民の投票によって審査され(その後は10年ごと)，**有効投票の過半数**が罷免を可とした場合，罷免される。ただし，これまでに罷免された例はない。

(5)　裁判所の種類

最高裁判所と下級裁判所(高等裁判所，地方裁判所，家庭裁判所，簡易裁判所)で構成される。

最高裁判所	**司法権の最高機関**で，**終審**の裁判所。長官1人と14人の判事で構成される。15人全員で構成される裁判所を**大法廷**，3人以上で構成される裁判所を**小法廷**という。訴訟に関する手続事項，裁判所の内部規律事項などの**規則制定権**が認められている。
高等裁判所	通常の第二審(控訴審)の裁判所。**全国に8ヵ所**ある。
地方裁判所	通常事件の第一審を扱う裁判所。
家庭裁判所	家庭事件の調停(裁判所が介入して紛争を和解させること)，審判(事件を審理して判決を下すこと)，少年事件の保護措置などを行う裁判所。
簡易裁判所	少額な民事事件や罰金刑以下の軽微な刑事事件を扱う第一審裁判所。

(6) 三審制

裁判を慎重に行うことによって誤審を防ぎ，人権保障を確実にするため，訴訟当事者に原則として3回まで裁判を求めることができる制度。第一審の判決に不服がある場合，上級裁判所に不服申立てすることを**控訴**，第二審の判決に不服がある場合，さらに上級の裁判所に不服申立てすることを**上告**という。

(7) 裁判の公開

裁判には，**民事裁判**と**刑事裁判**がある。憲法では，裁判の対審及び判決は，公開法廷で行うことが定められているが，対審については，公の秩序，善良の風俗を害するおそれのあるときは，**裁判官の全員一致により非公開**にできる（政治に関する事件，出版に関する事件，国民の権利が問題となっている事件の対審を除く）。判決については，**常に公開**にしなくてはならない。

17 裁判所②

Point Check

1 最高裁判所裁判官の任命 ▶最高裁判所長官……内閣指名，天皇任命
その他の裁判官……内閣任命

2 下級裁判所裁判官の任命 ▶最高裁判所の指名した名簿により内閣が任命。

3 違憲法令審査権 ▶国家行為が憲法に適合しているかを審査する権限。すべての裁判所に与えられている。

4 裁判員制度 ▶無作為に選ばれた有権者が重大事件の刑事裁判に加わり，職業裁判官とともに有罪・無罪の事実認定を行う。

(1) 裁判官の任命

① 最高裁判所裁判官

最高裁判所長官は，内閣が指名して天皇が任命する。長官以外の最高裁判所裁判官は，内閣が任命して天皇が認証する。

② 下級裁判所裁判官

最高裁判所の指名した者の名簿により，内閣が任命する。

※最高裁判所裁判官に任期はない（定年はある）のに対して，**下級裁判所裁判官には10年の任期がある**（再任可）。

日本国憲法第6条（天皇の任命）

2項　天皇は，内閣の指名に基いて，最高裁判所の長たる裁判官を任命する。

日本国憲法第80条（下級裁判所の裁判官）

1項　下級裁判所の裁判官は，最高裁判所の指名した者の名簿によつて，内閣でこれを任命する。その裁判官は，任期を10年とし，再任されることができる。但し，法律の定める年齢に達した時には退官する。

(2) 違憲法令審査権（違憲立法審査権）

具体的事件を前提に国会や内閣が制定した法律，命令，規則，処分などの国家行為が憲法に適合しているかどうかを審査する権限のこと。**最高裁判所のみならず下級裁判所も有する**。最高裁判所は，憲法解釈の最終的な判断を決定する権限を有するので，「**憲法の番人**」とよばれる。

日本国憲法第81条（違憲法令（立法）審査権）

最高裁判所は，一切の法律，命令，規則又は処分が**憲法**に適合するかしないかを決定する権限を有する終審裁判所である。

※我が国の違憲法令審査権は，具体的な事件があり，訴えがあって初めて行使される。また，違憲と判断された法律は当該事件の適用に限り無効となる。

※これまでに最高裁判所が下した違憲判決は，尊属殺重罰規定違憲判決，衆議院議員定数配分規定違憲判決などがある。

(3) 裁判員制度

有権者の中から無作為に選ばれた裁判員が，殺人など重大事件の**刑事裁判**の第一審（地方裁判所）に参加し，職業裁判官とともに有罪・無罪の事実認定と量刑判断を行う（刑事事件の控訴審・上告審や**民事事件は対象外**）。審理は原則として**裁判官3人**と**裁判員6人**の合議制で行われ，全員の意見が一致しないときは，**多数決**により評決する。ただし，有罪とする場合は，裁判官・裁判員各1人以上の賛成を必要とする。裁判員には日当や交通費が支払われる一方，評議内容については**生涯守秘義務を負う**ことになっている。2009年に開始された。

18 地方自治①

Point Check

1	**地方自治の本旨**	▶住民自治と団体自治。
2	**地方公共団体の組織**	▶議会……議決機関，一院制，議員任期4年 首長……執行機関，任期4年
3	**地方公共団体の事務**	▶自治事務と法定受託事務。
4	**条例**	▶地方公共団体の議会により制定される地方公共団体の法規。

(1) 地方自治

地方自治とは，住民が地域社会の政治を自らの手で行う制度をいう。憲法では，地方公共団体の組織・運営に関する事項は，地方自治の本旨に基づいて行われなくてはならないと規定している。

(2) 地方自治の本旨

地方自治の本旨とは以下の2つをいう。

住民自治	地方公共団体が，地域住民の意思に基づいて運営されるという原理。
団体自治	地方公共団体が，団体自らの意思と責任に基づいて国から独立して地方政治を行うという原理。

日本国憲法第92条（地方自治の基本原則）

地方公共団体の組織及び運営に関する事項は，**地方自治**の本旨に基いて，**法律**でこれを定める。

※**ブライス**は，地方自治について，「**民主主義の学校**」と述べて，地方自治が民主主義実践の場であるとした。

(3) 地方公共団体の種類

普通地方公共団体	都道府県，市町村
特別地方公共団体	特別区（東京23区），財産区，地方公共団体の組合（広域連合，事務組合）

(4) 地方公共団体の組織

議決機関としての議会と執行機関としての首長がある。

首長 **（任期４年）**	住民の直接選挙で選ばれ，被選挙権は**知事が30歳以上，市町村長は25歳以上**。予算の作成，議案の提出などを行う。議会の議決に対し拒否権，不信任決議には議会の解散権を有する。
地方議会 **（議員の任期4年）**	議員は住民の直接選挙で選ばれ，被選挙権は**25歳以上**。議会は，条例の制定・改廃，予算の議決，首長に対する不信任決議などを行う。

(5) 地方公共団体の事務

自治事務と**法定受託事務**がある。

自治事務	病院・薬局の開設許可など地方公共団体が自主的に責任をもって処理する事務。都市計画の決定など。
法定受託事務	戸籍の管理，旅券の交付など法令により実施が義務付けられている事務のうち，国にかわって地方公共団体が処理すべきとされた事務。旅券の交付，国政選挙事務など。

(6) 条例

地方公共団体の議会により制定される地方公共団体の法規。議会は，法律の範囲内で自由に条例を制定・改廃できる。罰則を設けることもできる。

日本国憲法第94条（地方公共団体の権能）

地方公共団体は，その財産を管理し，事務を処理し，及び行政を執行する権能を有し，法律の範囲内で**条例**を制定することができる。

(7) 議会と首長の関係

不信任決議権と解散権	議会は首長に対する**不信任決議権**をもち，首長には議会の**解散権**が与えられている。
再議権（拒否権）	首長は議会が議決した条例の制定・改廃または予算に異議のあるときは，**拒否権**を行使して議会の議決の送付を受けた日から**10日以内**に，理由を示してこれを再議に付することができる。

▲ 発 展 ▼

〈都市制度〉

☆**政令指定都市**…**人口50万人**以上（法定要件）の都市が指定される。都道府県並みの行財政権を有する。2023年6月時点で，札幌市，仙台市，さいたま市，千葉市，横浜市，川崎市，相模原市，新潟市，静岡市，浜松市，名古屋市，京都市，大阪市，堺市，神戸市，岡山市，広島市，北九州市，福岡市，熊本市の20市が指定されている。

☆**中核市**…………人口**20万人**以上の都市が指定される。

※2015年3月末までは特例市（人口20万人以上の都市が指定）の制度が存在したが，地方自治法の改正により廃止され，2015年4月からは中核市に一本化された。

19 地方自治②

Point Check

1 **直接請求権** ▶条例の制定・改廃の請求，事務の監査の請求，議会の解散の請求，議員・首長・主要公務員の解職の請求がある。

2 **三割自治** ▶地方公共団体の財源の多くを国に依存していた状況のこと。

(1) 直接請求権

地方自治法によって住民に認められた，地方自治に直接参加する権利のこと。**条例の制定・改廃の請求，事務の監査の請求，議会の解散の請求，議員・首長・主要公務員の解職の請求**がある。

種類	必要署名数	請求先	処　理
条例の制定・改廃の請求	有権者の **50分の1**以上	**首長**	議会にかけ，結果を代表者に通知・公表。
事務の監査の請求	有権者の **50分の1**以上	**監査委員**	監査結果を公表，議会・首長などにも報告。
議会の解散の請求	有権者の **3分の1**以上（原則）	**選挙管理委員会**	住民投票で過半数の同意があれば解散。
議員・首長の解職の請求	有権者の **3分の1**以上（原則）	**選挙管理委員会**	住民投票で過半数の同意があれば解職。
※ **主要公務員の解職の請求**	有権者の **3分の1**以上（原則）	**首長**	議会にかけ，総議員の3分の2以上の出席，4分の3以上の同意があれば解職。

※主要公務員とは，副知事，副市町村長，選挙管理委員，監査委員，公安委員などである。

(2)　住民投票

市町村合併など地方公共団体の重要問題について，住民の意向を政策に反映させるため，住民投票条例を制定する自治体が増加した。地方自治法に基づくものではなく，決定に法的拘束力はない。

※住民投票の結果に法的拘束力のあるものとしては(1)の直接請求権，地方特別法の住民投票権（憲法第95条）などがある。

> **日本国憲法第95条（特別法の住民投票）**
>
> 一の地方公共団体のみに適用される**特別法**は，法律の定めるところにより，その地方公共団体の住民の投票においてその過半数の同意を得なければ，国会は，これを制定することができない。

(3)　地方財政

地方公共団体の財源には，使途が特定されず，どの経費にも使用できる一般財源（地方税，地方交付税交付金）と，使途が決められている特定財源（国庫支出金，地方債）がある。

地方交付税交付金	地方公共団体間の財産格差是正を目的として国税収入の一定割合を地方に配分するもの。**使途に制限はない**。
国庫支出金	**国が使途を限定して地方に交付する財源のこと。**
地方債	**地方公共団体が財源不足を補う目的で発行する債券のこと。**

(4) 三割自治

地方公共団体の自主財源が収入の3～4割程度であり，歳入の多くを国からの地方交付税交付金や国庫支出金に依存していた状況のこと。税源移譲などの結果，現在では5割近くに改善されている。

(5) 三位一体改革

国庫補助金（国庫支出金）を削減し，地方交付税交付金を見直すとともに国から地方への税源移譲を行うことで地方公共団体の税財源のしくみを改革すること。地方分権の推進を目的としている。

(6) 市町村合併

市町村数を削減し，地方公共団体の行財政基盤の強化・拡大を図り，地方分権を推進する構想のこと。1999年時点で3,200余りあった市町村数は，2010年には1,700余りにまで減少し，「平成の大合併」は一区切りした。

●**道州制**……都道府県より広い区域を設けて行政機能をもたせ，スリムな政府の実現や地方の自立発展などを目的とする地方自治制度の抜本的な改革案のこと。

20 憲法改正

Point Check

1 憲法改正 ▶各議院の総議員の3分の2以上の賛成で国会が発議し，国民投票において過半数の賛成が必要。

(1) 憲法改正

日本国憲法では，憲法の最高法規性を確保するために，改正に際しては通常の法律改正手続きよりも厳格な手続きが必要とされる（硬性憲法）。

(2) 憲法改正の手続き

① **国会の発議**

各議院の総議員の3分の2以上の賛成で国会が発議する。**憲法改正の発議**には**衆議院の優越はない**。

② **国民の承認**

国会の発議の後，特別の**国民投票**または国会の定める選挙の際に行われる投票において，**投票総数**（賛成票と反対票の合計数）**の過半数の賛成**を必要とする。

③ 公布

天皇により，国民の名で直ちに公布が行われる。

> **日本国憲法第96条（憲法改正の手続と公布）**
>
> 1項　この憲法の改正は，各議院の総議員の**3分の2以上**の賛成で，国会が，これを発議し，国民に提案してその承認を経なければならない。この承認には，特別の国民投票又は国会の定める選挙の際行はれる投票において，その**過半数**の賛成を必要とする。
>
> 2項　憲法改正について前項の承認を経たときは，天皇は，国民の名で，この憲法と一体を成すものとして，直ちにこれを公布する。

●**国民投票法**……日本国憲法の改正に必要な国民投票の手続きを定めた法律。投票権者を**原則18歳以上**とし，投票の結果，憲法改正に対する賛成投票の数が**有効投票総数の2分の1**を超える場合は，憲法改正について，国民の承認があるものと規定している。

※2010年5月に施行されたが，2014年6月施行の改正法で，投票権年齢を2018年6月から「満18歳以上」に引き下げるとされた（それまでは満20歳以上）。

●**民法改正**

民法改正に伴い，2022年4月より成人年齢が，20歳から18歳に引き下げられた。

18歳になったらできること	①親の同意がない携帯電話，ローン，クレジットカードなどの契約，②結婚，③10年有効のパスポートの取得，④公認会計士や司法書士，医師免許などの国家資格取得，⑤性同一性障害者の性別取扱いの変更審判，⑥普通自動車免許の取得，⑦裁判員　など
20歳にならないとできないこと	①飲酒，②喫煙，③競馬，競輪等の投票券の購入，④養子を迎える，⑤大型・中型自動車運転免許の取得　など

確認問題

3 新しい人権の組み合わせとして正しいのはどれか。

ア．プライバシーの権利
イ．教育を受ける権利
ウ．環境権
エ．裁判を受ける権利
オ．知る権利

① ア，イ，エ　② ア，イ，オ　③ ア，ウ，オ
④ イ，ウ，エ　⑤ ウ，エ，オ

4 国会に関する次の問いに答えよ。

(1) 毎年1回，1月に召集される国会を何というか。
(2) 上記(1)の会期は何日か。
(3) 衆議院の解散による総選挙後，30日以内に召集される国会を何というか。

5 内閣の権限として誤っているものはどれか。

① 外交関係を処理すること。
② 予算を作成して国会に提出すること。
③ 法律を誠実に執行し，国務を総理すること。
④ 条約を締結すること。
⑤ 弾劾裁判所を設置すること。

6 法律が憲法に適合するかどうかを裁判所が審査する権限のことを何というか。

7 地方公共団体の議会が制定する地方公共団体の法規のことを何というか。

3 現代政治の特質

●ポイント

選挙制度についてが最頻出である。衆議院・参議院の定数及びそれぞれの選挙制度のしくみについて，確実に理解しておく必要がある。

1 選挙制度

Point Check

1 **小選挙区制** ▶1選挙区から1名選出。死票が多い。
2 **小選挙区比例代表並立制** ▶衆議院の選挙制度。小選挙区選挙と比例代表選挙で選出する。
3 **非拘束（一部拘束）名簿式** ▶参議院比例代表選挙で採用されている。候補者個人の得票数が多い順に当選者が確定する制度。なお，比例区では個人の得票数に関係なく優先的に当選できる「特定枠」を政党の判断で採用できるようになった。

(1) **選挙区制**

議会の代表者を選出する基本的な単位のこと。

小選挙区制	**1選挙区から1名を選出**する。多数党に有利で，政局は安定するが，当選者の決定に結びつかなかった票，つまり**死票が多く**，ゲリマンダーの危険性が高い。
大選挙区制	1選挙区から2名以上を選出する。死票は少なく，少数政党からも代表者を選出できるが，小党分立をまねきやすく，政局が不安定になりがちである。
比例代表制	政党の得票数に比例して議席が配分される制度で，少数政党に有利。

●ゲリマンダー……政権を担当している政党が，自党に有利なように選挙区割りを改変すること。

(2)　我が国の選挙制度

	定　数	任　期	被選挙権	選挙区
衆議院	**465名** 〔**小選挙区　289名** **比例代表　176名**〕	4年 （解散あり）	25歳以上	・289の小選挙区 ・全国を11ブロックとする比例代表 （拘束名簿式）
参議院	**248名** 〔**選挙区　148名** **比例代表　100名**〕	6年 （3年ごとに半数改選）	30歳以上	・都道府県単位の選挙区 ・全国を1単位とする比例代表 **（非拘束（一部拘束）名簿式）**

①　衆議院選挙

小選挙区比例代表並立制

1）**小選挙区制**

得票数が最も多い候補者1名が当選。

2）**比例代表制**

各政党に投票された得票数に応じて議席数が決まり，各政党の提出した名簿の登載順位に従って当選者が確定する**拘束名簿式**が採用されている。

●**重複立候補**……政党候補者は小選挙区と比例代表の重複立候補が認められているので，小選挙区で落選しても，比例で復活当選ができる。ただし，復活当選には小選挙区での得票が有効投票総数の10分の1以上必要。

②　参議院選挙

選挙区選挙と比例代表選挙

1）**選挙区制**（都道府県単位）

定数は2～12名（3年ごとに半数改選なので実際は1～6名）。

2）**比例代表制**

有権者が個人名あるいは政党名を記入して投票し，政党に比例配分された議席数について，**候補者個人の得票数が多い順に当選者が確定する非拘束名簿式**が採用されている。

●**ドント式**……比例代表選挙における議席の配分方式。各政党の得票数を1，2，3・・・という整数で割り，その商の大きい順に各党に議席を与えるという方式。

●比例代表議員の政党移動の禁止……比例代表で当選した議員は，当選後に当該選挙で争った他の政党に移ることは禁止されている。ただし無所属になることは可。

2 我が国の選挙制度の問題点

Point Check

1	**公職選挙法**	▶我が国の選挙制度，選挙運動の規制などを規定。
2	**戸別訪問**	▶買収・利益誘導禁止などの弊害があるため禁止。
3	**連座制**	▶選挙運動の総括責任者などが選挙違反を犯し，刑に処せられた場合，候補者の当選が無効になること。
4	**一票の格差**	▶議員定数と有権者数の比率に大きな格差が生じること。

(1) 公職選挙法

選挙が公正かつ適正に行われるよう選挙手続きや選挙運動などに関して詳細に規定している法律。

選挙権年齢	2015年6月の改正公職選挙法により，選挙権年齢が20歳以上から**18歳以上に引き下げ**られた。2016年の参議院選挙から適用。
選挙運動の規制	①事前運動の禁止，②**戸別訪問の禁止**，③連座制（候補者の選挙運動の統括責任者などが選挙違反により禁錮以上の刑に処せられた場合，候補者本人の当選が無効となる），④インターネットによる選挙運動は可能であるが，メールは政党・候補者のみ認められる。

※改正公職選挙法（2016年4月成立）……①自治体に住む有権者が誰でも投票できる「**共通投票所**」を駅・商業施設などに設置，②期日前投票で最大2時間，開始時間の前倒しや終了時刻の延長可（①，②は自治体の裁量），③投票所に同行できる子どもを「**幼児**」から「**18歳未満**」に拡大。

(2) 議員定数不均衡問題

一票の価値を測る指標は議員一人あたりの有権者数である。各選挙区の議員定数と有権者数の比率に大きな格差が生じることを**一票の格差**といい，公職選挙法にも，議員定数の不均衡は手直しされなくてはならないと規定されている。最高裁判所は，衆議院小選挙区選挙については**2.13倍**，参議院選挙区選挙については**4.77倍**を**違憲状態**と判示している（ただし選挙自体は有効）。

※在外投票……海外在住の日本人は従来，衆参の比例区でしか投票できなかったが，最高裁違憲判決を受けて公職選挙法が改正され，選挙区と比例区の両方で投票が可能となった。

確認問題

8 次の表の空欄に入る語句を答えよ。

	被選挙権	定　　数	任　　期
衆議院	（　A　）歳以上	465名 〔小選挙区（　C　）名 比例代表（　D　）名〕	（　G　）年 解散あり
参議院	（　B　）歳以上	248名 〔選 挙 区（　E　）名 比例代表（　F　）名〕	（　H　）年 3年ごと半数改選

9 衆議院議員選挙で採用されている小選挙区比例代表並立制に関する記述として誤っているものはどれか。

① 有権者は，小選挙区と比例代表のそれぞれに一票ずつ投票する。
② 小選挙区選挙で落選しても，比例代表選挙で当選する場合がある。
③ 比例代表で当選した議員は，後日，選挙時に争った他の政党に移ることは禁止されている。
④ 比例代表は，全国を10ブロックに分けている。
⑤ 比例代表は，各政党の得票数を各ブロックごとに集計し，ドント方式で各党に議席数を比例配分する。

10 我が国の選挙制度における問題点として誤っているものはどれか。

① 公職選挙法は，選挙運動における規制などを規定した法律である。
② 戸別訪問は主要な選挙運動の一つとして認められている。
③ 候補者の選挙運動の総括責任者などが選挙犯罪によって刑に処せられた場合，その候補者の当選は無効になる。
④ 議員定数と有権者数の比率の差が大きいことを一票の格差といい，最高裁は衆議院選挙について違憲判決を下したこともある。
⑤ 我が国では，投票は無記名で行う。

5

経済

Open Sesame

1 現代経済の特徴と働き

●ポイント

金融と財政が最頻出分野である。前者については日本銀行の金融政策，後者については租税の分類が重要。また，インフレーション・デフレーションなど景気変動も出題が多い。それぞれのしくみ・理論を正確に理解しておこう。

1 市場経済のしくみ

Point Check

1 **需要曲線** ▶右下がり

2 **供給曲線** ▶右上がり

3 **アダム＝スミス** ▶『諸国民の富（国富論）』，神の「見えざる手」

(1) 需要と供給の法則

需要の法則	ある商品の価格が上昇すれば，その商品を欲しいと思う人は減るので需要量は減少し，価格が下落すれば，欲しいと思う人は増えるので需要量は増大する。したがって，**需要曲線(D)は右下がり**となる。
供給の法則	ある商品の価格が上昇すれば，その商品を売りたいと思う人は増えるので供給量は増大し，価格が下落すれば，売りたいと思う人は減るので供給量は減少する。したがって，**供給曲線(S)は右上がり**となる。

(2) **均衡価格**（市場価格）

需要量と供給量が一致したときの価格。需要曲線と供給曲線の交点で示される。

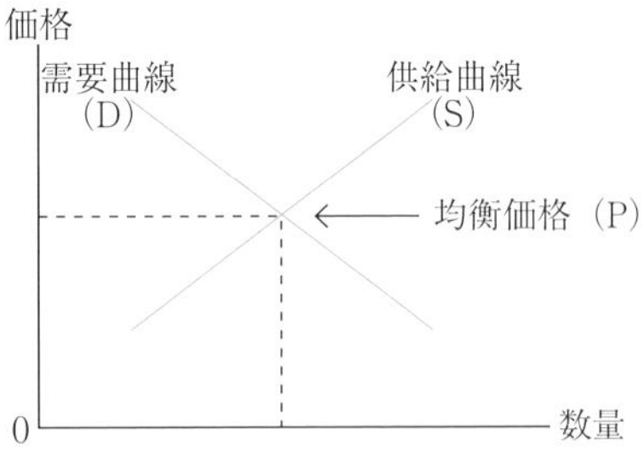

(3) 価格の自動調節機能

商品の価格が上がれば需要は減り，供給は増えて両者は一致するようになる。逆に価格が下がれば需要は増え，供給は減って両者は一致に向かう。このように，価格の変化を通じて**自動的に需要と供給を一致**させ資源の配分を通じて調整することを価格の自動調節機能という。

〈価格の自動調節機能のしくみ〉

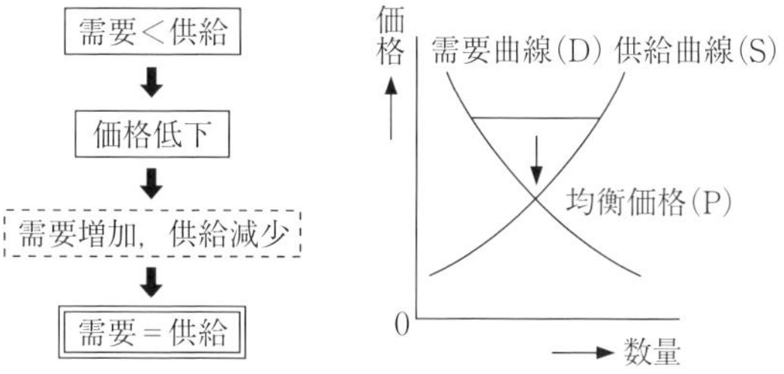

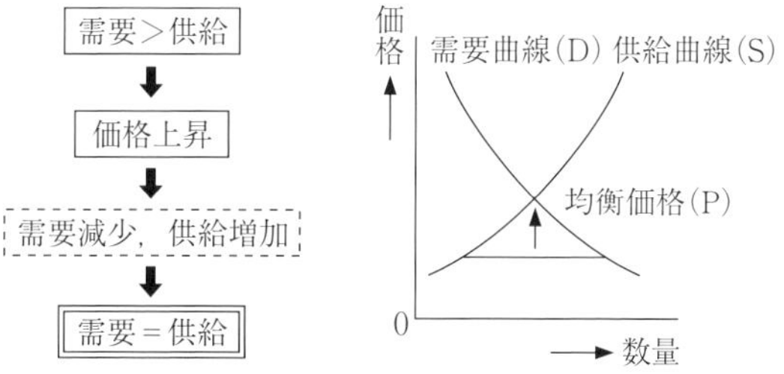

(4) アダム＝スミスの神の「見えざる手」

経済学の祖といわれる**アダム＝スミス**は，その著書『**諸国民の富（国富論）**』の中で，誰が命令するわけでもないのに最適な量に需要と供給が調整されるため，価格の自動調節機能のことを**神の「見えざる手」**が働いていると形容した。

〈参考〉その他の主要経済学者のまとめ

経済学者	主　著	キーワード
リカード	『経済学及び課税の原理』	比較生産費説，自由貿易
マルサス	『人口論』	食料問題
ケインズ	**『雇用，利子，及び貨幣の一般理論』**	完全雇用，有効需要， ニューディール政策

2 市場の形態

Point Check

1 **プライス・リーダー**	▶管理価格を設定して市場支配力をもつ企業のこと。
2 **カルテル(企業連合)**	▶同種産業の複数の企業が互いに独立性を保ったまま協定を結ぶこと。
3 **トラスト(企業合同)**	▶同種産業の複数の企業が独立性を捨てて合併し，大企業を形成すること。
4 **コンツェルン(企業連携)**	▶同種・異種産業を問わず，親会社が株式の保有などを通じて子会社の支配権を握ること。
5 **独占禁止法**	▶市場の独占や不公正な取引を制限し，公正で自由な競争を促進するための法律。

(1) 完全競争市場と不完全競争市場

需要と供給に関する価格の自動調節機能が働くのは，無数の買い手と無数の売り手が存在し，自由な商品取引がなされる場合に限られる。このような市場のことを**完全競争市場**という。一方，このような条件があてはまらない市場のことを**不完全競争市場**という。

(2) 独占と寡占

不完全競争市場の例としては，独占・寡占が挙げられる。

独占市場	ある生産部門における企業集中が進み，その生産部門を支配しているような市場のこと。独占価格が成立する。
寡占市場	少数の大企業により支配されている市場。
管理価格と価格の下方硬直性	寡占市場では，有力な企業が**プライス・リーダー**(価格先導者)となって価格を決定し，他の企業が暗黙のうちにこれに追随することで管理価格が形成される。管理価格は，ひとたび形成されると下落しにくい(価格の下方硬直性)。

(3) 企業の結合

寡占市場では，企業は市場の支配力を背景に利潤確保を図るため，協定・合併などで**資本の結合**を図ろうとする。

カルテル (企業連合)	同種産業の複数の企業が互いに独立性を保ったまま，価格・生産量・販路などについて**協定**を結ぶこと。
トラスト (企業合同)	同種産業の複数の企業が独立性を捨てて**合併**し，巨大企業となって市場で独占的な地位を占めようとすること。
コンツェルン (企業連携)	ある大規模企業が，同種・異種産業を問わず**株式の保有**や融資などによって，他の企業の支配権を獲得すること。親会社は**持株会社**の形態をとることが多い。

●**持株会社**……株式の所有を通じて他の企業を支配する会社のこと。戦前の日本の財閥のように市場支配につながるとして禁止されてきたが，**1997年の独占禁止法改正により原則として認められることになった。**

〈結合の形態〉

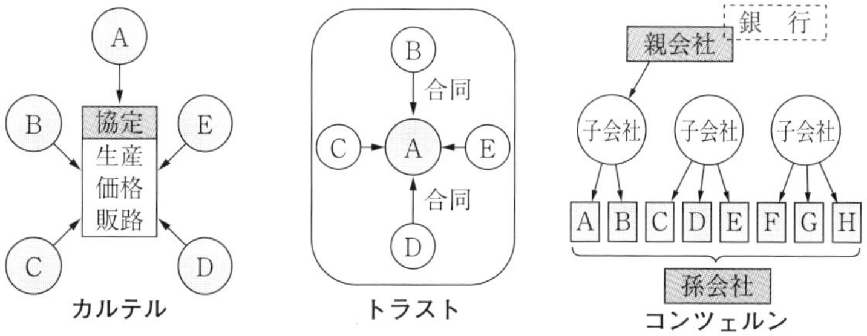

(4) 独占禁止政策

独占・寡占市場のように市場機構が働かなくなると，最適な資源配分が行われなくなることから，自由な競争を円滑にするための政策がとられている。

① **独占禁止法**

市場の独占や不公正な取引を制限・禁止し，公正で自由な競争を促進することを目的として1947年に制定された法律。

② **公正取引委員会**

独占禁止法の目的が達成されているかどうかを**監視**する行政委員会。内閣府に設置されている。

3 現代の企業

Point Check

1 **株式会社** ▶会社が必要とする資本を分割し株式として発行することで不特定多数の人から資金を調達する企業の形態。

2 **ベンチャー企業** ▶高度先端技術を駆使し，未開発の分野に参入する中小企業。

(1) 企業の種類

大別すると公企業と私企業に分けられる。

公企業	国・地方公共団体が経営する企業。
私企業	民間人が出資し経営する私的利潤を追求する企業。個人企業と株式会社のような法人企業に分けられる。

※この他に公私混合企業がある。また，**第三セクター**とは公的部門と私的部門の共同出資で運営される会社をいう。

(2) 株式会社

現代企業の中心は株式会社である。会社が必要とする資本を小口に細分化し，**株式として発行**し，不特定多数の人々から**資金を調達**する。出資者である株主が負う責任は**有限責任**で，株主の多くは経営に直接携わらない「**所有（資本）と経営の分離**」が特徴である。株式会社の最高意思決定機関は株主総会であり，株主は1株1票の原則により持株に応じて議決権を有する。しかし，株主総会は形骸化しているのが実情で，実質的な意思決定は取締役会で行われる。

(3) 現代企業の特徴

コングロマリット （複合企業）	関連のない異種の企業を合併・買収（**M&A**）することで，形成される大企業のこと。
多国籍企業	海外に多数の子会社をもち，**国際的規模で生産・販売**活動を行う企業のこと。
ベンチャー企業	高度先端技術を活用し，大企業が進出していない未開発の分野に参入する**中小企業**のこと。
アウトソーシング	企業の社内業務を社外の専門業者などに**委託**すること。

4 経済主体と経済循環

Point Check

1 **経済主体** ▶企業・家計・政府

2 **エンゲル係数** ▶家計の消費支出に占める飲食費の割合

(1) **経済主体**

企業・家計・政府をいい，これらは財・サービスの流れを通して結びついている。

企業	生産活動の主体。
家計	生産物(財・サービス)を消費する主体。
政府	経済政策(公共投資による社会資本の充実)の主体。企業と家計の経済活動基盤を整備する。

●**エンゲル係数**……**家計の消費支出に占める飲食費の割合**。高所得者ほど小さく，低所得者ほど大きくなる。日本のエンゲル係数は約27%(2021年)。

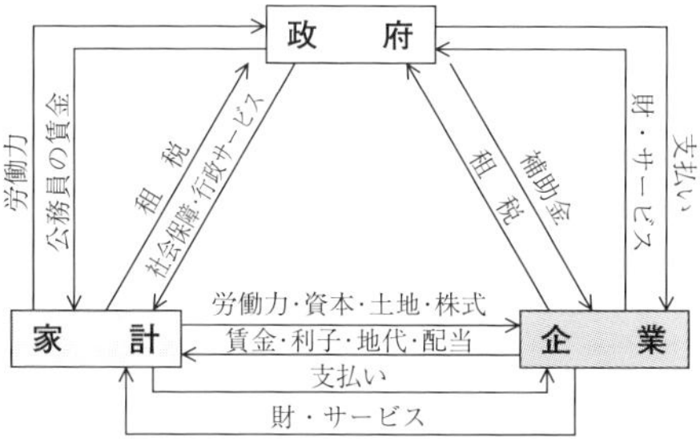

(2) **経済循環**

人間が財やサービスを生産し，これを消費して再び新たな財やサービスを生産するのが経済活動である。この**生産→消費→生産の繰り返し**のことを経済循環という。

5 国民所得

Point Check

1 **GDP(国内総生産)** ▶一年間にある一国内で生産された財・サービスの付加価値の合計額のこと。

2 **三面等価の原則** ▶生産国民所得・分配国民所得・支出国民所得の総額はいずれも等しいこと。

⑴　**国民所得**（広義）

①　**GDP（国内総生産）**

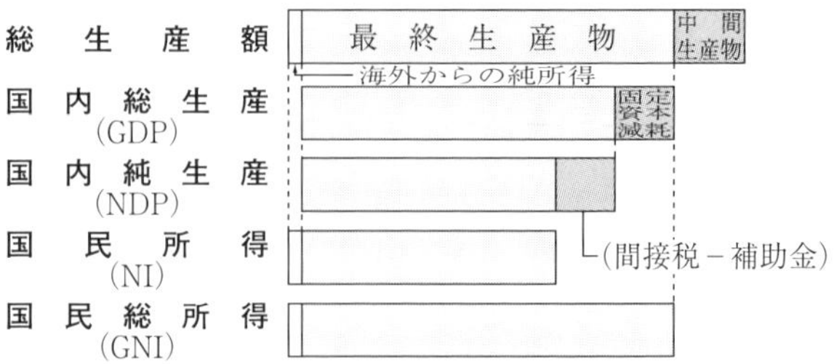

国内にある外国企業も含めて，一年間にある**一国内で生産された財・サービスの付加価値**（生産物を生産する過程で新たにつくり出された価値）**の合計額**のこと。

②　**NI（国民所得）**（狭義）

一年間に国民が新たに作り出した所得の合計額のこと。純粋な生産活動を測る指標となる。

●**三面等価の原則**……国民所得を，**生産**，**分配**，**支出面**からみた場合，いずれも**同じ額になる**こと。

※かつては経済指標としてはGNP（国民総生産）が使われていたが，現在ではGNI（国民総所得）が用いられるようになった。GNI（国民総所得）はGDP（国内総生産）に海外からの純所得（海外からの要素所得－海外への要素所得）を加えたものである。

※日本のGDPは4.9兆ドル（2021年）となっている。アメリカ（23.3兆ドル），中国（17.7兆ドル）に次ぎ世界第3位。

⑵　**国民所得の算出方法**

国内総生産	（GDP）	＝総生産額－中間生産物（原材料）価額 －海外からの純所得
国内純生産	（NDP）	＝国内総生産－固定資本減耗（減価償却費）
国民所得	（NI）	＝国民総所得－固定資本減耗－（間接税－補助金）

6　景気変動

Point Check

1　**景気変動**　▶景気が好況→後退→不況→回復の4つの局面を繰り返し循環すること。

2　**デフレーション**　▶物価が下落し，貨幣価値が上昇する現象。生産の減少・失業者の増大を招く。

(1) 景気変動

資本主義経済では見込み生産が行われることから，社会全体の生産（供給）と消費（需要）に不均衡が生じる。このため，**好況→後退→不況→回復という局面が循環**することになる。

●**恐慌**……不況が深刻になり，失業者の急増，物価の急落がおこり，経済が大きな混乱に陥った状況のこと。

〈景気変動とその局面〉

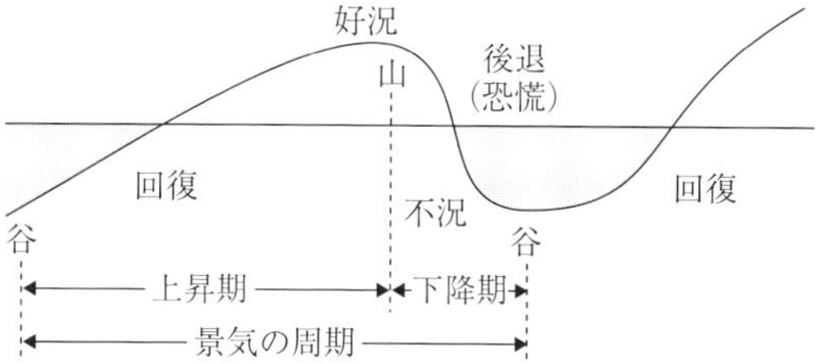

(2) 景気変動の波

景気変動は，周期やその原因によって次のように分類される。

		周　期	原　因
短期	**キチンの波**	約40ヵ月	在庫投資の増減
↕	**ジュグラーの波**	8～10年	設備投資の増減
↕	**クズネッツの波**	約20年	建築投資の増減
長期	**コンドラチェフの波**	50～60年	画期的な技術革新

(3) 経済成長

インフレーション	景気過熱に伴い物価が**上昇**し，貨幣価値が下落する現象。
デフレーション	景気後退に伴い物価が**下落**し，貨幣価値が上昇する現象。**生産は減少**，**失業者は増大**し不況となる。
デフレ・スパイラル	物価下落と景気後退が悪循環すること。一層物価が下落する。
スタグフレーション	景気が停滞しているにもかかわらず，物価が持続的に上昇する。

7 管理通貨制度

Point Check

1 **管理通貨制度** ▶通貨の発行量を金の保有量に関係なく，中央銀行·政府が決定できる制度。

2 **デノミネーション** ▶通貨単位を切り下げること。通貨の呼称単位を改めること。

(1) 管理通貨制度

一国の通貨発行量を金の保有量にかかわらず，**中央銀行や政府が必要に応じて決定**できる制度。金と交換できない不換紙幣が発行される。

●**金本位制度**……一国の通貨発行量が金の保有量によって決定される制度。金と交換できる兌換紙幣が発行される。不況になっても政府は通貨の増発はできず景気調整はしにくい。

(2) 通貨

流通手段や支払手段として実際に機能している貨幣のこと。**現金通貨**と**預金通貨**がある。

●現金通貨……日本銀行が発行する日本銀行券（紙幣）と政府が発行する硬貨（コイン）がある。

●預金通貨……普通預金や当座預金（手形・小切手を含む）など。

●マネーストック（通貨供給量）……企業や家計など民間部門（金融機関，政府を除く）が保有する通貨の総量。

●仮想通貨……インターネット上で通貨として利用でき，取引所を介して円やドルといった法定通貨と交換できる。代表格はビットコイン。

(3) デノミネーション

通貨単位を切り下げること，または通貨の呼称単位を変更すること。

8 日本銀行の役割

Point Check

1 日本銀行の三大業務 ▶発券銀行，銀行の銀行，政府の銀行

(1) 日本銀行

日本の中央銀行で1882年設立。1942年に日本銀行法に基づく特殊法人組織となった。市中銀行と違って，一般の家計や企業との取引きは行わない。

●日本銀行政策委員会……日本銀行の政策の基本方針を決定する。9名の委員(外部有識者6名，日本銀行の正副総裁3名)で構成される。

(2) 日本銀行の三大業務

発券銀行，**銀行の銀行**，**政府の銀行**としての役割を担う。

発券銀行	**日本銀行券**を独占的に発行することが認められている。
銀行の銀行	市中銀行に対し，資金の貸付，準備金の受け入れなどを行う。
政府の銀行	政府にかわって税金などの国庫金の保管や出納，国債の発行・償還に関する事務の代行，外国為替事務の代行，政府への短期資金の貸付などを行う。

●普通銀行の業務

① 預金業務
企業や家計などから資金を預かる。

② 貸付け業務
銀行は貸付に際し，企業・家計から一定の利息を取り立て，預金者に対しては一定の利息を支払う。

③ 為替業務
遠隔地間の送金や貸借決済のために為替に関する業務を行う。

9 金融政策

Point Check

1 **金融政策** ▶公開市場操作，預金準備率操作
2 **非伝統的金融政策** ▶ゼロ金利政策，量的緩和政策

(1) 日本銀行の金融政策

日本（中央）銀行が経済事情に応じて通貨供給量を調節して，物価や景気などに影響を与えること。主なものとして，**公開市場操作**（オープン＝マーケット＝オペレーション），**預金**（支払）**準備率操作**の2つがあるが，公開市場操作が中心的手段となっている。

名　称	定　義
公開市場操作（オープン＝マーケット＝オペレーション）	日本銀行が市中銀行を相手に，国債や手形などの有価証券を公開の市場で売買することにより通貨量を調整しようとする政策。政策金利となるのは無担保コールレート（翌日物）※。 ① **景気過熱時**……有価証券を売却する**売りオペレーション**を行う。 ② **景気停滞時**……有価証券を購入する**買いオペレーション**を行う。
預金（支払）**準備率操作**	市中銀行が受け入れた預金のうち，日本銀行に預け入れる割合（預金準備率）を操作することにより，市中銀行が貸出に回すことのできる手持ち資金の量を調節しようとする政策。 ① **景気過熱時**……預金準備率を**引き上げる**。 ② **景気停滞時**……預金準備率を**引き下げる**。

※無担保コールレート（翌日物）…コールレートとは，短期金融市場のうち，金融機関の間で資金の融通が行われるコール市場の金利のこと。無担保で資金を貸し借りする際の金利を無担保コールレートといい，借り入れた翌日に返済するものを翌日物（オーバーナイト物）と呼ぶ。

※かつて金融政策の最も基本的な手段は**公定歩合操作**（金利政策）であったが，金利の自由化にともない，金融政策の手段としては用いられていない。現在，公定歩合は「基準割引率および基準貸付利率」とよばれる。

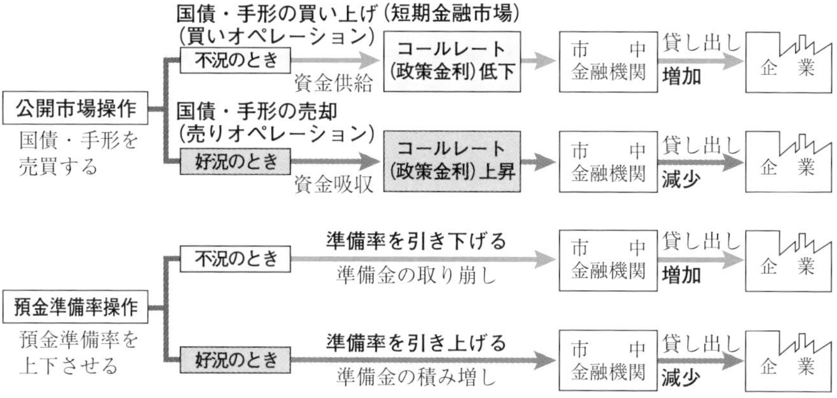

(2)　非伝統的金融政策

日本銀行が1990年代後半以降，景気回復を図るために実施してきた政策のこと。ゼロ金利政策や量的緩和政策などがある。

●**ゼロ金利政策**…政策金利を０％に近づける政策。

●**量的緩和政策**…政策目標を金利ではなく通貨量に置き，日銀当座預金残高を高めることで，市中に出回る通貨量の増加を図る政策。

▲　発　展　▼

〈経済に関する用語〉

①　**M＆A**

企業の買収・合併のこと。日本におけるＭ＆Ａは，90年代後半は業績不振企業の再生手法として外資系企業が買収する傾向にあったが，2000年以降は事業拡大を主目的とした日本企業同士のＭ＆Ａが増加している。

②　**コーポレート・ガバナンス**

株主の利益に反する経営が行われないよう経営者を監視・チェックするしくみのこと。企業統治ともよばれる。

③　**ジニ係数**

所得分配の不平等度を表す指標。完全に平等の場合には0を示し，不平等度が高まるにつれて1に近づく。

④　**デフォルト**

債務不履行。本来履行されるべき債務が履行されなくなること。政府や企業など債券を発行した者が，利払いや元本の償還を行えなくなる状態に陥ることなどを指す。

⑤　**ペイオフ**

金融機関が経営破綻した場合，預金者1人につき元本1,000万円とその利息を限度として，預金保険機構が破綻した金融機関に代わって預金者に払い戻しをする制度。

10 財政のしくみ

Point Check

1 財政の機能 ▶資源配分機能，所得再分配機能，経済安定化機能。

2 財政投融資 ▶国が民間の有償資金をもって行う投資や融資活動のこと。

(1) 財政の機能

財政とは国や地方公共団体がその活動に必要な資金を徴収し，支出する活動をいう。その機能には，**資源配分機能**，**所得再分配機能**，**経済安定化機能**がある。

資源配分機能	市場機構によっては十分に供給できず，政府が供給する方が好ましいと考えられる公共財・公共サービスを供給し，国民生活の向上を図り，適切な資源配分を行う。
所得再分配機能	所得の不平等を是正するため，所得税などに累進課税制度を採用し，高所得者からより多くの税金を徴収し，これを生活保護や失業保険などの社会保障制度を通じて低所得者に再分配する。
経済安定化機能	景気動向に対応して**政策的・裁量的**に財政支出（公共投資など）を伸縮させる**補整的財政政策**（**フィスカル＝ポリシー**）を行い，経済を安定化させる。 ① **好況期**……**財政支出の削減や増税**などを行って，有効需要を抑えて景気を抑制する。 ② **不況期**……**財政支出の拡大や減税**などを行って，有効需要を創出して景気を刺激する。

〈財政の３つの機能のまとめ〉

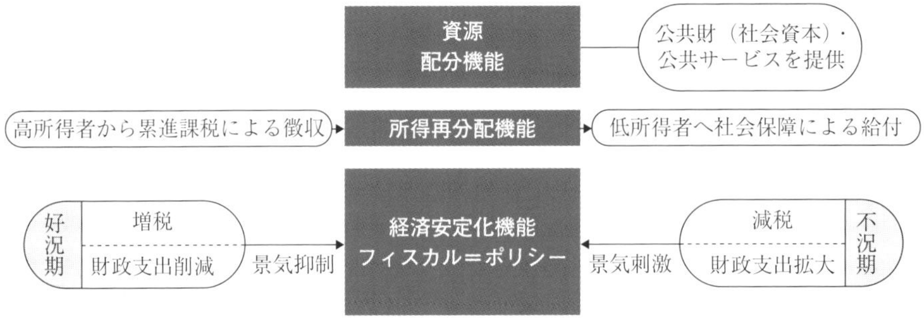

(2) ビルトイン＝スタビライザー（自動安定装置）

財政の中に組み込まれた**累進課税制度**や**社会保障制度**（失業保険や生活保護）が，**自動的に景気を調節する機能**をもつこと。

〈ビルトイン＝スタビライザーのしくみ〉

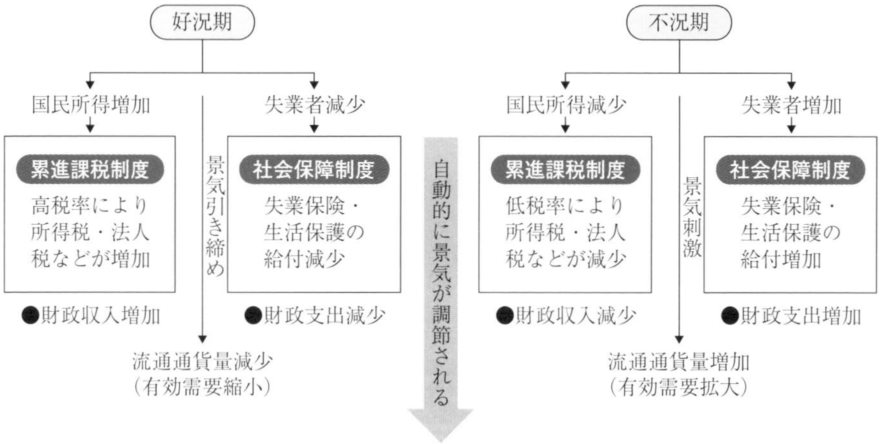

(3) 財政投融資

国の信用に基づいて調達した資金などを用いて行う投資や融資活動のこと。民間では実施が困難な大規模プロジェクトや社会資本整備，長期資金の融資を行う。財政投融資計画の策定にあたっては，予算と一体のものとして**国会の審議・議決**を受ける。

▲ 発 展 ▼

〈ケインズ革命〉

1929年の世界恐慌は，生産の停滞，失業者の増大をまねき，世界経済を混乱におとしいれた。イギリスの経済学者**ケインズ**は，その著書『**雇用，利子，及び貨幣の一般理論**』で，個人が消費すれば国民所得水準が上がると考え，不況下では，個人に消費する力（**有効需要**）が足りないのであるから，国家がこれにかわって消費を行えばよいとした。この理論を採用したのがアメリカのF.ローズヴェルト大統領であり，**ニューディール政策**として実施された。これ以降，世界的に不況下では公共事業などの積極的な財政出動が一般化していった。

※ケインズのように政府の財政金融政策を通じて完全雇用を実現する理論を**修正資本主義**という。

11 租税制度

Point Check

1 **直接税** ▶所得税，法人税，相続税……国税
住民税，固定資産税……地方税

2 **間接税** ▶消費税，酒税，関税……国税

(1) 租税の種類

担税者が納税者と同一か否かにより**直接税**と**間接税**に，徴税主体の違いにより**国税**と**地方税**に分けられる。

直接税	実際に税を負担する担税者と，税を納める納税者が同一である税のこと。
間接税	担税者と納税者が異なる税のこと。所得水準にかかわらず，税率が一定であるため，税金を効率よく集めることができる。

国　税	国が徴収主体となり，国庫収入となる税のこと。
地方税	地方公共団体が徴収主体となり，地方収入となる税のこと。

主な税目を上記の区分で分類すると以下のようになる。

		直接税	間接税
国税		所得税，法人税 相続税，贈与税 地価税	※消費税，酒税 たばこ税，関税
地方税	**道府県税**	道府県民税，事業税 自動車税	※地方消費税，道府県たばこ税 不動産取得税，ゴルフ場利用税
	市町村税	市町村民税，固定資産税 軽自動車税，都市計画税	市町村たばこ税 入湯税

※「10％」の消費税とは，消費税（国税）の7.8％分と地方消費税（地方税）の2.2％分を合計したものを指す。「8％」の消費税とは，消費税（国税）の6.24％分と地方消費税（地方税）の1.76％分を合計したものを指す。

※直接税・国税の覚え方

彫刻を包装しよう
（直）（国）（法）（相）（所）

(2) 累進課税と大衆（逆進）課税

累進課税	所得の多い人ほど高税率の税金を納めること。所得税などで採用されている。所得格差の是正が目的であり，財政の**所得再分配機能**がある。
大衆（逆進）課税	消費税は所得の高低にかかわらず，一律の税率で課税が行われることから大衆課税とよばれる。消費税は所得の低い者ほど税負担が大きくなる逆進課税である。

※直接税が景気変動による税収の影響を受けやすいのに対して，間接税は景気変動による影響を受けにくく安定した税収を確保できるというメリットをもつ。

(3) 直間比率

税収入全体に占める直接税と間接税の比率のこと。国税における直間比率は**直接税の割合の方が高い**。

※戦前は間接税の割合が高かったが，終戦直後の**シャウプ勧告**によって**直接税を中心**とする税体系に改められた。

〈国税の収入税目〉

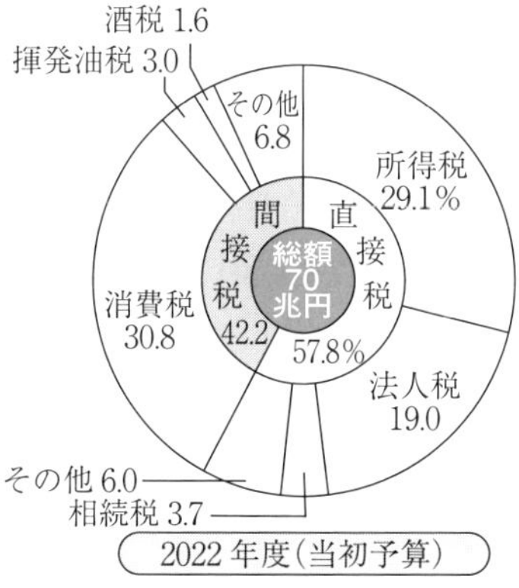

(日本国勢図会 2023/24)

(4) 国民負担率

国民所得に対する国民の租税負担額と社会保障負担額の割合のこと。日本では**46.8%**(2023年度見通し)で，ヨーロッパ諸国に比べ低く，アメリカより高い。

〈国民負担率の国際比較(%)〉

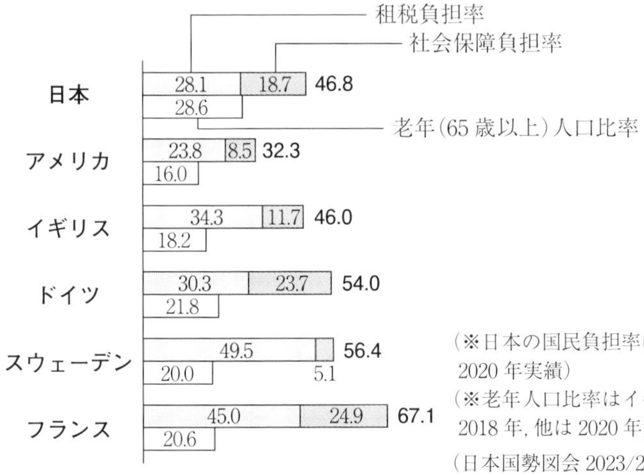

(※日本の国民負担率は2023年度見通し，他は2020年実績)
(※老年人口比率はイギリスとアメリカは2018年，他は2020年)
(日本国勢図会2023/24，世界国勢図会2022/23)

(5) 税と社会保障の一体改革

社会保障の安定した財源を確保するため，3%に設定されていた消費税率を1997年に5%，2014年に8%，さらに2019年10月に10%(食料品などには軽減税率制度を実施)へと段階的に引き上げた。消費税収の増額分(国分)は年金・医療・介護・少子化対策の社会保障4分野に充てられる。

12 予算

Point Check

1 **歳入の内訳** ▶税収約61％，公債金約31％（2023年度）

2 **歳出の内訳** ▶社会保障関係費約32%，国債費約22%，
地方交付税交付金約14%（2023年度）

(1) 予算

一会計年度における歳入・歳出の見積り。一般会計予算，特別会計予算，政府関係機関予算などがある。通常，予算といった場合には一般会計予算を指す。

(2) 一般会計予算の内訳

一般会計総額は約114.4兆円（2023年度）。

① 歳入

税収などが約61％，国の借金である**公債金が約31％**。税収不足を公債金の発行で補っているかたちとなる。

一般会計歳入総額	114兆3,812億円
租税・印紙収入	69兆4,400億円（60.7%）
税外収入	9兆3,182億円（8.1%）
公債金	35兆6,230億円（31.1%）

（2023年度予算案，カッコ内は構成比）

② 歳出

国家的な政策経費である一般歳出とそれ以外に分けられる。一般歳出では**社会保障関係費が最も多く**，歳出全体の約3分の1（32.3％）を占める。歳出全体では，以下，**国債費**（22.1％），**地方交付税交付金**（14.1％）の順となる。

●三位一体改革……補助金の削減・国から地方への税財源移譲・地方交付税の見直しのこと。地方の自立と地域経済の発展を目的としており，2004～06年度の3年間で4.7兆円の補助金の削減，3兆円の税源移譲，5.1兆円の交付税削減を実現した。

〈2023年度一般会計歳出予算案〉

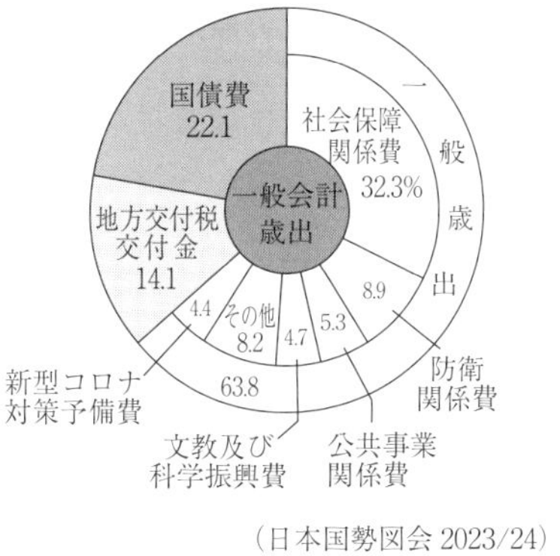

（日本国勢図会 2023/24）

13 国債

Point Check

1 **赤字国債** ▶一般会計歳入不足を補う国債。財政法上発行が禁止されており，特例法を制定して発行する。

2 **国債依存度** ▶一般会計歳出に占める国債発行額の割合。31.1％（2023年度概算）

(1) 国債――建設国債と赤字国債（特例国債）

国債とは，政府が**必要な資金を借り入れるために発行**する債券のこと（国の借金）。建設国債と赤字国債（特例国債）がある。

名　称	定　　義
建設国債	道路など社会資本建設に使われる**公共事業費を賄う**ために発行される国債。財政法上発行が認められている。
赤字国債 **（特例国債）**	一般会計歳入の不足分を補い，人件費などの**経常的な支出に充当**するために発行される国債。財政法上発行が禁止されており，その都度**財政特例法を制定**して発行する。

(2) 国債依存度

一般会計歳出に占める国債発行額の割合。2023年度は31.1％。この数字が高いと，後の返済額（国債費）が増え，財政支出に占める一般歳出が減り，**財政の硬直化**をまねく。

(3) 国債市中消化の原則

政府が発行する国債を日本銀行が引き受けることを禁止し，個人や市中銀行が買い取る原則。インフレーションの発生を防ぐためである。

(4) 国債発行の歴史

●1965年度……昭和40年不況に際し，戦後初めての赤字国債が発行される。
●1966年度……この年度以降，建設国債が毎年発行される。
●1975年度……**第一次石油危機**による景気減速のため赤字国債が発行される。この年度以降，バブル景気を除き，赤字国債が毎年度発行されている。

確認問題

1 独占の形態に関する次の記述の空欄に入る語句を答えよ。

(1) 同業種の企業が価格・生産量・販売ルートについて協定を結ぶことを（　A　）という。

(2) 同業種の企業が独立性を捨てて合併することを（　B　）といい，これにより企業は大きく拡大する。

(3) 異業種の企業が持株会社を中心に資本的に結びつくことを（　C　）という。

2 租税に関する次の表の空欄に入るものをア～カより2つずつ選べ。

	国　税	地方税
直接税	所得税 （　A　）	住民税 （　B　）
間接税	関税 （　C　） たばこ税	都道府県たばこ税

ア．酒税　　イ．法人税　　ウ．固定資産税　　エ．事業税
オ．消費税　　カ．相続税

2 日本経済史と現代社会の課題

●ポイント

消費者問題の出題が頻出である。PL法，クーリング・オフなどそのしくみをしっかり理解しよう。

1 日本経済の発展

Point Check

1 バブル経済 ▶1986～91年。超低金利政策から土地・株式への過剰な投機が行われ，51ヵ月もの間好況が続いた。

(1) 戦後復興

① **三大経済民主化政策**(1945年～50年代)

財閥解体・農地改革・労働関係の民主化のこと。

② **傾斜生産方式**(1947～48年)

石炭・鉄鋼など基幹産業に重点的に資金・労働力を投入すること。

③ 経済安定9原則(1948年)

インフレ収束のためのGHQ指令のこと。これを具体化したものが**ドッジ＝ライン**で，**1ドル＝360円の単一為替レートの設定**などを内容とする。

④ **朝鮮特需**(1950～53年)

朝鮮戦争の物資調達に伴う特別需要により，戦前の鉱工業生産水準を回復。

(2) 高度(経済)成長

1955～73年にかけて年平均経済成長率が10%を超える高度経済成長を達成したこと。

① **神武景気**(1955～57年)

技術革新，民間設備投資に支えられ，**三種の神器**(冷蔵庫，洗濯機，白黒テレビ)の耐久消費材ブームがおこり，景気の原動力となった。

② **岩戸景気**(1958～61年)

池田勇人内閣の「**国民所得倍増計画**」により投資が活発化。

③ **オリンピック景気**（1962～64年）

東京オリンピック開催に向けて，新幹線・高速道路建設が進む。

④ **いざなぎ景気**（1965～70年）

輸出中心の大型景気。景気拡大期間は57ヵ月間に及ぶ。

(3) 安定成長への移行

1973年の**第一次石油危機**を契機に高度経済成長は終了し，以後年平均成長率3～5％の低成長の時代へと入る。

※1974年には戦後初のマイナス成長を記録した。

(4) プラザ合意（1985年）

ドル高・円安是正のための国際会議。会議の後，急速に**円高**・ドル安が進み，日本国内の輸出企業が打撃を受ける**円高不況が深刻**になった。

(5) 平成景気（バブル経済）（1986～91年）

円高不況対策として実施された**超低金利政策**から，土地や株式への過剰な投機が行われ，財テクブームがおこった。地価や株価が実体評価以上に高騰し，それにけん引されるかたちで消費が拡大，**いざなぎ景気**にあと一歩と迫る51ヵ月間に及ぶ**好況**を記録した。

(6) 平成不況（1991～93年）

バブル経済の崩壊に伴う個人消費や設備投資の低迷。企業倒産が増加した。

〈戦後の経済成長〉

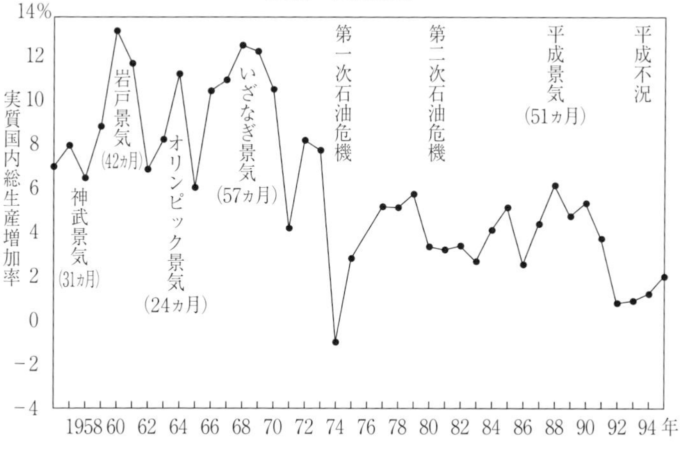

2 日本経済の構造の特徴

Point Check

1 **経済の二重構造** ▶少数の大企業と大多数の中小零細企業の格差，農業と工業の格差のこと。

2 **産業構造の高度化** ▶産業構造の中心が第1次産業から第2・第3次産業へと移ること。

3 **産業の空洞化** ▶国内産業が海外に進出した結果，その産業が国内で衰退すること。

(1) 経済の二重構造

少数の大企業と大多数の中小零細企業との間の賃金・生産性・労働時間などの**格差**のこと。農業と工業との間の経済格差についてもいう。

●中小企業……中小企業基本法によれば，例えば製造業の場合，資本金3億円以下，従業員数300人以下の企業が該当する。中小企業は大企業との関係で，景気変動の調節弁のように利用される。

(2) 産業構造の高度化

経済の成長に伴い，産業構造の中心が，**第1次産業から第2次産業，第3次産業へと移行**していくこと。この現象を**ペティ＝クラークの法則**という。

●経済のソフト化・サービス化……モノよりも情報やサービスなどソフト面での価値が高まりつつある傾向のこと。

(3) 国内産業の空洞化

1985年のプラザ合意以降，円高が進んだことで，製造業を中心とした企業は海外に工場を移転するようになった。このため，国内ではその**生産部門が衰退**し，雇用の減少など国内産業が空洞化する現象がみられるようになった。

3 農業問題

Point Check

1 日本の食料自給率（カロリーベース） ▶38%（2021年）

(1) 新食糧法

主要食糧の生産・販売を国が管理することを規定した食糧管理法にかわり，1995年に施行された。米流通における市場原理の導入などを内容とする。これにより，**自主流通米**が流通の中心となった。

(2) 食料・農業・農村基本法

農業の生産性向上を図ることを目的とした農業基本法にかわり，1999年に制定された法律で，**消費者重視**や食料自給率の改善などを明記している。

(3) 農産物開放経過

1991年	**牛肉・オレンジの輸入自由化**。
1993年	**GATTウルグアイ・ラウンド合意**で米の部分的開放決定。ミニマム・アクセス（最低輸入量）導入。
1999年	**コメの関税化**による輸入自由化。

(4) 近年の農業問題など

① 食料自給率

2021年度におけるカロリーベースの食料自給率は**38%**となっている。穀物全体の自給率も29%と低い。

② トレーサビリティ

食の安全を確保するため，食品などがいつ，どこで，どのような経路で生産・流通・消費されたか全履歴を追跡しうる制度。BSE（牛海綿状脳症）の発生を契機として，2003年に牛肉トレーサビリティ法が成立し，2011年には米のトレーサビリティ法が完全施行された。

③ **地産地消**

地元でとれた農産物を地元で消費すること。学校給食でもとり入れられるようになった。一人一人が食について考える**食育**については2005年に食育基本法が施行され，食育推進運動の展開が盛り込まれた。

④ **農山漁村の6次産業化**

第1次産業である農林水産業について，加工，販売の一体化や，地域資源を活用した新たな産業の創出を促進すること。雇用と所得を確保し，若者が集落に定住できる社会を構築するため，農林水産省が推進している。

4 消費者問題

Point Check

1	**消費者4つの権利**	▶ケネディ大統領が提唱。安全を求める権利，知らされる権利，選択の権利，意見反映の権利の4つ。
2	**PL（製造物責任）法**	▶製品の欠陥により消費者が損害を被った場合，企業側の過失の有無にかかわらず製造業者の損害賠償責任を認める法律。
3	**クーリング・オフ**	▶消費者が契約を締結し商品を購入した後でも，一定期間内であれば無条件で契約を解除できる制度。

(1) **消費者4つの権利**

1962年にアメリカの**ケネディ大統領**が提唱した権利。**安全を求める権利，知らされる権利，選択の権利，意見反映の権利**の4つ。

(2) 消費者保護法制

PL法 **（製造物責任法）** （1995年施行）	消費者が商品の欠陥や説明不足が原因で損害を受けた場合，製造業者など**企業側の過失の有無にかかわらず**，企業に**損害賠償責任を負わせる**ことができる法律。
消費者契約法 （2001年施行）	個人と企業の取引のうち，労働契約を除くすべての契約を対象に消費者の保護を図る法律。企業の不当行為の差し止めなどを求める消費者団体訴訟制度が設けられている。
特定商取引法 （2001年施行）	旧訪問販売法を改正して，消費者保護のため規制対象を拡大し，内容を強化した法律。悪質な業者に対する罰則が強化されている。2013年の改正で，訪問購入が新たに規制対象に加えられた。
消費者基本法 （2004年施行）	**消費者保護基本法**（1968年制定）を改正して2004年に施行された法律。消費者が必要な情報を知ること，被害の救済を受けられることなどの**消費者の権利**を明記し，消費者政策を保護の対象から**自立の主体**へと転換させる内容。

(3) クーリング・オフ

消費者が購入契約を締結し商品の代金を支払った後でも，**一定期間内**であれば消費者側から**無条件で契約を解除**できる制度のこと。原則としてすべての商品・役務が対象となる。

〈クーリング・オフ期間〉

訪問販売，割賦販売，訪問購入	8日間
現物まがい商法	14日間
マルチ商法	20日間

※クーリング・オフ適用対象外……乗用自動車，生鮮食料品，化粧品，健康食品，3,000円未満の現金取引。

(4) 消費者行政

① **消費者庁**(2009年設置)

消費者行政を一元化するため，内閣府の外局として設置された機関。消費者に関する様々な法律を所管する省庁の司令塔的な役割を担い，消費者問題に関する重要情報の共有化を図る。

●消費生活センター…各都道府県・市町村の行政機関。消費者への情報提供や苦情相談にあたっている。

② **個人情報保護法**(2005年施行)

行政機関に対して個人情報の保護に努めるよう求めるとともに，一定数以上の個人情報を扱う民間業者に情報を使う目的を顧客に通知する義務を課した法律。

③ 食品安全基本法(2003年制定)

食品の安全性の確保に関し，国民の安全が最も重要という基本理念をかかげ，関連機関が一体となって消費者の権利を守ることを目的とする法律。

④ 金融商品取引法(2006年制定)

証券取引法を改正して，金融・資本市場の基本ルールを定め，金融商品取引業者を規制し，消費者を保護することなどを目的とした法律。

●悪質商法(問題商法)

キャッチ・セールス	路上でアンケート調査などを装って声をかけ，営業所などに誘い込んで商品の売買契約を結ばせる。
アポイントメント商法	電話やはがきで「景品があたった」といって営業所に呼び出し，高額な商品を買わせる。
ネガティブ・オプション	注文していない商品を一方的に送りつけ，代金を請求する。
マルチ(まがい)商法	商品を購入した人が，さらに買い手を探すことによってマージンが入る，ネズミ講式の取引形態のこと。
催眠(SF)商法	密室の会場に人を集め，品数に制限があるといって一種の興奮状態にさせ，高額な商品を売りつける。

※このほかに悪質商法ではないが，「振り込め詐欺」(オレオレ詐欺，架空請求詐欺，融資保証金詐欺)の被害も近年多発している。

5 公害問題

Point Check

1 **四大公害** ▶水俣病，新潟水俣病，イタイイタイ病，四日市ぜんそく。
2 **環境基本法** ▶公害対策基本法に代わり，1993年に制定された法律。

(1) 四大公害

高度経済成長期に相次いで訴訟がおこされた**水俣病，新潟水俣病，イタイイタイ病，四日市ぜんそく**を指す。いずれも裁判で被害者**住民側が勝訴**し，企業の公害責任が認められた。

	水俣病	新潟水俣病	イタイイタイ病	四日市ぜんそく
発生場所	熊本県 水俣湾周辺	新潟県 阿賀野川流域	富山県 神通川下流域	三重県 四日市市周辺
原因物質	メチル水銀	メチル水銀	カドミウム	亜硫酸ガス

(2) 公害対策行政

① **公害対策基本法**（1967年制定）

公害を大気汚染など7種類に規定し，国・自治体・企業の責任を明記した法律。1993年に廃止。

② **環境基本法**（1993年制定）

公害対策基本法と自然環境保全法を発展的に統合させて，**環境行政を総合的に推進**するための法律。

③ **環境影響評価（環境アセスメント）法**（1997年制定）

大規模な開発を行う際に**事前に調査・評価**することで環境への影響を測定し，環境破壊を未然に防ぐために制定された法律。

(3) 公害規制

汚染者負担の原則（PPP）	環境汚染の防止に必要な費用は，すべて**汚染原因者が負担**すべきとする原則。
無過失責任の原則	企業に**故意・過失がなくても**，損害が発生した場合，**企業が賠償**責任を負うとする原則。

確認問題

3 日本経済に関する以下の出来事を年代の古い順に並べ替えよ。

ア．いざなぎ景気

イ．オリンピック景気

ウ．バブル経済

エ．円高不況

オ．神武景気

4 消費者問題に関する次の記述の空欄に入る語句を答えよ。

我が国では，消費者の利益を守ることを目的として，1968年に消費者保護基本法が施行され，規格･表示の適性化，消費者からの苦情処理などが規定された。1995年には，欠陥製品の事故によって消費者が受けた被害を救済する目的で，(A)法が施行された。また，消費者が契約をしてもある一定期間内であれば無条件で解約できる(B)制度も，消費者保護の目的から設けられている。なお，消費者保護基本法は，2004年に消費者を保護の対象から自立した主体へととらえ直すべく改正が行われ，名称を(C)法と改めた。

3 労働問題と社会保障

●ポイント

労働問題では，労働関係の法整備に関するものが，社会保障では介護保険や障害者施策，少子化に関するものが出題の中心となる。法律の制定・改正などは日頃から新聞・テレビのニュース等に注意を払い，最新情報を確認しておこう。

1 労働関係諸法

Point Check

1 **労働基準法** ▶労働時間など労働条件の最低基準を定めた法律。

2 **男女雇用機会均等法** ▶職場での男女平等を目指し，男女均等な待遇を求める法律。

3 **育児・介護休業法** ▶少子・高齢化対策として，職場と家庭の両立を支えることを目的とした法律。

(1) 労働基本権

憲法第27条による**勤労の権利**と憲法第28条による**労働三権**を指す。労働三権とは，**団結権**，**団体交渉権**，**団体行動権**（**争議権**）をいう。

(2) 労働三法

労働基準法，**労働組合法**，**労働関係調整法**の三法のこと。

労働基準法	労働時間・休日など**労働条件の最低基準**を定めた法律。女子の深夜業禁止規定は1999年に撤廃された。
労働組合法	労働者の地位向上を目的として，労働組合と使用者との間で**労働協約**の締結の保障などを定めた法律。
労働関係調整法	**労使関係の公正な調整**と，労働争議の予防・解決を目的に制定された法律。

●労働委員会………労働組合法に規定された不当労働行為を判定したり，労働争議を調整したりする機関。

●不当労働行為……労働組合の組合員であることを理由に，不利益な取り扱いをすることなど。

(3) 近年の社会変化に伴う法整備

女性労働者の社会進出に伴い，近年様々な労働関連法規が制度化された。

男女雇用機会均等法 （1985年制定）	職場での男女平等を目指し，1985年に制定された法律。募集・採用，配置・昇進についての**男女差別を禁止**している。女性のみに対する差別禁止規定を**男女双方に対する差別の禁止**に拡大するとともに，**間接差別**を禁止している。セクシュアル・ハラスメントの防止に関しては男性も対象とし，事業主に対する雇用管理上の**措置義務**を課している。
育児・介護休業法 （1995年制定）	**少子・高齢化対策**として，**職場と家庭の両立を支援するために制定**された法律。育児休業は最大で2年の休暇が認められる。
男女共同参画社会基本法 （1999年制定）	男女が**社会の対等な構成員**としてあらゆる分野の活動に参画する機会を確保することを推進する法律。男女の人権の尊重，政策への男女の共同参画などを規定している。

※男女同一賃金の原則は男女雇用機会均等法ではなく，労働基準法に規定されている点に注意。

2 今日の労働問題

Point Check

1	**完全失業率**	▶2.6％（2022年平均）
2	**非正規雇用労働者の割合**	▶女性は53.4％，男性は22.2％（2022年平均）

(1) 近年の労働事情

2020年以降，新型コロナウイルス感染症の世界的な大流行により，各国で労働情勢が悪化している。多くの先進国では，政府の大胆な雇用補償や休業補償により，失業者の増加を抑えたが，途上国の多くは十分な対策をとることができず，深刻な影響が出ている。日本の完全失業率は2.6％である（2022年平均）。

〈主な国の失業率の推移〉

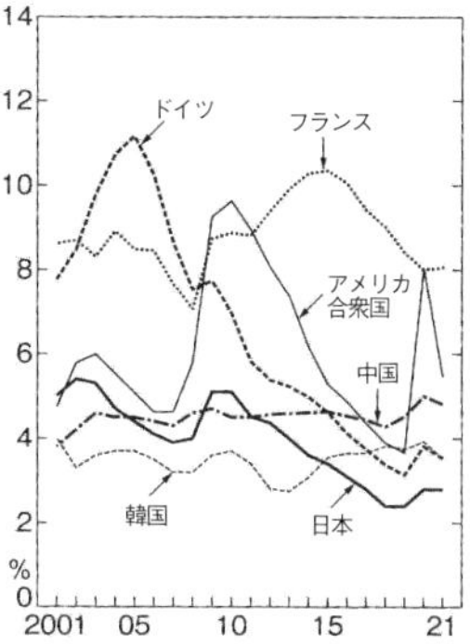

（世界国勢図会2022/23）

ワークシェアリング	雇用の維持・創出を図るため，一つの**仕事を複数の人で分かち合う**労働形態のこと。
テレワーク（リモートワーク）	ICTを利用し，時間や場所を有効に活用できる柔軟な働き方。

(2) 我が国の就業構造上の問題点

① M字型曲線

女性の年齢別労働力率グラフが30代を底とするM字型になること。結婚・出産を機に仕事をやめ，子育て終了後再び働くことからこのような形になる。近年，Mの形が全体的に上方に移動し，台形に近くなっている。

〈女性の年齢階級別労働力率の推移〉

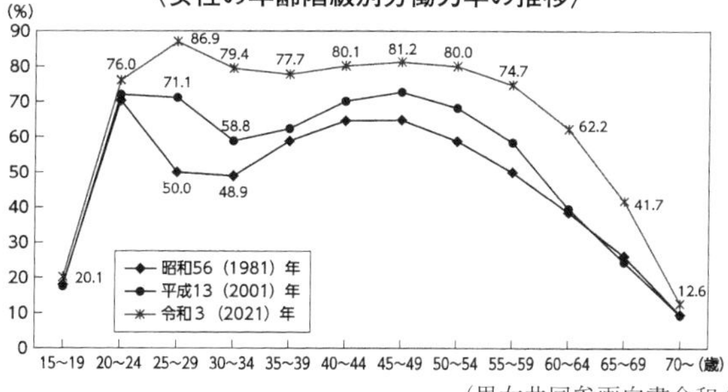

（男女共同参画白書令和4年版）

② 非正規雇用労働者

非正規雇用労働者の割合は，女性は53.4％，男性は22.2％である（2022年平均）。

非正規雇用労働者のうち，現職の雇用形態に就いている主な理由が「正規の職員・従業員の仕事がないから」として不本意に非正規の雇用形態に就いている者の人数は，女性109万人，男性105万人で，女性の方が多い（2021年）。

▲ 発 展 ▼

〈人権問題関係用語〉

主に労働や女性に関する人権用語には次のようなものがある。

ジェンダー/ジェンダー・フリー	**文化的・社会的に形成される性や性差別**のこと。ジェンダーに縛られず，一人一人の個性･才能を発揮していく考え方をジェンダー・フリーといい，男女格差解消を目指す上で使われる。
ポジティブ・アクション（アファーマティブ・アクション）	**積極的改善措置**と訳される。社会的・構造的な差別によって不利益を受けている集団に対して実質的な機会均等を確保すること。男女共同参画社会基本法にも国・公共団体の責務として明記されている。
エンパワーメント	一人一人が，社会的・経済的・政治的に変革の主体となる力をつけること。
コンパラブル・ワース（ペイ・エクィティ）	同一価値労働同一賃金の原則。価値が同じ仕事であれば職種が異なっていても同じ賃金を支払うという考え方。男女の賃金格差是正の上で用いられることが多い。
ドメスティック・バイオレンス（DV）	配偶者や恋人など親密な関係にある，またはあった者から振るわれる暴力のこと。2001年に**ドメスティック・バイオレンス（DV）防止法**が施行され（2004，08，14年改正），配偶者や元配偶者からの暴力を犯罪と位置づけている。
セクシュアル・ハラスメント	**相手の意に反した性的言動**を行うことで就業環境を悪化させること。
マタニティ・ハラスメント	妊娠・出産に当たり，女性が職場でいやがらせを受けたり解雇されたりするなどの不当な扱いを受けること。
リプロダクティブ・ライツ（ヘルス）	子どもを産む決定権を女性に保障するという考え方。女性が自らの意志で生きる姿を決める性の自己決定権。
間接差別	募集・採用などにあたって，仕事の内容とは関係なく，身長や体力といった一方の性（特に女性）が不利を被る条件を課すこと。

3 社会保障制度

Point Check

1	**ベバリッジ報告**	▶1942年イギリスで発表された全国民に対し最低限度の生活を保障(ナショナル・ミニマム)しようとする報告書。「ゆりかごから墓場まで」。
2	**我が国の社会保障制度**	▶社会保険，社会福祉，公的扶助，公衆衛生の4本柱が中心。

(1) 社会保障制度の歴史

社会保障制度は17～19世紀にかけてイギリスで発達していった(特に1601年の**エリザベス救貧法**が有名)が，本格的に制度化・体系化されたのは19世紀末以降であり，以下のものが重要。

ビスマルク社会保険3法	**ドイツ**で1883年から89年にかけて宰相ビスマルクによって制定された疾病保険法，災害保険法，養老廃疾保険法の3法をいい，**世界最初の社会保険**である。同時に労働運動弾圧も行ったため，**「アメとムチ」の政策**といわれる。
ベバリッジ報告	1942年に**イギリス**で発表された全国民に対し生涯にわたって最低限度の生活を保障(ナショナル・ミニマム)することを示した報告書のこと。スローガンは「**ゆりかごから墓場まで**」。第二次世界大戦後の世界の社会保障政策に影響を与えた。

(2) 我が国の社会保障制度

社会保険，社会福祉，公的扶助，公衆衛生の4本柱を中心に成り立っている。

社会保険	生活困難に備え，被保険者の**保険料**を中心に一部公費によって，一定の給付を行う。医療保険，年金保険などがある。
社会福祉	児童・障害者などに対して国などが施設・サービスを提供する。
公的扶助	生活困窮者に対して，**公費**によって**最低限度の生活を保障**する。
公衆衛生	国民生活の衛生と健康維持増進を図る。

4　年金保険・介護保険

Point Check

1 **国民年金** ▶国内に居住する20歳以上60歳未満の全国民が加入。

2 **厚生年金** ▶民間企業に勤めているサラリーマンなどが，国民年金に上乗せする形で加入する。

3 **介護保険の運営主体** ▶市町村・東京特別区。

(1)　年金保険

老齢者・障害者・遺族などの生活を保障する保険。

国民年金（基礎年金）	日本国内に居住する**20歳以上60歳未満の全国民が加入**する。
厚生年金	民間企業に勤務する**サラリーマン**，**公務員**，私学教職員などが**国民年金の上乗せ**部分として加入する。なお，被用者年金一元化法によって共済年金は廃止され，2015年10月より公務員及び私学教職員は厚生年金に加入することになった。
年金支給開始年齢	原則として**65歳**から開始。
財源（基礎年金）	被保険者の保険料が3分の2，国庫負担金が3分の1であったが，2009年度から，国庫負担割合が2分の1に引き上げられている。

※年金には上記の公的年金以外にも私的年金（**企業年金**・個人年金）がある。

(2)　介護保険

2000年度から導入された社会全体で高齢者介護を実施していこうとする制度。

保険者	運営主体である保険者は**市町村**と**東京特別区**。
被保険者	**40歳以上**の全国民。
利用できる者	被保険者のうち，市町村が設置した**介護認定審査会**で**要介護**と認定された者。要支援と認定された者は予防給付の対象となる。
利用者負担	介護サービス費用の**1割**（所得に応じ2割もしくは3割）。
保険料	65歳以上の者は年金からの天引き，もしくは市町村が徴収，40歳以上65歳未満の者は加入医療保険の医療保険料に上乗せして徴収される。

▲ 発 展 ▼

〈社会福祉関係の用語〉

社会福祉関係の用語で重要なものには以下のようなものがある。

ノーマライゼーション	障害のある人もない人も，**すべての人がともに普通の生活を送る**社会の実現を目指そうとする考え方。
バリアフリー	障害のある人や高齢者などが安心して社会生活を送れるよう物理的・精神的**障壁をなくしていこう**という考え方。
ユニバーサルデザイン	空間づくりや商品設計の際，誰もが利用しやすい，デザインを最初からとり入れるという考え方。
リハビリテーション	身体障害者などに対して行われる機能回復訓練のこと。
ハンディ・キャップ	医学的・生物学的理由による機能障害から生じた能力差で社会的に不利なもの。

〈医療関係の用語〉

インフォームド・コンセント	医師が治療法や治る確率などについて患者に十分に説明し，患者がそれに納得した上で治療に同意すること。
セカンド・オピニオン	患者が治療方針を選ぶにあたって，今受けている治療について他の医師などに意見を聞くこと。
ターミナル・ケア	末期のがん患者など，治療そのものではなく，対症療法に重点をおき，**痛みの緩和**を図る医療のこと。
プライマリ・ケア	診療所レベルの**最も身近な医療**のこと。一次医療と訳される。

〈知的財産権の用語〉

特許権	新しい機械(物)，その使用方法(方法)，またはその製造方法(物を生産する方法)を**発明**し，特許庁で特許され登録を受けた者に認められる権利。
実用新案権	物品の形状，構造または組合せを従来のものとかえることで技術的効果がうまれてくる**考案**をし，特許庁で登録を受けた者に認められる権利。
意匠権	物品の形状，模様，色彩またはその結合を従来のものとかえることによって美感を起こさせる**創作**をし，その施すべき物品を指定して特許庁で登録を受けた者に認められる権利。
商標権	事業者が生産，証明または譲渡する商品，または提供，証明する役務(サービス)に使用する**マーク**で，識別性のあるものを採用し，それを付する商品や役務を指定して，特許庁で登録を受けた者に認められる権利。
育成者権	新しい農林水産植物の品種を育成し，農林水産省で登録を受けた者に認められる権利。

※**著作権**は，権利を得るための手続きを必要とせず，著作物を創作した時点で自動的に権利が発生(**無方式主義**)する。以後，原則として著作者の**死後70年**まで保護される。

5 少子化の現状

Point Check

1 **合計特殊出生率** ▶1人の女性が一生の間に産む平均の子どもの数。2021年は1.30。

2 **子ども・子育て支援新制度** ▶子育てしやすい社会を実現するため，2015年度から本格的に開始。

(1) 少子化の実態

我が国では少子化が急速に進み，15歳未満の年少人口比率は11.8％（2021年）である。**一人の女性（15～49歳）が一生の間に産む平均の子どもの数を示した値**である**合計特殊出生率**は**1.30**（2021年）で，国際的にみてもイタリア，スペイン，韓国などとともに低いグループに属する。

(2) 少子化対策

少子化社会対策基本法	少子化対策に関する基本理念を示した法律で，国の不妊対策などを規定している。
次世代育成支援対策推進法	国・都道府県・市町村・大企業に対して，子育て支援に関する行動計画の作成を義務付けた法律。
待機児童解消加速化プラン	育児と仕事の両立のため，認可保育所の増設や市区町村への支援などを推進する計画。
子ども・子育て支援新制度	子育てがしやすい社会を実現するための制度。認定こども園の改善・普及を進めるほか，一時預かりや病児保育，放課後児童クラブなどを，市町村が実施する地域子ども・子育て支援事業と位置付け，国が財政支援を行う。

(3) 児童に関する諸問題

① **児童虐待防止法**

児童虐待を人権の著しい侵害と明記し，虐待のおそれのあるときは一般市民にも児童相談所などに通告する義務を課している。

② **児童委員**（児童福祉法による）

民生委員が兼務する。子どもの地域生活や教育などの相談にあたる。

6 高齢化の現状

Point Check

1 **高齢者虐待防止法** ▶行政の早期介入による高齢者虐待の防止をはかるための法律。

2 **シルバー人材センター** ▶高齢者就職を促すため，企業から仕事を請け負い，高齢者に提供する公益法人。

(1) 高齢化の実態

我が国の65歳以上人口の割合は28.9%（2021年）で，1994年に国連が定める高齢化率14%以上の**高齢社会**に突入して以来，高齢化が進んでいる。**平均寿命**も男性81.47歳，女性87.57歳（2021年）と世界で最も長寿な国の1つである。

(2) 高齢化対策

高齢化対策としては以下のようなものが挙げられる。

高年齢者雇用安定法	65歳までの雇用確保を企業に義務付けた法律。企業は希望者に対して定年の延長や継続雇用制度の導入などで雇用の場を提供しなくてはならない。
高齢者虐待防止法	行政の早期介入によって，高齢者の虐待を防止する法律。身体的虐待，介護や世話の放棄，心理的虐待，性的虐待，経済的虐待を虐待と定義した。
シルバー人材センター	高齢者就業の場を増やすために，民間企業や自治体から仕事を請け負い，定年退職した**高齢者に仕事を提供**する社団法人。

(3) 世界の高齢化率の推移

※日本は1970年に高齢化社会（高齢者の割合が7～14%）になり，1994年に高齢社会（14～21%），2007年に超高齢社会（21%以上）になった。

〈高齢化率の国際比較（%）〉

	1990	2000	2010	2021	2030	2050
日本	12.4	17.8	23.6	29.8	31.4	37.5
アメリカ	12.3	12.3	13.0	16.7	20.5	23.6
フランス	14.1	16.2	17.0	21.3	24.4	28.5
ドイツ	14.9	16.4	20.5	22.2	26.4	30.5
スウェーデン	17.8	17.3	18.3	20.1	21.8	24.8

※2030年および2050年は将来推計人口の中位推計値
（世界国勢図会2022/23）

確認問題

5　労働三法を3つ挙げよ。

6　我が国の社会保障制度を4つに大別した場合，次の説明にあたるものはそれぞれ何か答えよ。

(1)　加入者や事業主が掛け金を積み立てておいて，病気やけが，失業などの場合，現金の給付を受ける。

(2)　障害者，高齢者などの生活を保障し，必要なサービスを提供する。

(3)　生活の困難な人に対して，国家の責務において無償で経済給付を行う。

(4)　伝染病の予防など，国民の健康の保持に努める。

7　少子化と高齢化に関する次の記述の空欄に入る語句・数字を答えよ。

(1)　一人の女性が一生の間に産む平均の子どもの数を示した値を（　A　）といい，2021年における日本の（　A　）は，（　B　）である。

(2)　高齢化率とは，（　C　）歳以上の高齢者人口が総人口に占める割合のことをいい，2021年における日本の高齢化率は28.9％である。

6

国際関係

Open Sesame

1 国際政治

●ポイント

国連の出題が多く，EUや国際組織，地域協力機構の出題も頻出している。時事的事象と絡めて出題されることも多いので，最新の動向には注意を払っておこう。

1 国際連合①――組織

Point Check

1 総会の表決 ▶全加盟国が1国1票を有し，一般事項は過半数で決する。

2 安全保障理事会 ▶米・英・仏・露・中の5常任理事国と10非常任理事国で構成。

(1) 国際連合の成立

国際平和と安全の維持，国際問題の解決と人権尊重のための国際協力などを目的として，**サンフランシスコ会議**により**国連憲章**が採択され，1945年に発足した。**本部はニューヨーク**。原加盟国は51ヵ国で，2023年6月現在193ヵ国が加盟。日本の加盟は日ソ共同宣言によりソ連との国交が回復した1956年。

(2) 国際連合の組織

総会，安全保障理事会，経済社会理事会，信託統治理事会，国際司法裁判所，国連事務局といった主要機関がある。

総会	全加盟国によって構成される。**各国1票**ずつもち，**表決は一般事項は過半数，重要事項は3分の2以上の多数決**で行われる（**全会一致制**ではない）。加盟国や理事会に対して勧告する権限を有するが，議決の決定に対しては**法的拘束力はない**。通常総会，特別総会，緊急特別総会がある。 ●「平和のための結集決議」…安全保障理事会が機能不全に陥った場合，平和問題解決のために緊急特別総会を開催できるとした決議のこと。

安全保障理事会	平和と安全に関し主要な責任を負う機関。**拒否権**を有する**アメリカ・イギリス・フランス・ロシア・中国**の**5常任理事国**と総会で選出される**任期2年**の**10非常任理事国**で構成される。手続事項は9理事国以上，実質事項は5常任理事国を含む9理事国以上の賛成で議決。平和維持のために**軍事的強制措置**，経済制裁をとることができ，議決の決定に**拘束力がある**。
経済社会理事会	総会で選出された54ヵ国（任期3年，毎年3分の1ずつ改選）で構成。経済・社会・教育・保健などの分野で研究・報告などを行う。国連専門機関や**NGO**（非政府組織）などと連携して広範な活動を行っている。
信託統治理事会	非独立の信託統治下にある地域において独立援助を行う機関。現在活動を停止している。
国際司法裁判所（ICJ）	加盟国間の紛争処理にあたる機関。本部はオランダのハーグ。裁判の開始には当事国の同意が必要で，判決には法的拘束力がある。訴訟の当事者になれるのは国家に限られる。
国連事務局	事務総長の下に国際公務員が活動している。事務総長は総会で選出され，任期は5年。現在の事務総長はポルトガル出身のアントニオ・グテーレス。

●国連の公用語……英語・フランス語・ロシア語・中国語・スペイン語・アラビア語

(3) 国連分担金

〈国連通常予算分担率（2022～24年）〉

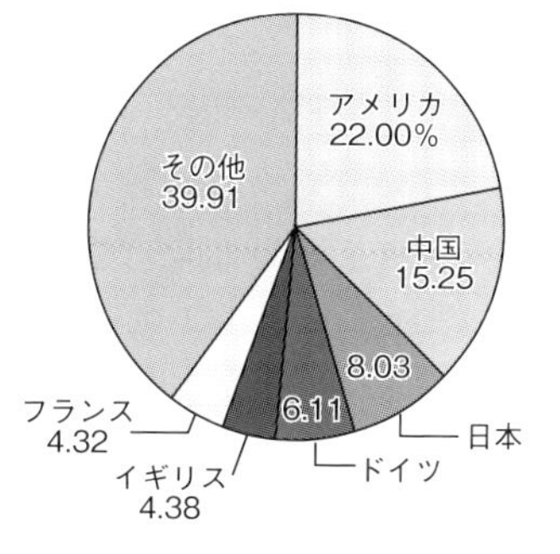

国連の諸経費を賄うために各国に課せられている国連への拠出金。3年ごとに各国のGNIに応じて改定される。分担率1位はアメリカ（22%），2位は中国（約15%）となっている。

2 国際連合②——国連専門機関

Point Check

1 UNESCO（国連教育科学文化機関） ▶教育・科学・文化を通じて世界平和と安全に寄与することを目的とする。

2 WHO（世界保健機関） ▶諸国民の健康保持と増進，保健事業の指導を目的とする。

3 IMF（国際通貨基金） ▶国際通貨の安定を目的とする。

(1) 国連専門機関

国連専門機関とは，経済社会理事会と連携協定を結び，経済的，社会的，文化的分野などで専門的な活動を行っている，国連とは独立した国際機構である。国連非加盟国も加盟できる。

〈主な国連専門機関〉

国際労働機関（ILO）	労働者の利益保護と生活水準の向上を目的として，国際的規模での労働条件の改善を図る。本部ジュネーブ。
国連教育科学文化機関（ユネスコ，UNESCO）	一般教育の普及，世界遺産の保存といった教育・科学・文化・情報流通などの面での協力を推進することにより，世界平和の確立に寄与する。本部パリ。
世界保健機関（WHO）	諸国民の健康保持と増進を目的として，伝染病・風土病の撲滅や公衆衛生の向上などを図る。本部ジュネーブ。
国連食糧農業機関（FAO）	世界の栄養水準の向上，食糧と農業生産の増大，農村地域の生活改善などを任務とする。本部ローマ。
国際通貨基金（IMF）	国際通貨の安定を図ることを目的とし，国際収支赤字国に対する短期融資を主な業務とする。本部ワシントン。
国際復興開発銀行（IBRD）	世界銀行ともいう。発展途上国の経済構造改革を目的とし，発展途上国に対する長期融資を主な業務とする。本部ワシントン。

ユネスコ憲章　（前文）

戦争は人の心の中で生まれるものであるから，人の心の中に平和のとりでを築かなければならない。

※世界知的所有権機関（WIPO）や万国郵便連合（UPU）も国連専門機関である。

(2) その他の国連機関

国連専門機関ではないが，類似の性格をもつ国際原子力機関（IAEA）や総会の決議によって設立された補助機関がある。

〈主な国連補助機関など〉

国際原子力機関（IAEA）	原子力の平和利用促進と，核物質の軍事目的への転用を抑制するための保護措置を実施する。本部ウィーン。
国連児童基金（UNICEF）	発展途上国の児童に対する医療・食糧の援助，栄養の補給，天災や戦災に見舞われた地域の母子に対する緊急支援を行う。本部ニューヨーク。
国連難民高等弁務官事務所（UNHCR）	難民に避難先での雇用や教育などの面で法的保護を与えることが基本的任務であるが，本国への自発的帰国や第三国への定住の支援も行う。本部ジュネーブ。
国連貿易開発会議（UNCTAD）	南北問題を解決することを目的とし，発展途上国の経済開発と貿易の促進を図る。本部ジュネーブ。

※国連開発計画（UNDP），国連環境計画（UNEP），国連大学（UNU）も国連補助機関に該当する。

(3) 国際的司法機関

国際司法裁判所（ICJ）	国連の主要機関の一つ。国家間の紛争を国際法によって解決するほか，国連専門機関などから諮問された法律問題について勧告を与えることを任務とする。
国際刑事裁判所（ICC）	大量虐殺や戦争犯罪など，個人の人道法違反を裁く常設の国際裁判所。

※国際司法裁判所，国際刑事裁判所ともに本部はオランダの**ハーグ**に設置されている。

3 国際連合③——国連平和維持活動（PKO）

Point Check

1 PKOの種類 ▶非武装の停戦監視団，軽武装の国連平和維持軍（PKF），選挙監視団など。

2 PKOの構成 ▶加盟国から自発的に提供された要員で構成される。

(1) 国連平和維持活動（PKO）

平和を脅かす局地的な紛争の悪化防止と武力衝突拡大の防止を図るため非武装の停戦監視団や軽武装の**国連平和維持軍**（**PKF**），選挙監視団などを派遣する活動。PKOは**加盟国から自発的に提供された要員を組織して構成**される。また，PKOは受け入れ当事国の合意に基づいて派遣される。

停戦監視団	非武装の少数部隊が停戦の遵守を監視する活動。
国連平和維持軍（PKF）	軽武装の多数部隊が兵力の引き離しや地域の治安回復活動を行うもの。自衛以外には武力を行使しない。
選挙監視団	停戦後に行われる選挙を監視する活動。

(2) 日本とPKO

1992年に**PKO協力法**が制定され（2001年改正法施行），これまでに**カンボジア，モザンビーク，ゴラン高原，東ティモール**などに自衛隊や文民が派遣され，2017年5月には南スーダンPKOから完全撤収した。

●駆け付け警護……PKO活動中にNGOなどの緊急要請を受けて駆け付け，保護にあたること。南スーダンPKOにて「宿営地の共同防護」とともに自衛隊の新任務として追加された。

(3) 国連軍

国連憲章が規定する正規軍のこと。安全保障理事会と加盟国との間で特別の協定を結び，協定に従って編成される。しかし，今日まで**一度も協定が締結されたことはなく**，現在，**正式の国連軍は存在しない**。

▲ 発 展 ▼

〈国際連盟と国際連合の比較〉

第一次世界大戦後に創設された国際連盟について問う出題もみられるので，ここでは国際連合と対比しながら要点をまとめておく。

	国際連盟 （League of Nations）	**国際連合** （United Nations）
成　立	・アメリカの**ウィルソン大統領**の提唱により，1919年パリ講和会議で国際連盟規約を作成 ・1920年1月に発足	・ダンバートン・オークス会議で国際連合憲章原案を作成 ・1945年6月サンフランシスコ会議で採択 ・**1945年10月発足**
目　的	・国際協調体制の維持	・国際平和と安全の維持 ・国際問題の解決 ・人権尊重のための国際協力
本　部	**ジュネーブ（スイス）**	**ニューヨーク（アメリカ）**
加盟国	・原加盟国42ヵ国 ・アメリカは不参加 ・ソ連は加盟遅延 ・日・独・伊の脱退により弱体化	・原加盟国51ヵ国 ・バチカン市国などを除き世界のほとんどが加盟 ・2023年6月現在**193ヵ国**
日本の加盟	・発足時より	・日ソ共同宣言により，ソ連との国交が回復した直後の1956年
主要機関	・総会 ・理事会 （英・仏・伊・日が常任理事国でスタート） ・事務局 ・常設国際司法裁判所	・**総会** ・**安全保障理事会**（5大国…**米・英・仏・露・中**が常任理事国） ・**経済社会理事会** ・信託統治理事会 ・事務局 ・**国際司法裁判所**（本部：オランダのハーグ）
表決手続	・総会…**全会一致制** ・理事会…全会一致制	・総会…**多数決制**（一般事項は過半数，重要事項は3分の2以上） ・安全保障理事会…実質事項は5大国（**拒否権**あり）を含む15ヵ国中9ヵ国以上の多数決
制　裁	・経済的制裁のみ（通商，金融，交通などの断絶で経済封鎖）	・経済的制裁のほかに，安保理の**軍事的制裁**（国連軍の派遣）を予定

4 EU（欧州連合）

Point Check

1 **EU加盟国数** ▶2023年6月現在27ヵ国（イギリスは2020年に離脱）。

2 **ユーロ** ▶EU単一通貨の名称。デンマーク，スウェーデンなどは通貨統合未参加。

(1) EC（欧州共同体）

1967年，ECSC（欧州石炭鉄鋼共同体），EEC（欧州経済共同体），EURATOM（欧州原子力共同体）が合同して，EC（欧州共同体）が誕生した。EECの原加盟国である6ヵ国に，イギリス，アイルランド，デンマーク，ギリシア，スペイン，ポルトガルが加盟し，12ヵ国で構成されていた。

(2) EU（欧州（ヨーロッパ）連合）

1993年，**マーストリヒト条約**の発効によりECを改組して発足し，経済統合のみならず，**政治・外交統合も目標**にしている。本部はベルギーのブリュッセルに置かれている。1995年に15ヵ国体制に移行し，その後，東欧の国々を加盟国に迎え，2013年には28ヵ国となったが，イギリスが2020年1月に離脱し，現在は**27**ヵ国体制となっている。

(3) EUの発展

マーストリヒト条約の発効以降，以下のような条約・憲法が発効・採択された。

アムステルダム条約（1999年発効）	EU内部の統合を強化する目的でマーストリヒト条約を改正したもの。
ニース条約（2003年発効）	東欧諸国などの新規加盟に備えて，アムステルダム条約の内容を強化したもの。
リスボン条約（2009年発効）	EU大統領（欧州理事会常任議長）の創設を規定，EU外相（外交安全保障上級代表）をEU外交上級代表とした。

(4) 欧州通貨統合

1999年から単一通貨**ユーロ**を導入し，銀行間決済などで使用を開始した。2002年からはユーロ紙幣・硬貨が市場で流通している。2023年6月現在，ユーロ導入国は加盟27ヵ国中20ヵ国で未参加国は，**デンマーク・スウェーデン**などである。

●ECB（欧州中央銀行）……通貨統合された地域の金融政策を運営する中央銀行。

5　地域的統合

Point Check

1　**ASEAN**　▶東南アジア諸国連合。東南アジア地域における地域協力機構。
2　**APEC**　▶アジア太平洋経済協力（会議）。アジア・太平洋地域の経済協力などを協議する枠組み。
3　**USMCA**　▶米国・カナダ・メキシコ3ヵ国における自由貿易協定。NAFTAに代わるもの。

(1)　ASEAN（東南アジア諸国連合）……1967年発足

東南アジア諸国における地域協力機構で，経済・社会・政治分野全般にわたる協力の促進を目指している。**タイ・マレーシア・フィリピン・インドネシア・シンガポール**の5ヵ国で発足。その後，**ブルネイ・ベトナム・ミャンマー・ラオス・カンボジア**が加わり，2023年6月現在の加盟国数は10ヵ国。

●**AFTA（ASEAN自由貿易地域）**……ASEAN域内の関税を撤廃して貿易・投資の域内自由化を目指すもの。

(2)　APEC（アジア太平洋経済協力〔会議〕）……1989年発足

オーストラリアのホーク首相（当時）の提唱により発足した**アジア太平洋地域**における経済協力・貿易自由化などを協議する枠組み。開かれた地域協力を目指している。会議参加国は，アメリカ，ASEAN諸国，日本など21ヵ国・地域。

●ボゴール宣言……加盟国の投資・貿易の自由化の目標年次を定めた宣言。

(3)　USMCA（米国・メキシコ・カナダ協定）

1994年発効の**NAFTA（北米自由貿易協定）**に代わる，米国・メキシコ・カナダ3ヵ国間の新たな貿易協定。新協定は，米国国内での雇用や生産の増加を目指すことなどが柱となっている。2020年7月に発効した。

(4)　メルコスール（MERCOSUR，南米南部共同市場）……1995年発足

ブラジル・アルゼンチン・ウルグアイ・パラグアイ・ボリビア（批准手続き中，現在議決権はない）・ベネズエラ（現在資格停止中）の6ヵ国間における関税同盟。

6 冷戦

Point Check

1 **NATO** ▶北大西洋条約機構。1949年に結成された西側資本主義諸国の軍事同盟。

2 **キューバ危機** ▶1962年に発生した米ソ間の対立。一触即発の事態となるが危機は回避された。

(1) 冷戦

第二次世界大戦後に発生したアメリカを中心とする西側資本主義諸国とソ連を中心とする東側社会主義諸国との対立のこと。1946年にイギリスの前首相**チャーチル**が行った「**鉄のカーテン演説**」でソ連を批判したことがきっかけとなった。

(2) 冷戦構造の形成――東西対立構造

① 西側資本主義陣営

政治面	トルーマン＝ドクトリン	1947年アメリカのトルーマン大統領が行った対ソ封じ込め政策。
経済面	**マーシャル＝プラン（欧州経済復興援助計画）**	1947年アメリカのマーシャル国務長官が発表した第二次世界大戦後の西欧諸国の経済的自立援助計画。
軍事面	**NATO（北大西洋条約機構）**	1949年にアメリカ・カナダと西欧諸国によって発足した軍事同盟。冷戦後は旧東側陣営も加わり，集団安全保障機構へと役割が変化。

② 東側社会主義陣営

政治面	コミンフォルム	国際共産党情報局。1947年設立，56年解散。
経済面	COMECON（経済相互援助会議）	1949年，マーシャル＝プランに対抗して設置された社会主義諸国の経済協力機関。1991年廃止。
軍事面	ワルシャワ条約機構	1955年，NATOに対抗して結成された社会主義諸国陣営の軍事同盟。1991年解体。

(3) 東西対立で発生した地域紛争

ベルリン封鎖 (1948～49年)	ドイツの首都ベルリンの管理をめぐり，米英仏3ヵ国とソ連が対立。西側はドイツ連邦共和国(西ドイツ)を，ソ連はドイツ民主共和国(東ドイツ)を成立させ，ドイツは東西に分断された。ベルリンも東西に分断され，1961年にはベルリンの壁が築かれた。
朝鮮戦争 (1950～53年)	北朝鮮が国境線(北緯38度線)を越えて韓国に侵入して勃発した。ソ連・中国が北朝鮮を，アメリカが韓国を支援。1953年休戦協定が成立。
キューバ危機 (1962年)	ソ連がキューバにミサイル基地を建設していることが発覚し，アメリカのケネディ大統領がキューバ海域を封鎖した事件。核戦争の危機に陥ったが，ソ連がミサイルを撤去して危機は回避された。この後，ケネディとフルシチョフの間で緊張緩和(デタント)の動きが一時的にみられた。
ベトナム戦争 (1960～73年)	南ベトナムを支援したアメリカが，**ジョンソン大統領の北爆**開始によって北ベトナムと対立しておきた戦争。1973年，ニクソン大統領の時に和平協定が結ばれ，アメリカ軍は撤退。1975年には南北ベトナムが統一し，翌76年にベトナム社会主義共和国が樹立した。

(4) 冷戦の終結

1989年，ソ連の**ゴルバチョフ**共産党書記長とアメリカの**ブッシュ**大統領がマルタ島で会談(**マルタ会談**)し，冷戦の終結を確認した。

東欧民主化 (1989年)	ハンガリー，ポーランド，東ドイツ，ルーマニアをはじめとする東欧諸国の共産党政権が倒れ，民主化が行われた。
ドイツ統一 (1990年)	ベルリンの壁が開放(1989年)され，翌年東西ドイツが統一した。
ソ連邦崩壊 (1991年)	1991年ソ連共産党が解体し，共産党支配は終了。同年末にはソ連邦も崩壊した。

●CSCE(全欧安保協力会議)……1975年にヨーロッパ地域の緊張緩和を討議した会議。冷戦終結後の1995年に**OSCE**(**欧州安保協力機構**)へと発展した。

7 軍縮

Point Check

1 NPT ▶核拡散防止条約。1968年国連で採択された核保有国を拡大しないための条約。

2 CTBT ▶包括的核実験禁止条約。1996年国連で採択されたあらゆる核実験を禁止する条約。未発効。

(1) 反核運動

1950年代初頭の核開発競争に対して，哲学者ラッセルと物理学者アインシュタインは，1955年に核実験に反対する「**ラッセル・アインシュタイン宣言**」を発し，57年には核廃絶を目指す科学者会議「**パグウォッシュ会議**」が開かれた。

(2) 核軍縮の展開

条約名	欧文略語	内容	加盟国	成立年 (発効年)
部分的核実験禁止条約	PTBT	地下核実験以外の大気圏・宇宙空間・水中における核実験を禁止。	**米・英・ソ**	**1963年**(63年)
核拡散防止条約	NPT	核保有国を拡大しないことを目的に核保有国(米・英・ソ・仏・中)から非核保有国への核兵器の移転を禁止。	米・英・ソ＋非核保有国53ヵ国(当時)	**1968年**(70年)
包括的核実験禁止条約	CTBT	すべての核実験(地下を含む)を禁止，米・中が批准せず未発効。	国連総会で採択	**1996年(未発効)**

CTBTの発効には，原子炉を保有する44ヵ国の批准が必要である。しかし，インド，パキスタンなどは未署名であり，また，**アメリカや中国など一部の国が批准していない**ため，発効の見通しは立っていない。

8 人権に関する問題

Point Check

1	**世界人権宣言**	▶1948年国連総会で採択された，人権保障の基準を示したもの。
2	**国際人権規約**	▶1966年に国連総会で採択された，世界人権宣言を条約化したもの。
3	**児童（子ども）の権利条約**	▶1989年に国連総会で採択された，18歳未満の子どもの人権を保障した条約。

(1) 世界人権宣言

1948年に国連総会で採択された**人権保障の基準**を示したもの。**法的拘束力はない**が，自由権のみならず社会権にも言及している。

> **世界人権宣言（第1条）**
>
> すべての人間は，生れながらにして自由であり，かつ，尊厳と権利とについて平等である。人間は，理性と良心とを授けられており，互いに同胞の精神をもって行動しなければならない。

(2) 国際人権規約

1966年に国連総会で採択された，**世界人権宣言を条約化した**もの。社会権規約（Ａ規約），自由権規約（Ｂ規約），自由権規約の選択議定書があり，日本は1979年に社会権規約（一部留保）と自由権規約を批准している。

(3) その他の人権に関する条約

条約名	国連採択年	日本批准年	内　容
難民の地位に関する条約	1951年	1981年	難民の人権保護と難民問題解決のために国際協力を図ることを定めた条約。これを受けて日本国内では，出入国管理及び難民認定法が制定された。
人種差別撤廃条約	1965年	1995年	人種差別を禁止するための条約。ここでの差別とは狭義の人種差別のみならず差別一般をさす。我が国では，アイヌ人差別につながる北海道旧土人保護法が廃止された。
女子差別撤廃条約	1979年	1985年	女性の地位向上のために採択された条約。日本国内では，条約批准に際して男女雇用機会均等法（1985年）が成立した。育児休業法（1991年）の成立もこの条約批准を受けたもの。
児童（子ども）の権利条約	1989年	1994年	18歳未満の子どもの人権を包括的に規定した条約。子どもを保護の対象とするとともに，権利行使の主体として認め，**意見表明権を保障**。
死刑廃止条約	1989年	未批准	国際人権規約の自由権規約第2選択議定書のこと。日本は未批准で，死刑も存置されている。
ハーグ条約	1980年	2014年	正式名称は「国際的な子の奪取の民事上の側面に関する条約」。国際結婚が破綻した夫婦の一方が16歳未満の子どもを国外に連れ去った場合，残された親が返還を求めれば，原則として子どもを戻すよう義務付けている。

▲ 発 展 ▼

〈主権国家〉

一定の領域(領土)と国民を支配し，他国の干渉を受けない独立した国家。

●国家の3要素……**主権，人民，領域**(領土)

●**領域**……国家主権の及ぶ範囲。領土・領空・領海からなる。

●**排他的経済水域**……領海の外側で，領土の沿岸から200カイリにおいて沿岸国の
(EEZ)　　　　　　　　漁業権や鉱物資源支配権を認める水域。

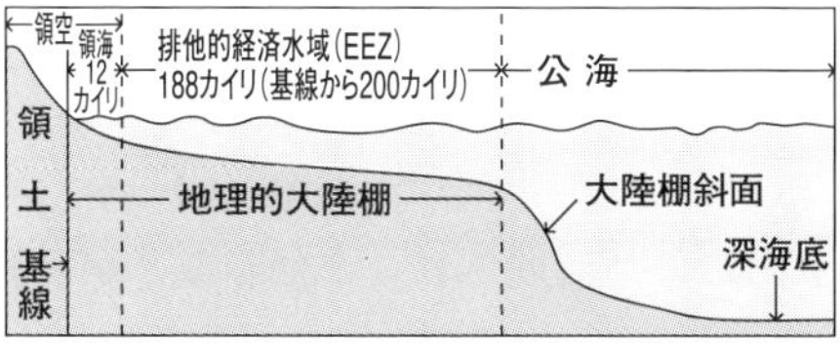

〈国際法〉

国家間の合意に基づき国家間の関係を規律する法。条約と国際慣習法がある。

●**条約**……成文化された国家間の合意のことで，多国間条約と二国間条約がある。
協約・協定・規約・憲章なども含まれる。

●**国際慣習法**……国際慣習の積み重ねによって法的拘束力をもつと認められたもの。

●グロチウス

国際法の父とよばれるオランダの法学者で，法によらず戦争に訴える国家を厳しく批判，国際法の重要性を説いた。主著『戦争と平和の法』。

確認問題

1 国際連合に関する次の記述のうち，正しいものをすべて選べ。

① 国際連合の本部は，スイスのジュネーブにある。

② 国際連合の公用語は，英語・フランス語・ドイツ語である。

③ 国際連合の総会の議決方法は，1国1票の全会一致制を採用している。

④ 安全保障理事会は，国際平和と安全の維持を図るための国連の中心機関で，5常任理事国と総会が選ぶ10非常任理事国とで構成される。

⑤ 国際連合の加盟国により構成された小部隊などが，紛争現地で事態の悪化を防止する活動のことをPKOという。

2 次のア～オの機関の略称の正式名称をa～gから選べ。

ア．UNCTAD　イ．UNESCO　ウ．IAEA　エ．IBRD
オ．UNICEF

a．国連教育科学文化機関　b．国連貿易開発会議
c．国連食糧農業機関　d．国際原子力機関
e．国際復興開発銀行　f．国連難民高等弁務官事務所
g．国連児童基金

3 EU（欧州連合）に関する次の問いに答えよ。

(1) 1993年に発効し，EUが成立することとなった条約名を答えよ。

(2) EUの共通通貨の名称を答えよ。

(3) EUの共通通貨を管理し，通貨統合された地域の金融政策を実施するところはどこか。

2 国際経済

●ポイント

外国為替や円高・円安のしくみ，戦後の国際経済体制の出題が多い。また，WTOやODA，サミットは時事問題とからめて毎年必ずどこかの都道府県で出題されている。決してあなどれない分野である。

1 戦後の国際経済体制

Point Check

1 **IMF体制** ▶ブレトン＝ウッズ協定に基づき成立したドルを基軸通貨とする固定為替相場制。日本では1ドル＝360円とされた。

2 **変動為替相場制** ▶外国為替相場が，各国通貨に対する需要・供給の関係によって決定される為替相場制のこと。

3 **ニクソン＝ショック（ドル危機）** ▶1971年にアメリカのニクソン大統領が金とドルの交換停止を発表，変動為替相場制へのきっかけとなった。

(1) IMF体制

1944年に締結された**ブレトン＝ウッズ協定**に基づき採用された**ドルを基軸通貨**とし，金1オンス＝35ドルの割合で金とドルとの交換を保証する**固定為替相場制**のこと。日本ではドッジ＝ラインにより，**1ドル＝360円**とされた。

●外国為替相場（為替レート）……自国通貨と他国通貨との交換比率のこと。

●ブレトン＝ウッズ協定

第二次世界大戦後の自由貿易体制を支えるために1944年に締結された協定。**IMF（国際通貨基金）**と**IBRD（国際復興開発銀行）**が設立され，前者は国際通貨の安定，後者は長期資金融資を目的に国際経済体制の役割を果たした。IMFとIBRD，自由貿易の促進を図るGATT（関税及び貿易に関する一般協定）の3本柱を中心とする戦後国際経済体制をIMF－GATT体制という。

(2) 固定為替相場制と変動為替相場制

固定為替相場制	外国為替相場（各通貨の交換比率）を一定の範囲内に固定する制度のこと。IMF体制運営の基本原理。
変動為替相場制	外国為替相場が外国為替市場における各国通貨の需要・供給の関係によって決定される制度のこと。1973年以降主要国が採用。

(3) ニクソン＝ショック（ドル危機）

アメリカの国際収支が悪化して大量の金がアメリカから流出したことから，1971年8月アメリカの**ニクソン大統領**が**金とドルの交換の停止**を発表したもの。これにより，各国は変動為替相場制へ移行した。

●スミソニアン協定……1971年12月，固定為替相場制への復帰を試み，金1オンス＝38ドル，1ドル＝308円とした協定。しかし，ドルの国際的信用は回復できず，1973年に主要国は変動為替相場制へ移行した。

●キングストン合意……1976年，変動為替相場制を追認した合意。

(4) プラザ合意

1985年，G5（先進5ヵ国蔵相中央銀行総裁会議）においてドル高是正，円高誘導に向けた協調介入を行うことが決められた合意のこと。

〈国際通貨制度の変遷〉

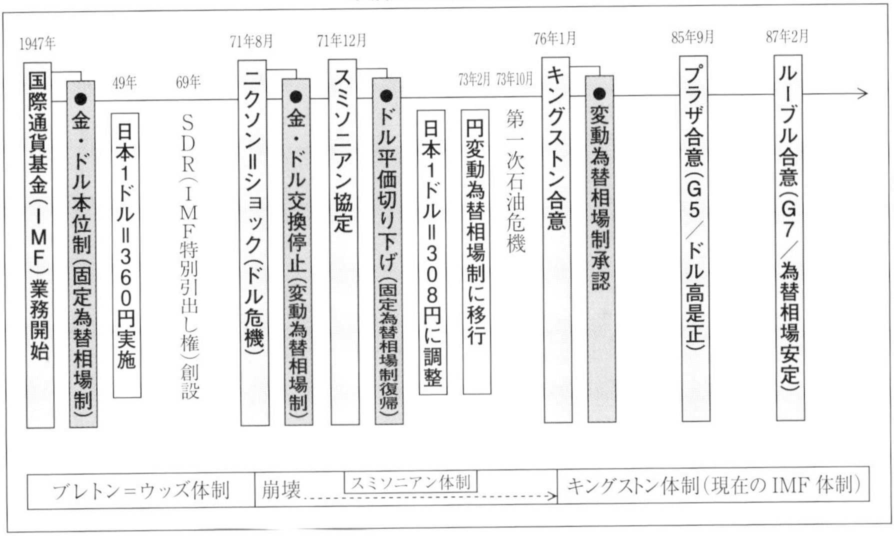

2 円高と円安

Point Check

1 **円高** ▶円の対外的価値が上昇すること。例えば，1ドル＝200円から1ドル＝100円になること。

2 **円安** ▶円の対外的価値が下落すること。例えば，1ドル＝200円から1ドル＝300円になること。

3 **円高の影響** ▶輸出が減り，輸入が増える。
輸出不利，輸入有利。

4 **円安の影響** ▶輸出が増え，輸入が減る。
輸出有利，輸入不利。

(1) 円高と円安

円　高	円の対ドル為替レートが上昇することで，**円の対外的価値が上昇**することを意味する。例えば，1ドル＝200円が100円になることをいい，少ない円でより多くのドルと交換できることになる。
円　安	円の対ドル為替レートが下落することで，**円の対外的価値が下落**することを意味する。例えば，1ドル＝200円が300円になることをいい，ドルと交換するにはより多くの円が必要になる。

(2) 為替レートの変動の影響

為替レートが変動すると，経済全体に様々な影響が生じる。

円　高	輸出品の価格が上昇するため，輸出産業には不利となり，**輸出が減少する**。その一方，輸入品の価格が下落するため，輸入産業には有利となり，**輸入が増加する**。
円　安	輸入品の価格が上昇するため，輸入産業には不利となり，**輸入が減少する**。その一方，輸出品の価格が下落するため，輸出産業には有利となり，**輸出が増加する**。

※為替相場変動の要因としては，国際収支，金利，マネーサプライ，経済成長率などがある。

3 国際収支

Point Check

1 日本の国際収支 ▶2022年の経常収支は黒字，黒字幅は縮小傾向。

(1) 国際収支

国際収支とは一国における1年間の対外的な通貨の受け取りと支払いの総額をいう。

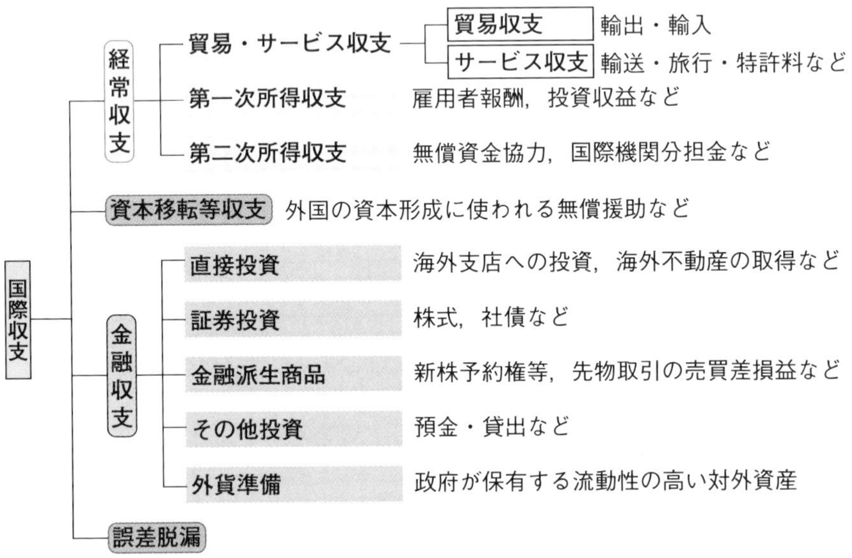

(2) 日本の国際収支

2022年の経常収支は11兆5,466億円となり黒字であったが，黒字幅は資源価格の高騰や円安の影響で減少している。貿易収支はエネルギー価格等の高騰で赤字となった。また，サービス収支はコロナ禍の影響により，赤字幅が拡大(貿易・サービス収支は赤字)。

金融収支は6兆4,922億円と黒字が続いているが，コロナ禍以前と比べ，黒字幅は減少している。

4 国際貿易

Point Check

1 WTO ▶世界貿易機関。ウルグアイ・ラウンドの合意に基づき1995年に設立された自由貿易を推進するための国際機関。

2 EPA ▶経済連携協定。FTA（自由貿易協定）よりも幅広い分野で経済連携を強化することを目的とした協定。

(1) GATT（関税と貿易に関する一般協定）

1947年に**自由貿易の推進**，国際貿易の拡大を目的に先進国間で調印された協定。自由・無差別・多角を原則とする。

(2) 多角的貿易交渉

GATT加盟国全体のルールを決めるための交渉のこと。東京・ラウンド（1973～79年），ウルグアイ・ラウンド（1986～93年）などがある。

●**ウルグアイ・ラウンド**……**農産物の例外なき関税化を決定**し，サービス貿易・知的所有権なども交渉の対象に加えた。

(3) WTO（世界貿易機関）

ウルグアイ・ラウンドでの合意に基づき，1995年にGATTにかわる**国際機関**として発足した。モノの貿易のみならず，**サービス貿易**や**知的所有権**なども交渉の対象にしている。また，GATTに比べて**紛争処理機能が強化**されている。本部はスイスのジュネーブにある。

●**セーフガード**……自国の産業を保護するために緊急の必要がある場合に認められる緊急輸入制限措置のこと。高率の関税を課したり，輸入数量を制限したりする。自由貿易の例外としてWTO協定で認められている。

(4) FTA（自由貿易協定）

二国間，あるいは地域間で関税を撤廃する取り組みのこと。FTAは，WTOが推進する世界的な貿易自由化とは趣旨を異にするものであるが，WTOは例外的にこれを認めている。

(5) EPA（経済連携協定）

FTAを発展させ，人の移動や投資の促進，知的財産の保護など，より幅広い分野で経済関係を強化することを目的とした協定。日本はシンガポール，EUなど20以上の国・地域との間で発効させている。

●自由貿易と保護貿易

リカード（英）は，比較生産費説（各国が，生産費が比較的安い商品の生産に特化し，お互いがそれを交換しあえば双方の国にとって有利だとする考え方）に基づく自由貿易を主張した。

リスト（独）は，自由貿易は発展途上国にとっては不利なので，輸入品の国内流入を抑える保護貿易を主張した。

5 南北問題

Point Check

1 **南北問題** ▶発展途上国と先進国との間の経済格差の問題。
2 **UNCTAD** ▶国連貿易開発会議。南北問題を協議するために設置された。

(1) 南北問題

地球の南半球に多い発展途上国と北半球に多い先進国との間の**経済格差**の問題のこと。発展途上国は農作物や鉱産物などの一次産品のみを生産する**モノカルチャー経済**であること，一次産品を安い価格で先進国に輸出し，先進国から工業製品を高い価格で輸入しているという構造的な貿易の問題に起因している。

(2) 南北問題解決策

南北問題を解決する動きとしては，以下のようなものが挙げられる。

UNCTAD（国連貿易開発会議）	1964年，南北問題を解決するために，**発展途上国の経済の開発と貿易の促進**を図ることを目的として設立された，国連総会の補助機関。
NIEO宣言（新国際経済秩序樹立に関する宣言）	1974年の国連資源特別総会で採択された，天然資源の恒久主権の確立，一次産品の価格保証など，発展途上国の利益に結びつくよう新しい経済秩序の樹立を求めた宣言。

●**フェアトレード**……発展途上国で作られた作物や製品を適正な価格で継続的に取引することによって，生産者や労働者を支援する仕組み。

(3) 南南問題

資源をもつ発展途上国と資源をもたない発展途上国との間の経済格差。特に，石油危機後，原油価格値上げで利益を上げた産油国と非産油国との間で格差が広がった。

(4) 先進国の協力機構

① OECD（経済協力開発機構）

OEEC（欧州経済協力機構）を改組して1961年に設立された。アメリカ・日本・EU諸国など**先進国で構成**されており，経済成長と雇用問題や発展途上国援助など**国際経済全般について協議**している。

② DAC（開発援助委員会）

OECDの下部組織で，**発展途上国の経済援助を推進**する機関。

6 ODA（政府開発援助）

Point Check

1 **ODA（政府開発援助）** ▶先進国の政府が発展途上国に対して行う援助。

2 **日本のODAの特徴** ▶2021年実績で世界第3位（贈与相当額ベース）。

(1) ODA（政府開発援助）

先進国による発展途上国への国レベルでの援助のことであり，発展途上国の経済開発や福祉向上を目的としている。軍事援助は含まれない。

(2) ODAの内容

二国間援助と**多国間援助**がある。

二国間援助	発展途上国に対して直接行う援助。**贈与**（無償資金協力，技術協力）と**政府貸付等**〈有償資金協力〉（円借款，海外投融資）がある。
多国間援助	国際機関への出資・拠出などを通じて行う援助のこと。

(3) 日本のODAの特徴

日本のODA実績贈与相当額は約176億ドル（2021年実績）で，アメリカ，ドイツに次いで第3位。日本のODAの特徴としては以下のような点が挙げられる。

① 二国間援助が中心。

② 地域別では，**アジア向けが多い。**

③ **GNI（国民総所得）比率が低い。**

※ODAの国際的な目標は対GNI比0.7％だが，日本は2021年では対GNI比0.34％。

〈DAC主要国のODAの動向〉

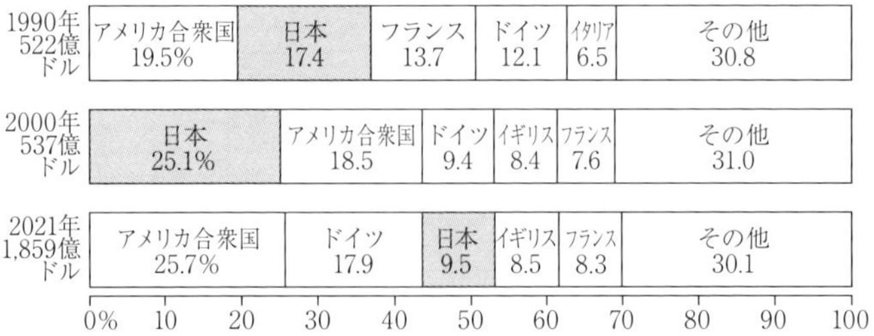

※1990年・2000年は支出純額ベース，2021年は贈与相当額ベース

（日本国勢図会2023/24）

7 世界経済に関する首脳会議

Point Check

1 G7サミット	▶主要国首脳会議のことで，アメリカ，イギリス，フランス，ドイツ，イタリア，日本，カナダが参加。
2 G20サミット	▶金融世界経済に関する首脳会合のこと。金融サミットともよばれる。

◆ G7サミット（主要国首脳会議）

① 歴史

サミットは，1975年**フランスのジスカールデスタン大統領の提唱**により，第一次石油危機以降の深刻な世界経済を立て直す目的で開催されたのが始まりである。以後，毎年1回主要国の首脳が集まって開催されている。

② 参加国

第1回のランブイエ・サミット（フランス）に参加したのは，**アメリカ**，**イギリス**，**フランス**，西ドイツ（**ドイツ**），**イタリア**，**日本**の6ヵ国。第2回から**カナダ**が，1997年のデンバー・サミットからは**ロシア**が正式に加わり「G8」となった。しかし，2014年，ロシアがウクライナ南部のクリミアを併合したことから，ロシアは参加停止となった。

◆ G20サミット（金融世界経済に関する首脳会合，金融サミット）

① 歴史

世界的に広がる金融危機の打開策について協議するため，2008年11月にワシントンで初めて開催されたのが始まりである。2010年まではほぼ半年ごとに，2011年以降は年1回開催されている。2019年は初めて日本（大阪）で開催された。

② 参加国

日欧米主要7ヵ国（G7）にブラジル，中国，ロシア，インドなど新興11ヵ国とEUを加えた20ヵ国・地域（G20）の首脳が参加。参加国の実質GDPは世界全体の8割以上を占める。

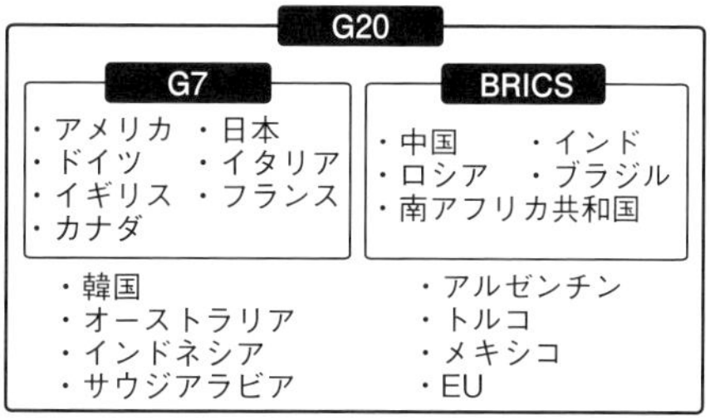

▲ 発 展 ▼

〈欧文略語と正式名称〉

本文中では分野別に国際機関，国際関係用語の欧文略語と正式名称及び役割等を説明してきたが，本試験では分野を区別することなく多分野にわたる用語が一つの設問の中で問われる。しっかり理解しておこう。

欧文略語	正式名称	内　容
AFTA	ASEAN自由貿易地域	ASEAN諸国における関税障壁の削減を目標とした構想。
AIIB	アジアインフラ投資銀行	アジアの国々にインフラ整備資金を融資することを目的として中国が提唱。
APEC	アジア太平洋経済協力(会議)	アジア太平洋地域における経済協力のための会議。
ASEAN	東南アジア諸国連合	東南アジア諸国における地域協力機構。
AU	アフリカ連合	アフリカ諸国における統合強化，経済自立を図るための連合。
DAC	開発援助委員会	OECDの下部組織。発展途上国への経済協力を推進。
EFTA	欧州自由貿易連合	EECに対抗して設立された自由貿易のための連合。
EU	欧州(ヨーロッパ)連合	政治的・経済的統合を推進するヨーロッパの地域統合。
FAO	国連食糧農業機関	国連専門機関。食糧や農産物の生産・供給の改善に寄与。
FTAA	米州自由貿易地域	南北アメリカ大陸全域にわたる自由貿易圏構想。
IAEA	国際原子力機関	原子力の平和利用を促進するための国際的な協力機関。
IBRD	国際復興開発銀行	国連専門機関。発展途上国に対する融資などが主要業務。
ICC	国際刑事裁判所	ジェノサイドや戦争犯罪などでの個人の責任を裁く裁判所。
ICJ	国際司法裁判所	国家間の法律的紛争を処理する国連の主要機関。
ILO	国際労働機関	国連専門機関。国際的規模での労働条件の改善に寄与。
IMF	国際通貨基金	国連専門機関。国際通貨安定を図ることを目的として設立。
ISO	国際標準化機構	工業・農業産品などの規格の標準化を目的とする国際機関。

JICA	国際協力機構	日本のODAを総合的に担当する独立行政法人。
MERCOSUR	南米南部共同市場	ブラジル，アルゼンチン，ウルグアイ，パラグアイ，ボリビア（批准手続き中，現在議決権はない），ベネズエラ（現在資格停止中）の関税同盟。
NATO	北大西洋条約機構	アメリカ，カナダ，欧州諸国が結成した集団安全保障機構。
NGO	非政府組織	地球的規模の課題に取り組む非政府・非営利の民間団体。
NIEs	新興工業経済地域	発展途上国のうち，急速に工業化が進んだ諸国・地域。
OAPEC	アラブ石油輸出国機構	アラブ産油国が利益の確保・維持のため結成した組織。
OECD	経済協力開発機構	先進国が結成した貿易・資本の自由化などの経済協力機構。
OHCHR（UNHCHR）	国連人権高等弁務官事務所	国連総会の補助機関。人権に関する国際協力の強化。
OPEC	石油輸出国機構	産油国が欧米の石油カルテルに対抗して結成した組織。
PKF	国連平和維持軍	治安維持など平和維持活動を任務とする軍隊。
PKO	国連平和維持活動	国際紛争に対処し，国連の統轄の下で行われる行動。
UNCTAD	国連貿易開発会議	国連総会の補助機関。南北問題の解決に向けて討議する場。
UNESCO	国連教育科学文化機関	国連専門機関。教育・科学・文化を通じて国際協力を促進。
UNHCR	国連難民高等弁務官事務所	国連総会の補助機関。難民の国際的な保護・救済を促進。
UNICEF	国連児童基金	国連総会の補助機関。発展途上国の児童に対する援助活動。
USMCA	米国・メキシコ・カナダ協定	1994年発効のNAFTA（北米自由貿易協定）に代わる，3ヵ国間の新たな貿易協定。2020年7月に発効した。
WHO	世界保健機関	国連専門機関。保健衛生問題のための国際協力を推進。
WIPO	世界知的所有権機関	国連専門機関。知的所有権の国際的保護の促進。
WTO	世界貿易機関	多角的な貿易の自由化を推進する国際機関。

確認問題

4 円高・円安に関する記述として正しいものを選べ。

① 1ドル＝100円が1ドル＝200円になることを円高という。
② 円高になると日本の輸出が増加する。
③ 円安になると日本の国際収支は赤字化傾向を示す。
④ 日本では，プラザ合意以降，円安が進んだ。
⑤ 日本では，円高不況後，産業の空洞化が進んだ。

5 次の(1)～(4)の文が説明する機関の略称として正しいものをア～カから一つ選べ。

(1) 1960年に結成された石油輸出国のカルテル組織で，原油価格の決定に関して世界経済に大きな影響力をもっている。
(2) サービス貿易や知的財産権などの新分野を含めた包括的な国際貿易のルールの確立や，貿易摩擦の解決手続きを整備するために，1995年に設立された組織。
(3) 先進国と途上国の貿易を通じた経済協力を中心に，南北問題を一体的に検討するため，1964年に設置された国連の常設機関。
(4) アジア太平洋地域のインフラ整備を支援するために，中国が主導で2016年に設立した国際金融機関。

ア．AIIB　イ．ODA　ウ．OECD
エ．OPEC　オ．UNCTAD　カ．WTO

6 主要国首脳会議に関して次の各問いに答えよ。

(1) 主要国首脳会議の参加国ではないものを選べ。
ア．カナダ　イ．オーストラリア　ウ．イタリア　エ．ドイツ
(2) 主要国首脳会議の提唱者を選べ。
ア．フォード大統領　イ．ジスカールデスタン大統領
ウ．コール首相　エ．サッチャー首相

7
環境

Open Sesame

1 地球環境問題

●ポイント

国際的な取り組みについては，世界遺産条約，ラムサール条約が重要である。我が国における代表的な登録箇所を整理しておく必要がある。また，地球温暖化，オゾン層の破壊に関する出題も多い。その原因，影響，対策について把握しておこう。

1 地球環境問題の現状

Point Check

●**地球温暖化**…温室効果ガス濃度の増加により地球の平均気温が上昇すること。
●**パリ協定**…2020年1月にスタートした地球温暖化対策の新しい国際ルール。
●**オゾン層破壊**…**フロン**がオゾン層を破壊することにより，地表に届く有害な紫外線量が増加すること。
●**酸性雨**…自動車の排気ガスなどに含まれる**硫黄酸化物**（SO_x）や**窒素酸化物**（NO_x）が**pH5.6以下**の酸性を示す雨や霧として降下すること。

(1) 地球温暖化

① 地球温暖化とは

石油・石炭などの化石燃料の大量消費により，**二酸化炭素**やメタンといった赤外線を吸収する気体（**温室効果ガス**）の濃度が増加し，地球の平均気温が上昇すること。

② 地球温暖化の影響

南極・北極の氷の融解などによる海面水位の上昇，洪水や干ばつなどの異常気象，農作物の収穫量の減少，生態系の変化など。

③ 地球温暖化に対する国際的取り組み

・**気候変動枠組み条約**（地球温暖化防止条約）

1992年に開催された地球サミット（国連環境開発会議）で採択された，温室効果ガスの濃度を安定化させる枠組みを規定した条約。

・**京都議定書**

1997年に京都で開催された気候変動枠組条約第3回締約国会議（**COP3**）で採択された議定書。2005年発効。

・**パリ協定**

2020年1月にスタートした新たな地球温暖化対策の枠組み。中国などの発展途上国を含む多くの国や地域が参加し，世界全体の平均気温の上昇を，産業革命以前よりも摂氏2度高い水準を十分に下回るものに抑えることを長期的目標としている。

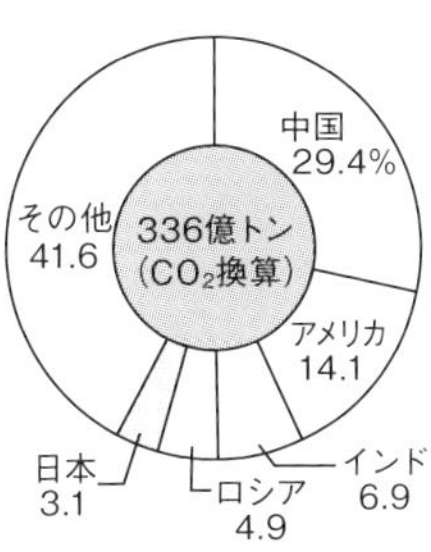

〈二酸化炭素国別排出量(2019年)〉

(2) オゾン層破壊

① オゾン層破壊とは

冷蔵庫の冷媒やスプレーの噴射剤などにかつて使用されていた**フロン**が**成層圏**にあるオゾン層を破壊することにより，オゾン層に吸収されていた有害な**紫外線**の地上への到達量が増加すること。

② オゾン層破壊の影響

皮膚がんや白内障の増加，農産物の収穫量の減少，生態系の変化など。

③ オゾン層破壊に対する国際的取り組み

1985年に「オゾン層保護のためのウィーン条約」が締結され，1987年にはその具体的な生産削減などの規制措置を定めた**モントリオール議定書**が採択された。その改正により段階的な規制強化が行われ，特に破壊力の強い特定フロンの生産・使用は1995年末までに全廃された。

(3) 酸性雨

① 酸性雨とは

自動車の排気ガスや工場の排煙に含まれる**硫黄酸化物**（SO_x）や**窒素酸化物**（NO_x）が大気中で化学反応をおこし，**pH5.6以下**の酸性を示す雨や霧として降下すること。特にヨーロッパ，北米，中国での被害が深刻である。

② 酸性雨の影響

湖沼や土壌の酸性化による魚類の死滅，森林の枯死，また，酸性雨が直接付着することによる青銅，大理石で造られた歴史的建造物や石像の腐食など。

③ 酸性雨対策

1979年に**長距離越境大気汚染条約**が採択され，国境を越えた被害に対する国際的取り組みが進められている。東アジアでは，「東アジア酸性雨モニタリングネットワーク」（EANET）が日本の主導により2001年から稼働し，中国，韓国，インドネシアなどの国々が参加している。

(4) 熱帯林破壊

二酸化炭素を吸収する働きをもつ熱帯林が減少する現象。急激な人口増加に伴う農地の拡大や木材利用のための森林伐採などが原因。地球規模の気候変動，局地的な異常気象，熱帯動植物の大量絶滅などが予測されている。

(5) 砂漠化

乾燥地・半乾燥地で土地の生産力が低下し，植生がなくなる現象。地力の限界を越えた過放牧や過耕作，薪炭材の過剰伐採などが主な原因とされるが，この背景には人口増加に伴う食糧増産の必要性が生じていることが挙げられる。アフリカのサハラ砂漠南側のサヘル地方で深刻化。また，カスピ海沿岸では不適切な灌漑による塩害から砂漠化が進行している。

2 環境保護のための国際的な取り組み

Point Check

●**地球サミット**…国連環境開発会議のことで，1992年ブラジルの**リオデジャネイロ**で開催。
●**世界遺産条約**…世界的に重要な遺産を保護することを目的とする。
●**ラムサール条約**…国際的に重要な湿地の保全により生態系を保護することを目的とする。

(1) 環境問題に関する国連会議

国連人間環境会議	**1972年**にスウェーデンの**ストックホルム**で開催。国連主催による環境についての初めての国際会議で，「**かけがえのない地球**」をスローガンとした。
地球サミット （国連環境開発会議）	**1992年**にブラジルの**リオデジャネイロ**で開催。将来の世代に資源と良好な環境を残せるよう開発と環境保全を調和させる「**持続可能な開発**」を基本理念とし，**アジェンダ21**が合意された。気候変動枠組み条約や生物多様性条約を採択。
環境開発サミット	「持続可能な開発に関する世界首脳会議」のことで，2002年に南アフリカ共和国のヨハネスブルクで開催。環境と開発の両立のための対策を盛り込んだ「**ヨハネスブルク宣言**」を採択。
リオ＋20	国連持続可能な開発会議のこと。地球サミットの20周年を記念して開催され，環境保護と経済成長を両立させる**グリーン経済**をめざすことを確認した。

(2) 環境問題に関する条約

世界遺産条約	正式名称は「世界の文化遺産及び自然遺産の保護に関する条約」。世界的に重要な遺産を保護することを目的として，1972年に**ユネスコ**（**国連教育科学文化機関**）総会で採択。
ラムサール条約	正式名称は「**特に水鳥の生息地として国際的に重要な湿地に関する条約**」。1975年発効。国際的に重要な湖や沼などの湿地を保全することにより，そこに生息，生育する動植物を保護することを目的とする。
ワシントン条約	正式名称は「**絶滅のおそれのある野生動植物の種の国際取引に関する条約**」。1975年発効。野生動植物の国際取引の規制を輸入国と輸出国が協力して実施することにより，絶滅のおそれのある野生動植物の種の保護を図ることを目的とする。
バーゼル条約	正式名称は「**有害廃棄物の越境移動及びその処分の規制に関するバーゼル条約**」。有害廃棄物の国際移動を規制することにより，環境汚染を防止することを目的とする。1992年発効。
生物多様性条約	地球上の多様な生物をその生息環境とともに保全し，生物資源の持続可能な利用を目的とする条約。1992年地球サミットで採択。

〈我が国の世界遺産（計25ヵ所）〉　（2023年6月現在）

種類	登録年	名称【所在地】
自然遺産	1993年	白神山地【青森県・秋田県】
		屋久島【鹿児島県】
	2005年	知床【北海道】
	2011年	小笠原諸島【東京都】
	2021年	奄美大島，徳之島，沖縄島北部及び西表島【鹿児島県・沖縄県】
文化遺産	1993年	法隆寺地域の仏教建造物【奈良県】
		姫路城【兵庫県】
	1994年	古都京都の文化財【京都府・滋賀県】
	1995年	白川郷・五箇山の合掌造り集落【岐阜県・富山県】
	1996年	原爆ドーム【広島県】
		厳島神社【広島県】
	1998年	古都奈良の文化財【奈良県】
	1999年	日光の社寺【栃木県】
	2000年	琉球王国のグスク及び関連遺産群【沖縄県】
	2004年	紀伊山地の霊場と参詣道【和歌山県・奈良県・三重県】
	2007年	石見銀山遺跡とその文化的景観【島根県】
	2011年	平泉—仏国土（浄土）を表す建築・庭園及び考古学的遺跡群—【岩手県】
	2013年	富士山—信仰の対象と芸術の源泉【山梨県・静岡県】
	2014年	富岡製糸場と絹産業遺跡群【群馬県】
	2015年	明治日本の産業革命遺産　製鉄・製鋼，造船，石炭産業 【岩手県・静岡県・山口県・福岡県・佐賀県・長崎県・熊本県・鹿児島県】
	2016年	国立西洋美術館本館【東京都】
	2017年	「神宿る島」宗像・沖ノ島と関連遺産群【福岡県】
	2018年	長崎と天草地方の潜伏キリシタン関連遺産【長崎県・熊本県】
	2019年	百舌鳥・古市古墳群【大阪府】
	2021年	北海道・北東北の縄文遺跡群【北海道・青森県・岩手県・秋田県】

〈我が国のラムサール条約の登録地(計53ヵ所)〉(2023年6月現在)

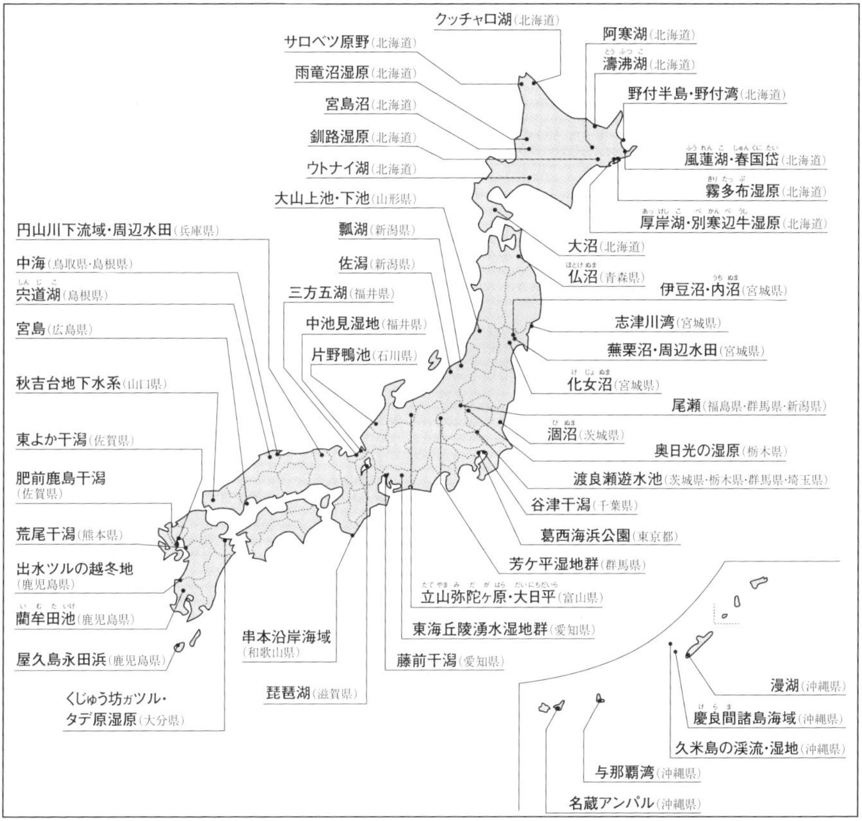

確認問題

1 次の地球環境問題の主な原因物質を答え，その及ぼす影響をそれぞれア～オより1つずつ選べ。

(1) 地球温暖化

(2) オゾン層破壊

(3) 酸性雨

ア．森林の枯死　イ．酸素供給量の減少

ウ．地上へ届く紫外線量の増加　エ．海面水位の上昇

オ．海水温度低下

2 次の文の空欄にあてはまる語句を答えよ。

(1) 二酸化炭素やメタンなど赤外線を吸収する気体を（ A ）ガスという。この排出量を削減するため，2020年にスタートした新たな温暖化対策の枠組みのことを（ B ）という。

(2) オゾン層は地上12～50kmにある（ C ）圏に存在しており，太陽から降り注ぐ有害な（ D ）の大部分はここで吸収される。オゾン層が破壊されると，地上に到達する（ D ）の量が増加し，人の皮膚がんや白内障などの健康被害を引きおこすおそれがある。

3 「特に水鳥の生息地として国際的に重要な湿地に関する条約」の一般的な名称を，ア～オより選べ。

ア．ワシントン条約　イ．ラムサール条約　ウ．バーゼル条約

エ．ウィーン条約　オ．生物多様性条約

4 次のうち，世界遺産として登録されていないものを選べ。

ア．古都京都の文化財　イ．厳島神社　ウ．日光の社寺

エ．江戸城　オ．白神山地

2 日本の環境問題

●ポイント

日本の環境保護に関する法律として，環境基本法や家電リサイクル法，環境アセスメント法などが重要である。また，環境に関する用語では，グリーン購入，ゼロ・エミッション，ナショナル・トラストなどの定義を押さえておこう。

1 環境問題

Point Check

●**COD（化学的酸素要求量）**…水中の汚物を化学的に酸化し，安定させるのに必要な酸素の量。

●**環境ホルモン**…体内のホルモン作用をかく乱する化学物質。ダイオキシンなど。

(1) 水質汚濁

① 水質汚濁の指標

BOD（生物化学的酸素要求量）	水中の汚物を分解するために微生物が必要とする酸素の量。主に，川の水や下水，排水の汚れを測定する際に用いられる。値が大きいほど水質汚濁は著しい。
COD（化学的酸素要求量）	水中の汚物を化学的に酸化し，安定させるのに必要な酸素の量。主に，海や湖沼での環境基準に用いられる。値が大きいほど水質汚濁は著しい。

② 富栄養化

生活排水・工業排水などに含まれる**窒素**や**リン**などの栄養塩類が多量に流れ込み，湖沼や内湾の水中の栄養分が過剰な状態のこと。藻類の異常繁殖により，アオコ，赤潮の原因となる。霞ヶ浦・諏訪湖・琵琶湖や東京湾等の内湾などで見られる。

(2) 公害規制

PPP (汚染者負担の原則)	環境汚染の防止や被害者救済の費用は，公害を発生させた企業が負担すべきとする原則。1972年にOECD（経済協力開発機構）環境指針原則勧告の中で示された。
無過失責任の原則	企業に故意や過失がなくても，公害の被害者に対して損害賠償の責任を負わなければならないという原則。大気汚染防止法や水質汚濁防止法に明文化されている。
濃度規制から 総量規制へ	濃度規制では有害物質の濃度だけが問題とされ，排出濃度を薄めると基準値内におさまるため，総排出量を一定地域ごとに規制する総量規制も導入されている。

(3) 環境ホルモン・ダイオキシン・PM2.5

環境ホルモン （内分泌かく乱物質）	生体内に入るとあたかも生体ホルモンのように働き，体内のホルモン作用をかく乱する化学物質の総称。ごく微量でも生殖異常や成長障害などを引きおこす可能性がある。ダイオキシン，有機スズ，PCB（ポリ塩化ビフェニル）などが代表的なものである。
ダイオキシン	史上最強の毒性をもつといわれる有機塩素化合物。プラスチックなどの塩素を含む製品の焼却や紙の塩素漂白の過程で発生し，発がん性・催奇形性，ホルモン作用かく乱，免疫抑制，生殖毒性などがあるとされている。
PM2.5	大きさが2.5μm（1μmは1mmの千分の1）以下の微小粒子状物質のこと。非常に小さいため，肺の奥深くまで入りやすく，人体への影響が心配されている。中国では，深刻な大気汚染被害が発生しており，日本では環境省がPM2.5に関する常時監視体制を強化している。

2 環境保護のための取り組み

Point Check

●**家電リサイクル法**…不要家電製品について，製造業者にリサイクル，小売店に引き取り，消費者に費用負担を義務付ける。

●**3R**…リデュース（発生抑制）・リユース（再使用）・リサイクル（再生利用）

(1) **環境保護法制**

環境基本法	1967年制定の公害対策基本法を見直し，環境行政を総合的に推進するために制定された法律。1993年施行。
循環型社会形成推進基本法	資源を循環させて環境への負荷を減らす社会システムを構築していくことを目的とする法律。2000年施行。リサイクルに関する法律の基本的な枠組みとなる。
家電リサイクル法	不要となった家電製品について，製造業者にリサイクル，小売店に引き取り，消費者にリサイクル料金の負担を義務付けた法律。対象家電は，**テレビ**（ブラウン管，液晶・プラズマ），**エアコン，洗濯機・衣類乾燥機，冷蔵庫・冷凍庫**の4品目。
小型家電リサイクル法	アルミ，貴金属，レアメタルなど有用な金属が含まれる小型家電を適正にリサイクルして，資源の有効な利用の確保を図ることを目的とする。市町村が回収の主体となり，回収品目も市町村ごとに決定する。
容器包装リサイクル法	ビン，ペットボトル，プラスチック等の容器・包装廃棄物について，消費者に分別排出，自治体に分別回収，事業者にリサイクルを求めた法律。
自動車リサイクル法	使用済み自動車の引き取りと適正処理を製造業者と輸入業者に義務付けた法律。リサイクル料金は自動車の所有者が負担し，新車購入時に支払う。
環境アセスメント（環境影響評価）法	発電所やダム，高速道路など大規模な開発を行う際，周辺の環境に及ぼす影響について事前に調査，予測，評価することを義務付けた法律。

(2) ごみ減量の「3R」

リデュース（Reduce）	減量（発生抑制）	生産や消費の過程から，ごみとして排出されるものを減らす。
リユース（Reuse）	再使用	不要になったものを，中古品として再び使用する。
リサイクル（Recycle）	再生利用	ごみを原料に戻し，形を変えて材料や製品にする。

3Rに，リフューズ（Refuse：断る）を加えて4R，さらにリペア（Repair：修理する）を加えて5Rとすることもある。

(3) 環境に関する用語

ISO14001	民間の国際機関であるISO（国際標準化機構）が規定した**環境マネジメントシステム**（EMS）に関する国際規格。企業や公官庁などが国際規格を満たしたとして認証を取得すると，原料の輸入・製造・販売・消費からリサイクルまで，あらゆる側面から環境保全への取り組みについて毎年審査を受ける。
エコツーリズム	自然の営みや人と自然との関わりを対象とし，それらを楽しむとともに，その対象となる地域の自然環境や文化の保全に責任をもつ観光のあり方。
カーシェアリング	複数の人が1台の車を共同で利用すること。地球温暖化対策として「脱マイカー」の試みから注目を集めている。
カーボンオフセット	日常生活や経済活動において削減の努力をしても排出される二酸化炭素を，植林や森林保護の推進などによって打ち消し，削減しようとする考え方。
カーボンフットプリント	製品の原材料調達から廃棄・リサイクルに至るまでのライフサイクル全体を通して排出される温室効果ガスの排出量をCO_2に換算して，表示する仕組み。
グリーン購入	製品やサービスを購入する際に，できる限り環境への負荷が少ないものを優先的に購入すること。
グリーン・コンシューマー	環境保全を重視し，価格が多少高くても環境にやさしい商品を選ぶ消費者。

再生可能エネルギー	自然の中で繰り返しおこる現象から取り出すことができる，枯渇することのないエネルギー。**太陽光**，**太陽熱**，**水力**，**風力**，**地熱**，**波力**などがある。自然エネルギーともよばれる。
スマートグリッド	次世代送電網ともいわれ，IT（情報技術）を活用して電力の流れを供給側・需要側の両方から制御し，最適化することができる送電網。
ゼロ・エミッション	ある産業の製造工程から出る廃棄物を別の産業の原料として利用することにより，廃棄物の排出（エミッション）をゼロにする循環型産業システムの構築を目指すもの。
ナショナル・トラスト	貴重な自然や歴史的建造物などを保護し，保存することを目的とする団体や市民運動のこと。1895年に設立された同名のイギリスの民間団体がその始まりである。
バイオエタノール	サトウキビやトウモロコシなどの植物原料で生産するエタノール。燃やすと二酸化炭素は発生するが，それを吸収して育った植物が再び燃料となるため，大気中の二酸化炭素の総量は増加しないという特性（**カーボンニュートラル**）をもつ。
パーク・アンド・ライド	最寄り駅や停留所まで自動車でアクセスして，そこに近接した駐車場に駐車し，公共交通機関（鉄道やバス）に乗り換えて通勤・通学する方法。
ビオトープ	動植物が共存共生できる生態系をもった生息・生育空間。近年，学校などで生物の多様性を学ぶ環境教育の場として，導入するところが増えてきている。
フードマイレージ	食料が消費者に届くまでに使ったエネルギーを「食料の総重量×輸送距離」で計算したもの。
バーチャルウォーター	食料を輸入している国において，もし，その輸入食料を生産するとしたら，どの程度の水が必要かを推定したもの。仮想水。
レッドリスト	環境省が，絶滅のおそれのある野生生物を絶滅の危険度などに応じて分類したリスト。正式名は，「絶滅のおそれのある野生生物の種のリスト」。

確認問題

5 次の記述に該当する法律名を答えよ。

(1) ビン，ペットボトル，プラスチック等の再利用と再商品化を進めるため，消費者に分別排出，自治体に分別収集，事業者に再商品化を義務付けた法律。

(2) 家電製品に関する廃棄物の減量と資源の有効利用を図るため，指定家電製品を対象として，小売業者に引き取り，製造業者に再利用化を義務付けた法律。

(3) 公害対策基本法を見直し，環境行政を総合的に推進するために制定され，地球環境保護を推進すべき国・地方公共団体の行政責任を明確化した法律。

(4) 資源を循環させて環境への負荷を減らす社会システムを構築していくことを目的とする法律。

6 次の説明文は何についてのものか，下のア～ケから選び答えよ。

(1) 駅やバスの停留所まで自動車で行き，そこに駐車して鉄道やバスに乗り換える方式。

(2) 野生生物が共存共生できる生態系をもった場所のこと。

(3) 製品やサービスを購入する際に，できる限り環境への負荷が少ないものを優先的に購入すること。

(4) プラスチックの焼却や紙の塩素漂白の過程で発生し，史上最強の毒性をもつといわれる有機塩素化合物。

(5) 水中の汚物を化学的に酸化し，安定させるのに必要な酸素の量。主に海や湖沼での環境基準に用いられ，値が大きいほど水質汚濁が著しいことを意味する。

ア．グリーン購入　イ．バイオエタノール　ウ．ナショナル・トラスト
エ．ビオトープ　オ．ダイオキシン　カ．ポリ塩化ビフェニル
キ．BOD　ク．COD
ケ．パーク・アンド・ライド

7 環境に配慮した生活を送るために「3R運動」が進められている。3Rとは何という言葉の頭文字をとったものか，3つとも書け。

確認問題
解答解説

Open Sesame

1 世界史

1

③

解説

③　メソポタミア文明では，六十進法が採用された。十進法を用いたのは，エジプト文明である。

2

③→①→②→④

解説

①　前4世紀
②　2世紀頃
③　前5世紀頃
④　4世紀

3

④

解説

A．1258年
B．661年
C．750年
D．610年頃

4

②

解説

①　732年，イスラーム軍がカール＝マルテル率いるフランク軍に敗れた戦い。西欧キリスト教世界を守った戦いである。

③　紀元前3～前2世紀にかけて3回にわたりおきたローマとカルタゴの戦争。ローマが地中海全体の覇権を握ることとなった。

④　紀元前5世紀に3回にわたりおきたアテネを中心としたギリシア連合軍とアケメネス朝ペルシアの戦争。戦後アテネは黄金期を迎えた。

⑤　1455～85年におきたイギリスの王位継承をめぐる戦い。戦後テューダー朝が絶対王政の基礎を固めた。

5

②

解説

①　1488年アフリカ南端の喜望峰に到達した。

③　1492年バハマ諸島のサンサルバドル島に到達した。

④　1519～22年部下が世界周航を達成した。

⑤　1533年インカ帝国を滅ぼした。

6

マルティン＝ルター

解説

1517年マルティン＝ルターはヴィッテンベルク教会で贖宥状の販売を批判する九十五カ条の論題を発表し，宗教改革の始まりとなった。

7

③

解説

①　ヴェルサイユ宮殿はフランスのルイ14世が建築した。

②　1571年スペインとオスマン帝国の戦争でスペインが勝利した。

③　コルベールはフランスルイ14世の財務総監のこと。

④　フェリペ2世はスペイン王である。

8

③

解説

人権宣言は人間の普遍的な自由・平等・圧政への抵抗権を自然権として，国民主権・法の支配・私有財産の不可侵などを規定した。アメリカ独立宣言とルソーの啓蒙思想の影響が見られる。

9

ウ→ア→エ→イ

解説

ア．1789年7月

イ．1804年

ウ．1775～83年

エ．1789年8月

10

④

解説

ナントの王令ではなく，イギリス革命が正しい。ナントの王令は，フランスのアンリ4世がユグノー戦争を終結させるため，1598年に発布したものであり，ユグノー(カルヴァン派)にも大幅な信教の自由を認めた。

11

②

解説

①　スイスのジュネーヴに本部を置いた。

③　上院の反対により国際連盟にアメリカは参加していない。また，当初の常任理事国はイギリス・フランス・イタリア・日本の4か国で，後にドイツとソ連が加わった。

④　国際連盟の決議は単なる勧告にすぎず，強制力はない。また，制裁措置は経済制裁などに限られた。

⑤　1937年に脱退した国はソ連ではなくイタリアである。

12

②

解説

①　ニューディールを実施したのはフランクリン＝ローズヴェルト大統領。

③　軍事力ではなく民衆の支持を集め合法的に総統に就任した。

④　フランコではなく，ムッソリーニ率いるファシスト党である。フランコはスペインの独裁政治家。

⑤　五ヵ年計画は成功し，めざましい経済成長をとげた。

13

(1)　c　　(2)　f　　(3)　d　　(4)　g

14

②

解説

A．隋(581～618年)

B．秦(前8世紀～前206年)

C．清(1616～1912年)

D．前漢(前202～後8年)

E．明(1368～1644年)

15

③

解説

① アロー戦争中に結ばれた条約。
② アロー戦争後の講和条約など。
④ 日清戦争後の講和条約。
⑤ 日露戦争後の講和条約。

2 日本史

1

③

解説

① 聖徳太子が摂政となったのは推古天皇の時である。

② 聖徳太子が定めたのは冠位十二階（の制）。また，冠位十二階（の制）は，個人の才能や功績に応じて昇進できるシステムだが，一般庶民とは無関係。八色の姓は天武天皇が定めた。

④ 小野妹子を派遣したのは唐ではなく隋。

⑤ 飛鳥寺は蘇我氏が建立した寺である。

2

①

解説

A．天平文化
B．国風文化
C．弘仁・貞観文化
D．白鳳文化
E．飛鳥文化

3

③

解説

絵は元寇（文永の役）を描いた『蒙古襲来絵巻』で，鎌倉幕府8代執権北条時宗の時に，元が九州北部を襲撃したもの。

4

④

解説

正しくは，法然――浄土宗，親鸞――浄土真宗，日蓮――法華宗，栄西――臨済宗。時宗の開祖は一遍，天台宗の開祖は最澄である。また，天台宗は平安初期の仏教であり，鎌倉仏教ではない。

5

③

解説

A．秀吉は1588年に刀狩令を出し，次いで1591年に人掃令（身分統制令）を出して身分制度の基礎をつくった。

E．全国統一を完成した秀吉は，大陸への領土的野心を示し，1592年，1597年と2度にわたって朝鮮に出兵した。

6

①

解説

② 上知令は天保の改革で江戸・大坂周辺の土地を直轄化するもの。

③ 田沼意次は銅・鉄・朝鮮人参を専売し，株仲間を積極的に公認するなど，商業振興政策をとった。囲米は寛政の改革に関するもの。俵物の輸出や蝦夷地の開発も行った。

④ 寛政異学の禁は，幕府の学問所で朱子学以外の講義を禁じたもの。正学は朱子学，他の儒学を異学とした。

⑤ 目安箱の設置は享保の改革。

7

②

解説

① 西郷隆盛は自由民権運動ではなく，西南戦争をおこし武力で反政府運動を行った。

③ 大日本帝国憲法はドイツ(プロイセン)憲法を範とした。

④ 明治10年代にはまだ列強は日本を近代国家として認めていない。

⑤ 板垣と大隈の結成した党が逆である。

8

④

解説

A．1972年
B．1965年
C．1951年
D．1956年

3 地理

1

③

解説

日本(標準時子午線は135度)とイギリス(標準時子午線は0度)とでは，経度差が135度ある。経度差15度ごとに1時間の時差が生じるから，135÷15＝9より，9時間の時差がある。イギリスは日本より西にあるので，日本の時刻から9時間遅らせればよい。

2

A．リアス(式)海岸
B．三角州

解説

A．リアス(式)海岸は，海外では，スペイン北西部海岸などにみられる。
B．世界では，ナイル川や長江下流域に大規模な三角州が発達している。

3

B

解説

グラフでは，冬の降水量が多いことが読み取れる。よって，冬に雪が多く降る日本海側の気候である。

4

①

解説

茶畑は ∴ ，針葉樹林は Λ ，広葉樹林は Q の地図記号で表される。

5

④

解説

オーストラリアの首都はキャンベラ。

6

③

解説

東南アジア諸国のうち，タイ，カンボジア，ミャンマーでは仏教が多くの国民に信仰されている。

7

A．①　B．③

解説

小麦は中国，インド，ロシアの順，コーヒー豆はブラジル，ベトナム，コロンビアの順，カカオ豆はコートジボワール，ガーナ，インドネシアの順に生産量が多い(2020年)。

8

④

解説

石炭は中国，インド，インドネシア，オーストラリアの順に産出量が多い(2019年)。

9

(1)　③
(2)　①
(3)　①

解説

(1) 長野県と滋賀県は内陸県である。

(2) 利根川，石狩川，信濃川の順に流域面積が広い。なお，日本で最も長い川は信濃川で，利根川，石狩川がこれに続く。

(3) これら4つの品目では，野菜，肉類，果実，大豆の順で食料自給率が高い。

10

A．② B．③

解説

みかんは和歌山県，愛媛県，静岡県，熊本県の順，ピーマンは茨城県，宮崎県，鹿児島県，高知県の順に年間収穫量が多い(2021年)。

11

A．⑤ B．② C．③

解説

原油の輸入相手国は，サウジアラビア，アラブ首長国連邦，クウェートの順，とうもろこしの輸入相手国は，アメリカ合衆国，ブラジル，アルゼンチンの順である(2021年)。

4 政治

1

(1) ③

(2) ③, ⑤

解説

(1) ③ 社会契約説は，個人がお互いの権利を保持するために結んだ契約によって国家が成立するという考え方である。最高・絶対・唯一の主権のあり方を中心としたものではない。

(2) ① ホッブズ

② ロック

④ 全体意思ではなく一般意思

2

① **大統領選挙人** ② **間接選挙**

③ **4** ④ **3**

解説

アメリカ大統領の権限についても理解しておこう。

3

③

解説

イ．社会権

エ．受益（請求）権

4

(1) **通常国会（常会）**

(2) **150日**

(3) **特別国会（特別会）**

解説

臨時国会（臨時会），参議院の緊急集会の内容も同時に押さえよう。

5

⑤

解説

⑤ 国会の権限

6

違憲立法（法令）審査権

解説

最高裁判所は，憲法解釈の最終的な判断を決定する権限をもつので，憲法の番人とよばれる。

7

条例

解説

地方議会は，法律の範囲内で自由に条例を制定・改廃できる。

8

A．25 B．30 C．289

D．176 E．148 F．100

G．4 H．6

9

④

解説

④ 11ブロックである。

10

②

解説

② 戸別訪問は買収・利益誘導などの弊害があるため公職選挙法により禁止されている。

5 経済

1

A．カルテル（企業連合）
B．トラスト（企業合同）
C．コンツェルン（企業連携）

解説
カルテル，トラスト，コンツェルンの違いを明確にしておくこと。

2

A．イ，カ　　B．ウ，エ
C．ア，オ

解説
租税を分類できるようにしておくこと。

3

オ→イ→ア→エ→ウ

解説
ア．1965～70年
イ．1962～64年
ウ．1986～91年
エ．1986年
オ．1955～57年

4

A．製造物責任（PL）
B．クーリング・オフ
C．消費者基本

解説
消費者問題については諸立法などを押さえておくこと。

5

労働基準法，労働組合法，労働関係調整法

解説
労働法制では，男女雇用機会均等法の出題も多い。

6

(1)　社会保険　　(2)　社会福祉
(3)　公的扶助　　(4)　公衆衛生

解説
社会保険については，介護保険・年金保険の細かい特徴も出題されるので要注意。

7

A．合計特殊出生率
B．1.30
C．65

6 国際関係

1

④, ⑤

解説

① アメリカのニューヨーク。

② 英語・フランス語・ロシア語・中国語・スペイン語・アラビア語。

③ 一般事項については過半数の，重要事項については3分の2以上の多数決制を採用している。

2

ア．b　イ．a　ウ．d
エ．e　オ．g

解説

cはFAO，fはUNHCRの正式名称である。

3

(1) マーストリヒト条約
(2) ユーロ
(3) 欧州中央銀行（ECB）

解説

2020年1月にイギリスが離脱したことから，EUの加盟国は27ヵ国となった。

4

⑤

解説

① 円安に関する記述。

② 輸出は減り，輸入が増える。

③ 黒字化傾向を示す。

④ 円高が進んだ。

5

(1) エ　(2) カ　(3) オ
(4) ア

解説

(1) OPEC（石油輸出国機構）に関する記述である。

(2) WTO（世界貿易機関）に関する記述である。

(3) UNCTAD（国連貿易開発会議）に関する記述である。

(4) AIIB（アジアインフラ投資銀行）に関する記述である。

イのODAは政府開発援助，ウのOECDは経済協力開発機構の略称である。

6

(1) イ
(2) イ

解説

(1) 参加国はアメリカ，イギリス，フランス，ドイツ，イタリア，日本，カナダ（2014年からロシアは参加停止中）。

(2) ジスカールデスタンはフランスの大統領である。

7 環境

1

(1) 二酸化炭素(CO_2)，エ
(2) フロン，ウ
(3) 硫黄酸化物(SO_x)，窒素酸化物(NO_x)，ア

解説

イは熱帯林破壊の影響である。

2

A．温室効果　B．パリ協定
C．成層　D．紫外線

3

イ

解説

ア．「絶滅のおそれのある野生動植物の種の国際取引に関する条約」が正式名称である。
ウ．「有害廃棄物の越境移動及びその処分の規制に関するバーゼル条約」が正式名称である。
エ．オゾン層保護に関する条約である。
オ．地球上の多様な生物とその生息環境の保全に関する条約である。

4

エ

解説

世界遺産については，最新情報に注意を払っておこう。

5

(1) 容器包装リサイクル法
(2) 家電リサイクル法
(3) 環境基本法
(4) 循環型社会形成推進基本法

解説

法律の内容については細かく問われることもあるので，しっかり学習しておこう。

6

(1) ケ　(2) エ　(3) ア
(4) オ　(5) ク

7

リデュース(Reduce)，リユース(Reuse)，リサイクル(Recycle)

解説

それぞれの具体的な取り組みについても各自で考察しておこう。

教員採用試験対策　オープンセサミシリーズ
参考書　一般教養Ⅱ［社会科学］

発　行　2023年10月20日　第1版第1刷

編　著　東京アカデミー
発行人　佐川泰宏
発行所　株式会社ティーエーネットワーク
〒450-6306 名古屋市中村区名駅1-1-1
ＪＰタワー名古屋６Ｆ
電話：052-586-7805㈹
FAX：052-563-2109
発売元　東京アカデミー七賢出版株式会社
〒171-0021 東京都豊島区西池袋1-11-1
メトロポリタンプラザビル13F
電話：03-6852-0803
FAX：03-6852-0180

ISBN978-4-86455-612-5　C7337

●出版案内，テキストの追補等の情報については東京アカデミー七賢出版のホームページをご覧ください。

https://www.shichiken.co.jp